U0165944

大家身影

走過，必留下足跡；畢生行旅，彩繪了閱歷，也孕育了思想！人類文明因之受到滋潤，甚至改變，永遠持續！

將其形諸圖文，不只啟人尋思，也便尋根與探究。

昨日的行誼，即是今日的史料；不只是傳記，更多的是思想的顯影。一生浮萍，終將漂逝，讓他走向永恆的時間和無限的空間；超越古今，跨躍國度，「五南」願意！

思想家、哲學家、藝文家、科學家，只要是能啟發大家的「大家」，都不會缺席。

至於以「武」、以「謀」、以「體」，叱吒寰宇、攪動世界的風雲人物，則不在此系列出現。

大家受啟發的
大家身影系列 012

An
Autobiographical
Study
(Selbstdarstellung)

佛洛伊德（Sigmund Freud）————— 著
李政賢 ————————————— 譯

佛洛伊德自傳

目　次

第一部

佛洛伊德自傳：學思生涯心路歷程

佛洛伊德學思生涯自述六講與後記

Selbstdarstellungen [1]

佛洛伊德／德文原著

1　佛洛伊德（Sigmund Freud），一九三五年，德語原著，《佛洛伊德學思生涯自述六講》（*Selbstdarstellungen*）增修版，附錄〈後記〉（Nachschrift），Leipzig, Wien, Zürich: Internationaler Psychoanalytischer Verlag。

第一講　精神分析之前的時期

學思生涯自述六講（一九二五年）

　　這套《當代醫學人物學思生涯自述叢集》[2]，是由當代醫學重點人物以自傳題材摹寫。好幾位撰稿者一開始都大嘆，這是吃力不討好的任務。我的情況似乎給這份任務增添了不少難關，因為我先前已經針對相同主題發表過若干篇論著，其中處理了一般比較沒必要涉及的私人面向，以及我個人在其中的角色。

　　我第一次談到精神分析的主題與發展，是在一九〇九年，應邀前往美國麻省伍斯特城的克拉克大學（Clark University），建校二十周年校慶，發表五場講座。[3]最近，針對二十世紀初葉風起雲湧的年代，美國出版社發起編譯出版盛舉，編輯群有感於精神分析的重要性，特別邀請我貢獻一章，盛情難卻之下，我再次針對此一題材做了類似的闡述。[4]在這些年當中，我還於

---

[2] 《當代醫學人物學思生涯自述叢集》（*Die Medizin der Gegenwart in Selbstdarstellungen*；英譯書名：*Contemporary Medicine in Autobiographical Studies*），葛洛特（Grote, L. R.）主編，Leipzig: Felix Meinerr, 1923-1929 年出版，總共八冊，佛洛伊德的文章收錄在第四冊，發行於 1925 年。

[3] 講稿英譯版，原載於《美國心理學期刊》（*American Journal of Psychology*, 1910）。稍後，1924 年，發行德文講稿單行本《論精神分析》（*Über Psychoanalyse*），Wien: F. Deutickc。

[4] 這套叢書，《二十世紀風起雲湧的年代》（*These Eventful Years*）（London and New York: The Encyclopaedia Britannica Company, 1924），上下兩冊，1924 年，大英百科全書出版社發行，由主其事者主筆陳述二十世紀重大事件的發展始末。佛洛伊德撰寫的一章，由 A. A. Brill 博士翻譯成英文，收錄在下冊第六十三章。德文原著，

一九一四年，發表過一篇論文《論精神分析運動的歷史》[5]，這篇文章實際上就包含了我在此所要分享的所有重要內容，由於內容當然不能前後自相矛盾，再者，我也不希望老調重彈一成不變，因此我必須努力嘗試，設法平衡主觀、客觀再現、傳記、歷史旨趣等諸多元素，融合而成嶄新的敘事。

1.1　教育學習和訓練

一八五六年五月六日，我出生於摩拉維亞省（Mähren [Moravia]）的弗萊堡（Freiberg [Freiberg]，捷克語稱為普日博爾（Příbor [Pribor]）），現在屬於捷克斯洛伐克。我父母都是猶太人，我自己至今也還是個猶太人。根據家人的說法，父親家族有相當長久的時間世居萊茵河科隆一帶。十四、十五世紀，由於猶太人遭受迫害，被迫流亡東遷。十九世紀情勢緩和，他們離開立

收錄於《佛洛伊德全集》（*Gesammelte Schriften*）（Leipzig, Wien, Zürich: Internationaler Psychoanalytischer Verlag, 1927）。

[5]　佛洛伊德（Sigmund Freud），德語論文：1914 年，〈論精神分析運動的歷史〉（Zur Geschichte der psychoanalytischen Bewegung），原載於《精神分析年鑑》（*Jahrbuch der Psychoanalyse*），1914 年，第六卷。1924 年，國際精神分析出版社發行德文單行本，Leipzig, Wien, Zürich: Internationaler Psychoanalytischer Verlag。英譯本：*On the History of the Psychoanalytic Movement*，收錄於《佛洛伊德文選》第一卷（*Freud's Collected Papers, vol. I*）。

陶宛，取道加利西亞（Galizien [Galicia]，屬於奧屬波蘭），遷
移回德意志奧地利（deutschen Österreich [German Austria]）。

四歲那年，我們全家搬遷至維也納，在那兒，我一路讀到
大學。小學畢業之後，我就讀維也納市立里奧波德中學[6]，連
續七年名列前茅，幾乎不需要通過任何升級考試。雖然家境拮
据，但父親總是堅持，選擇職業生涯，應該聽從我自己的性向和
興趣。當時的我，並沒特別嚮往醫生行業，其實後來也始終沒
變。我倒是一心渴望追求知識，尤其對人類事務特別感興趣，而
比較不趨向自然科學知識。那時，我也還沒有領略到觀察的重要
性，不知道那會是滿足這方面求知慾的最佳方法。我很小的年
紀，幾乎還沒開始識字讀書之前，就耳熟能詳的聖經故事，直到
後來，我才明白，那些聖經故事對我的興趣志向，早已留下深遠
的影響。

上學之後，有個學長[7]，我和他感情很要好，他後來成為家
喻戶曉的政治家，受到他的影響，我一度萌發興趣，希望和他一

---

[6] 維也納市立里奧波德中學（Leopoldstädter Kommunal-Realgymnasium
[Leopoldstädter Municipal High School]；1989 年，佛洛伊德過世
五十年，維也納教育局為紀念該校榮譽校友佛洛伊德，改名為西格蒙
德·佛洛伊德中學（Sigmund-Freud-Gymnasium [Sigmund Freud High
School]）。

[7] 海因里希·布勞恩（Heinrich Braun, 1854-1927），德國社會民主黨
政治人物，佛洛伊德中學時期的學長，編輯若干社會主義出版物，
1918-1919 年，德國十一月革命之後，出任農業部長。

樣學習法律，並且積極投入社交活動。在此同時，達爾文的理論，當時蔚爲風潮的熱門科目，也引起我極大興趣，因爲感覺未來充滿希望，能夠大幅擴展對世界的認識。就在即將參加中學畢業考之前，接觸了卡爾‧布魯爾（Carl Brühl, 1820-1899）[8]教授的科普講座，聆聽他即席朗誦歌德美妙的《自然》（*Die Natur*）詩篇[9]，於是決心投考醫學院。

　　一八七三年，初上大學不久，失望之感油然而生。尤有甚者，我發現大家似乎都期待，我應該爲了猶太人身分而自形慚愧，或是應該覺得自己是格格不入的異類。我完全拒絕順服，不願因爲身爲猶太人而感到自卑不如人。我始終不能理解，我爲什麼應該因爲自己的出身，或當時人們開始說的「種族」，而感到羞恥。我拒絕融入排擠我的國族社群，對此，我沒有太多遺憾。在我看來，儘管飽受歧視遭遇，人間炎涼自有公道，只要積極向上，發憤圖強，總不至於沒有我安身立命之地。不過，大學初期的這些印象倒也產生一種後果，並在日後造成深遠影

8　卡爾‧布魯爾（Carl Brühl, 1820-1899），奧地利醫師、解剖學家、維也納大學動物學教授。在維也納，開講科普講座，免費開放給一般民眾，包括女性民眾，這在當時，幾乎是聞所未聞的創舉，引發學界頗大騷動。

9　《自然》（*Die Natur*），經常被誤認爲是歌德的作品，但作者其實是喬治‧克里斯多夫‧托伯勒（Georg Christoph Tobler, 1757-1812），大約寫於 1782 年，首次發表在 1784 年《提弗爾特期刊》（*Tiefurter Journals*）。

響。也就是說，從很早開始，我就被迫熟悉了身爲反對者的命運，飽受「密不透風的多數派」（kompakten Majorität [compact majority]）[10] 橫加打壓的遭遇，而這一切也因此造就了我相當程度的獨立判斷能力。

除此之外，大學最初幾年，也讓我體會到，我早些年忙著追求許多科學領域，但礙於個人天賦特質和限制，終究難能有所成就。這也讓我領悟到梅菲斯特（Mephistos [Mephistopheles]）的警世箴言：

學不專一，徒勞無功：
人只能學到能力所及之境。

Vergebens, daß ihr ringsum wissenschaftlich schweift

Ein jeder lernt nur, was er lernen kann

歌德，《浮士德》第一幕

最後，在布呂克（Ernst Brücke, 1819-1892）[11] 的生理實驗室，我終於找到了歸宿，獲得充分的滿足，也結識了我所敬慕並引爲楷模的師友：布呂克大師、助理埃克斯納（Sigmund

---

[10] 挪威劇作家易卜生《人民公敵》（*En Folkefiende* [*An Enemy of the People*], 1882）劇中的用語。

[11] 恩斯特·布呂克（Ernst Wilhelm von Brücke, 1819-1892），德國內科醫生、生理學家，維也納大學生理學教授。

Exner）和弗萊歇—馬克索（Ernst von Fleischl-Marxow）等人。
尤其是弗萊歇—馬克索，能結交這位才華洋溢的摯友，真是三生
有幸。布呂克指派我負責研究一項神經系統的組織學問題，我
不負所望，圓滿完成，布呂克很滿意，後來我還獨力研究，繼續
推進這項專案。一八七六到一八八二年間，除了幾次短暫的間
歇，我一直在這個實驗室工作，那時大家都認為，我可望接下即
將空缺的助教職位。除了精神病學之外，我對其他醫學領域都有
些意興闌珊，可想而知，我對於醫學院的課業當然就沒有很認
真，所以直到一八八一年（譯者按：比正規畢業年限遲了約三
年），我才取得姍姍來遲的醫學博士學位。

　　一八八二年，出現了轉捩點，當時我敬重的布呂克教授，
有鑑於我經濟狀況不是很好，語重心長表示，家父對我的期許
固然愛子心切沒錯，但未免不切實際，他奉勸我放棄追求理論
研究生涯，我接受了他的勸告，離開生理實驗室，進入維也納
總醫院，一開始是臨床助理（Aspirant），不久之後，升為內
科住院醫生（Sekundararzt（Interne）），和其他住院醫生實習
院內各科工作，並有半年多時間，接受精神科主任醫師梅涅特
（Theodor Hermann Meynert, 1833-1892）[12]的指導。早在大學時
代，我對梅涅特就已素仰大名，他的工作及人格都給我頗深印

---

[12] 狄奧多・梅涅特（Theodor Hermann Meynert, 1833-1892），德裔奧地
　　利籍神經病理學家和解剖學家，維也納大學精神科主任醫師，佛洛伊
　　德在 1883 年住院醫生期間，曾接受梅涅特的指導。

象。

　　雖然，職業跑道從理論研究轉換到臨床；但是基本上，我仍算是忠於最初的工作路線。當初，布呂克交給我的研究主題，是屬於一種最低等魚類（*Ammocoetes Petromyzon*，八目鰻幼魚）的脊髓；現在，則是轉向研究人類的中樞神經系統。就在那時，弗雷席格（Paul Flechsig, 1847-1929）[13] 發現了髓鞘生成（或髓鞘化）與否對於神經纖維束的傳導有極大關聯，這一發現帶來了新的洞視和研究方向。我一開始就選擇延髓，作爲唯一的研究主題，這也是我職涯發展仍然延續初衷的又一標誌。明顯有別於我在大學初期無所不學的情況，我現在則是逐漸發展出大爲不同的治學態度，開始集中心力專注於研究單一題材或問題。從此以後，我一直保持這種心無旁騖的專一傾向，但也因此招來單一向度（Einseitigkeit [one-sidedness]）的罵名。

　　進入醫院附屬的大腦解剖研究所之後，我也像先前在生理實驗室那樣，積極投入研究工作。幾篇探究神經纖維束和延腦神經核的小論文，就是這個時期的作品，其中部分成果也受到埃丁格（Ludwig Edinger, 1855-1918）[14]的關注。在同一時期，梅涅特

---

13 保羅・弗雷席格（Paul Emil Flechsig, 1847-1929），德國神經解剖學家、精神科醫生和神經病理學家。著名研究包括髓鞘的生成。

14 路德維希・埃丁格（Ludwig Edinger, 1855-1918），德國解剖學家、神經學家、神經病學教授，現代神經解剖學創始元老，法蘭克福大學共同創始人。

對我算是頗爲關照，即便我有些時日沒在他底下工作，他還是特准我進入使用他的實驗室。有一天，他建議我應該專心投入大腦解剖研究，還答應我會安排我接任他的講師職位，因爲他覺得自己年事已高，對於新興研究方法，漸感力不從心。我婉謝了老師的善意提攜，一來固然是擔心難以承擔如此重責大任，辜負了老師的厚愛；再來也可能是已經有些感覺到，這樣的出路對於我的經濟狀況，可能實質幫助不大。

　　從改善收入的觀點來看，大腦解剖研究並沒有比生理研究好，幾經考慮之後，我決定轉向投入神經疾病的研究。那時候在維也納，這方面的疾病還沒有專設分科，研究素材零散分布在醫療院所的不同科別，也缺乏學習的適當管道，一切只能無師自通，靠自己去摸索。即便維也納大學新聘的醫學教授諾特納格爾（Hermann Nothnagel, 1841-1905）[15]，他在不久之前，剛以腦功能定位研究的著作而獲聘，也沒能把神經病理學和其他內科分支區隔開來。於是，在聲名遠播的夏柯（Jean-Martin Charcot, 1825-1893）[16]強力吸引之下，我寫了一份研究計畫，希望先在維也納

---

[15] 赫曼・諾特納格爾（Hermann Nothnagel, 1841-1905），德國藥理學家、神經病學家、內科醫生。1883年，任命爲維也納大學醫學教授。維也納內科醫學會創始人和第一任會長。

[16] 尚馬丁・夏柯（Jean-Martin Charcot, 1825-1893），十九世紀法國神經學家、解剖病理學教授。巴黎神經病醫學重鎮薩佩堤醫院著名醫學教授，神經學和心理學領域的發展重要推手，巴黎學派主要人物。

取得神經科講師職位，然後再前往巴黎進修。

　　接下來幾年，繼續擔任住院醫師職務期間，我發表了若干篇器質性神經疾病的臨床觀察報告，對這領域的掌握程度也逐漸提升；臨床分析就能精準定位延腦哪個部位即是病灶所在，而不用再求助於病理解剖。在維也納，我首創先例，在一名診斷爲急性多發性神經炎（Polyneuritis acuta）的患者過世之後，送請驗屍檢查，結果證實我的臨床診斷果然正確。此後，我的診斷陸續獲得驗屍報告證實，這讓我漸漸小有名氣，一大群美國醫生蜂擁而至。於是，我操著洋涇濱英語，爲他們講解神經科的病例。我當時對精神官能症（Neurosen [neuroses]）一無所知，有一次，我把長期頭痛的精神官能症患者，說成是患了慢性侷限性腦膜炎，那些美國醫生氣沖沖群起圍攻，全部憤而離場。他們的批評指正全然有理，於是我那出師不利的醫學教學只好黯然收場。考量到當年的時空背景，那年代的維也納醫界，即便醫術高明的權威大老，也往往把神經衰弱（Neurasthenie [neurasthenia]）診斷爲腦腫瘤（Hirntumor [brain tumor]），我犯下如此錯誤，應該也算情有可原。

　　一八八五年春天，我在組織學和臨床方面的研究論文審核通過，獲聘爲神經病理學講師（Dozentur [lecturer]）。不久之後，承蒙布呂克熱心推薦，我獲得一大筆留學獎學金，是年秋天，負笈前往巴黎，展開進修旅程。

　　到了巴黎之後，我成爲薩佩堤醫院（Hôpital de la Salpêtrière [Salpetriere Hospital]）的學生，但是躋身在人數眾多的外籍留學

生當中，我最初並沒得到太多關注。直到有一天，我聽到夏柯感嘆，自戰爭以來，他的講義德文譯者音訊全無，還說如果有人願意接手翻譯他的《神經系統疾病講義》[17]，他一定會很高興。於是，我自告奮勇寫信給他，表示願意效勞。我還記得，我在那封信中的法語詞句，我說我的法語障礙只是有「**表達失語症**」（*l'aphasie motrice* [*motor aphasia*]），而沒有「**感覺[理解]失語症**」（*l'aphasie sensorielle* [*sensory aphasia*]）。夏柯接受了我的毛遂自薦，就這樣，我打進了夏柯的個人生活圈，從此以後，得以全權參與院內的各類活動。

　　寫作本文期間，我接收到許多來自法國的文章和新聞報導，讓我見識到法國對於精神分析的強烈反對，而且還不時妄加揣測我和法國學界的關係。比方說，我讀到有文章說我利用留學巴黎期間，偷師皮耶·雅內（Pierre Janet, 1859-1947）[18]傳授的

---

[17] 夏柯（Jean Martin Charcot），法文原著：1872-1873 年，1877 年，《1872-1873 年，薩佩堤醫院神經系統疾病講義》兩卷（*Leçons sur les maladies du système nerveux faites à la Salpêtrières (1872-1873)*），Paris: Aux Bureaux du Progrès Médical；德文譯本：1886 年，《新編神經系統疾病講義，尤其是歇斯底里》（*Neuen Vorlesungen über die Krankheiten des Nervensystems*, insbesondere über Hysterie [*New Lectures on Diseases of the Nervous System, Especially about Hysteria*]），譯者佛洛伊德（Sigmund Freud），Leipzig: Toeplitz & Deuticke。

[18] 皮耶·雅內（Pierre Janet, 1859-1947），法國解離和創傷記憶領域的先驅心理學家、醫師、哲學家和心理治療師。

新創理論，然後據爲己有。在此，我要明確指出，我在薩佩堤醫院訪問學習期間（一八八五年），雅內（當時二十六歲）根本還是籍籍無名的後輩。

我跟隨夏柯見習所看到的一切，印象最深刻的就是他對歇斯底里（Hysterie [hysteria]）的最新研究，其中有一些如今仍然歷歷在目。比方說，他證實了歇斯底里現象的眞實和規律（「*Introite et hic dii sunt*」[19]；他確認歇斯底里也常發生在男性身上；他還示範透過催眠暗示（hypnotische suggestion [hypnotic suggestion]），可以引發歇斯底里麻痺和攣縮。總之，這些結果顯示，人爲引發的歇斯底里，和創傷造成的自發歇斯底里，不僅呈現的特徵相同，細節末微也幾乎毫無差異。夏柯的許多示範教學，一開始往往讓我和其他訪問學者大感震驚，難以置信，想盡辦法嘗試用當時流行的理論來支持我們的懷疑。面對這樣的疑慮，他總是和顏悅色，耐心以對，但同時也保持堅定不移的信心。有一次，在漫長而激烈的討論之後，他悠悠說道：「*Ça n'empêche pas d'exister*」（法語，意思是說「*這不阻礙其存在*」），這話讓我留下了永誌不忘的印象。

眾所周知的事實是，我們當年奉爲圭臬的夏柯教導，時過境遷，早已不全然廣受尊崇，其中有些不免啟人疑竇，另外有些顯

---

[19] 拉丁文，意思是指，「*進來吧，這兒也有諸神同在*」（*Enter, for the gods dwell here as well*）。亞里斯多德引述赫拉克利特的說詞，表示即便卑微不堪之所在，仍有諸神同在。

然禁不起時間考驗。不過，還是有相當多的內容留傳下來，在科學殿堂取得不朽的一席之地。結束巴黎訪學之旅前，我專程去找大師討論合作研究案，計畫針對歇斯底里麻痺（hysterischen Lähmungen [hysterical paralysis]）和器質性麻痺（organischen Lähmungen [organic paralysis]）進行比較分析。我希望透過研究建立如後的學說：歇斯底里的麻痺和感覺喪失，全身各部位之所以失去運動和感知能力，應該連結到心理障礙的概念，而不是器官病變的病理解剖。他雖然同意我的看法，但是不難看出，他基本上並沒有太大興趣，進一步探索精神官能症的心理層面，畢竟他從一開始的研究重心，一直都是在病理解剖。

　　回到維也納之前，我中途短暫停留柏林幾個星期，順便了解常見的兒科疾病，因為維也納一所公立兒童醫院[20]院長麥斯·卡索維茨（Max Kassowitz）[21]，曾允諾我負責該單位的兒童神經疾病部門。在柏林，我得到巴金斯基（Adolf Baginsky）[22]相當

---

20 維也納第一公立兒童醫院（Erstes Öffentliches Kinder-Krankeninstitute [First Public Institute for Sick Children]），創辦人兼院長麥斯·卡索維茲，因此也稱為麥斯·卡索維茲研究所（Institut Max-Kassowitz [Max-Kassowitz Institute]）。1886-1896 年，佛洛伊德負責兒童神經疾病科，每週三次無償看診。

21 麥斯·卡索維茲（Max Kassowitz, 1842-1913），維也納大學兒科教授，兒童骨科生理學和病理學專家。維也納第一公立兒科衛生所創辦人兼院長。

22 阿道夫·巴金斯基（Adolf Baginsky, 1843-1918），猶太裔德國兒科

友善的接待和幫助。接下來幾年，我在卡索維茨的兒童醫院服務
期間，發表了幾篇重要研究論文，主題是關於兒童單側與雙側腦
性麻痺。因爲這個緣故，一八九七年，諾特納格爾主編《常用與
特殊治療手冊》[23]，就讓我負責撰寫兒童腦性麻痺的章節。

　　一八八六年秋天，我在維也納安頓下來，自行開業行醫，並
且和遠在他鄉久候我四年的心上人完成終身大事。如今回顧起
來，我或許可以這麼說，當年我之所以沒能早早嶄露頭角，多少
是和我的未婚妻有些關係。一八八四年，出於業餘的濃厚興趣驅
使，我從默克爾化學公司（Merck）取得一種當時鮮爲人知的古
柯鹼，並且著手研究其生理作用。就在研究進行到一半時，恰好
有機會，可以讓我去探訪久別兩年的未婚妻。於是，我匆促擱下
了古柯鹼的研究工作，只在發表的一篇文章約略提到，預測不久
應該就會發現這種藥物的進一步用途。我還建議我的朋友，眼科
專家柯尼斯坦（Leopold Königstein, 1850-1924）[24]，繼續研究檢
視古柯鹼在眼科治療的麻醉效能可以拓展到什麼地步。不料當我

醫生、兒科研究專家。1872 年，定居柏林，創辦免費的約翰尼斯大街
兒童診所（Johannisstraße）。1886 年，佛洛伊德在巴黎訪學結束之
後，3 月間，前往巴金斯基兒童診所，見習兒科疾病相關醫療知識。

[23] *Handbuch der allgemeinen und speziellen Therapie* [*Handbook of
General and Special Therapy*]。

[24] 里奧帕特・柯尼斯坦（Leopold Königstein, 1850-1924），猶太裔奧地
利眼科醫生，維也納大學眼科教授，佛洛伊德的同事與朋友，塔羅克
紙牌遊戲牌友。

銷假回來，我發現已經有人捷足先登了，不過不是柯尼斯坦，而是我們的另一位朋友卡爾・柯勒（Karl Köller [Carl Koller]，1857-1944，現居紐約）[25]，我也曾經跟他提過古柯鹼的研究，他顯然是趁著我休假空檔，搶先一步完成了對動物眼睛的關鍵實驗，並且在海德堡的眼科醫學會議，進行示範實驗成果。如此一來，柯勒理所當然成為公認最早發現古柯鹼可以作為局部麻醉劑。現在，這種局部麻醉應用在小手術已經變得相當重要，儘管陰錯陽差錯失了成名機會，但我並不因此而對我的新娘子有任何怨尤之情。

　　回顧完這段往事之後，讓我再回來講一八八六年，這一年，我回到維也納定居，重回神經疾病專科醫生的崗位。我依規定前往「維也納醫師協會」（Gesellschaft der Ärzte [Society of Physicians]），發表我跟隨夏柯的見習報告。但是，大家對我的報告反應不是很好。包括會長班伯格（Heinrich Bamberger，1822-1888，內科醫生）[26] 在內的許多醫界權威人士，都指稱我的說詞難以置信。梅涅特建議我在維也納找幾個我所描述的那

---

[25] 卡爾・科勒（Karl Köller [Carl Koller], 1857-1944），出生於捷克的奧地利眼科醫生，維也納總醫院外科醫生，佛洛伊德同事，原名 Karl Köller，後來移居美國，改為 Carl Koller。

[26] 海因里希・班伯格（Heinrich Bamberger, 1822-1888），出生於布拉格，後來移居維也納，病理學家和內科醫生。從 1886-1888 年，擔任維也納醫生協會會長。

種患者，帶他們來醫師協會給大家看看。我試著照做了，也找到好幾位患者，可是那些部門的主任醫師，都拒絕我前去觀察或實驗處治該等患者。其中有一位資深的外科醫生，甚至厲聲責斥：「不是吧，老弟啊，你就別胡扯了，歇斯底里（Hysterie [hysteria]）的字源『*hysteron*』，意思就是指子宮，大男人又沒子宮，哪來的歇斯底里？」

　　儘管費盡唇舌再三解釋，我並不是想要他們批准我的診斷，而只是希望能和那些患者取得聯繫，無奈還是全給賞了閉門羹。最後，只好到醫院以外去找，好不容易找到一位典型的歇斯底里半側麻痺的男性患者，我於是帶他到醫師協會示範給大家看。這次，總算有人鼓掌了，但是大家對於我提出的學說仍舊興趣缺缺，那些醫界大老根本不動如山，絲毫不肯接受我的創新見解。於是，我發現自己被逼入人單勢孤的反對陣營，力排眾議，獨自堅持男性歇斯底里，以及暗示引發的歇斯底里麻痺。不久之後，我就不准進入大腦解剖實驗室，而且整整一個學期，根本沒有地方可以發表研究或講學。情勢發展至此，我只好退出學術圈，也無緣參與任何學會活動。從那之後，我足足有三十多年沒踏進維也納醫師協會。

1.2　神經科醫師開業行醫

　　如果，想靠治療神經疾病謀生，勢必得練就一身本領，確實能幫患者做些有益的事情。在我的治療軍械庫中，只有兩項法

寶：一是電療，另一是催眠，因爲只做一次收費心理諮詢，就把
患者轉介到水療療養院，這樣的收入遠遠不足以謀生。

　　關於電療法的知識，我是從埃爾布（Wilhelm Heinrich Erb,
1840-1921）[27]《電療法手冊》[28]學來，書上詳細說明，如何
運用電療來醫治神經疾病的所有症狀。遺憾的是，我很快就發
現，若是依照埃爾布的講解去實施，對患者根本毫無幫助。我原
本以爲，書中提供的全是精準觀察的據實描述，結果卻是純屬
虛構的憑空杜撰。德國神經病理學界巨擘的大作，居然和街坊書
店廉價販售的埃及夢境書（»ägyptisches« Traumbuch ["Egyptian"
dream book]）沒兩樣，全然脫離現實不著邊際，這樣的恍然大
悟眞是讓人很失望。不過，這也幫助我擺脫了對於權威長久以
來揮之不去的天眞盲信。後來，莫畢厄斯（Paul Möbius, 1853-
1907）[29]也釐清說明，採用電療醫治神經疾病，如果眞能有任何
成效，其實應該歸功於醫生對於患者的暗示作用。而我則是在
這項聲明之前，就有先知之明，早就已經把電療儀器束諸高閣

27　威廉・海因里希・埃爾布（Wilhelm Heinrich Erb, 1840-1921），十九
　　世紀的頂尖神經學家，德國神經科醫師協會（Gesellschaft Deutscher
　　Nervenärzte）榮譽會長。著有《電療法手冊》。

28　埃爾布（Wilhelm Heinrich Erb），德文原著：1886 年，《電療法手
　　冊》（*Handbuch der Elektrotherapie*），Leipzig: F. C. W. Vogel。書
　　名英譯：*Handbook of Electrotherapy*。

29　保羅・莫畢厄斯（Paul Julius Möbius, 1853-1907），德國神經科醫生，
　　專長領域包括神經解剖學和神經系統疾病。

了。

　　至於催眠，情況就好多了。學生時期，我曾經看過磁力催眠師（Magnetiseur [magnetizer]）卡爾·漢森（Carl Hansen, 1833-1897）[30] 公開表演，我注意到其中有一位觀眾上臺接受催眠，當他一出現全身僵化狀態，臉色馬上慘白得就像死了一樣，而且這種狀況一直持續到催眠結束，才恢復過來。這讓我堅定信服，催眠現象確實真有其事。不久之後，海登罕（Rudolf Heidenhain, 1843-1897）[31] 也提出科學證據，支持催眠現象的真實性。儘管如此，還是有很長一段時間，那些精神病學教授依然不斷指責催眠是蒙混唬人的詐術，充滿危險，而且對催眠師鄙夷不屑。在巴黎情況就不同了，我多次見識到，不少醫生自在而安全地運用催眠引發病人症狀，再將該等症狀移除。此外也有消息說，法國南錫（Nancy）地區出現一個新學派（譯者按：「南錫學派」（Nancyer Schule [Nancy School]），相對於夏柯為主的「巴黎學派」（Pariser Schule [Paris School]）），廣泛運用暗示作為治療之用，有些藉助催眠，有些則否，並且取得相當可觀的療效。因

---

[30] 卡爾·漢森（Carl Hansen, 1833-1897），著名的丹麥催眠師，引用動物磁力說（animal magnetism），來進行催眠。

[31] 魯道夫·海登罕（Rudolf Heidenhain, 1843-1897），德國生理學家。海登罕對丹麥催眠師卡爾·漢森的公開演示印象深刻，從而對催眠術進行了科學研究，他的研究以生理學為基礎，從抑制大腦皮質的角度來解釋催眠。

此，在我行醫最初幾年，除了見機行事的非系統化心理療法之外，我把催眠暗示當成主要的治療利器，自然是順理成章的決定。

　　當然，這也意味著，我放棄了對器質性神經疾病的治療，不過這對我沒什麼影響。一方面，器質性神經疾病的治療成效不彰，難以讓人有可喜的期待。另一方面，對於大城市的開業醫生而言，器質性神經疾病困擾的人數少之又少，遠遠不及人數眾多的神經質患者（Nervösen [neurotics]），而且隨著這類病人四處求醫問藥，都未見病情好轉，未來上門求治的人數只會有增無減。除此之外，施行催眠也確實有其正向的成效，和吸引迷人之處。一方面，病患有生以來第一次，感受到總算有辦法可以克服長年無力化解的困境；另一方面，妙手神醫的恭維美名，也讓我頗感欣欣自得。直到後來，我才陸續發現這種程序還存在頗多缺陷，不過在那時，我只有兩點抱怨：第一，無法萬無一失，讓每位患者都順利完成催眠；第二，沒能得心應手讓患者達到我所期望的深度催眠狀態。

　　為求催眠技術達到臻於完美境界，一八八九年夏天，我特地走了一趟南錫，待了幾星期。在那兒，我親眼目睹年邁的李伯特（Ambroise-Auguste Liébeault, 1823-1904）[32]，催眠治療勞工階級窮苦婦孺的感人場面；也見識到伯恩罕（Hippolyte Bernheim,

---

32 昂布魯瓦—奧古斯特・李伯特（Ambroise-Auguste Liébeault, 1823-1904），法國精神科醫生，南錫學派創始者，現代催眠治療法之父。

1840-1919）[33]對病院患者所做的驚人實驗，印象深刻之餘，也讓我反覆思索，在人類意識未得觸及之處，是否可能隱藏著某些強大的心靈歷程。於是我說服一位患者，請她跟我到南錫，我覺得這應該有助於解開這方面的疑問。這位患者是家世良好、才華洋溢的女孩子，飽受歇斯底里之苦，遍訪群醫卻始終束手無策，後來才轉介到我這邊來。透過催眠的實施，我幫助讓她的病情獲得控制，總算能夠過比較正常的生活，而不至於無時無刻都陷入愁雲慘霧的無助深淵。只是她的症狀總是時好時壞，由於我當時所知有限，就把原因歸咎於催眠深度不夠，沒有達到夢遊失憶（Somnambulismus mit Amnesie [somnambulism with amnesia]）的深層狀態。我帶她去讓伯恩罕看，結果他試了幾次，也無能為力。他還坦白向我承認，他的催眠暗示療法取得的巨大療效，僅限於醫院內的患者，至於私下收治的患者，也是一籌莫展。我和他有過多次長談，每次都大有啟發，真是受益匪淺。我也著手將他兩本關於暗示法和其療效的書籍翻譯成德文。[34]

---

[33] 希波呂特・伯恩罕（Hippolyte Bernheim, 1840-1919），法國神經科醫生、心理治療醫生、南錫學派代表人物。研究歇斯底里症、催眠和心理治療，以催眠暗示理論而聞名。

[34] 佛洛伊德翻譯的這兩本伯恩罕的法文著作，分別是：第一本，伯恩罕（Bernheim, H.），1886 年，《暗示法與醫療應用》（*De la suggestion et ses applications à la thérapeutique*），Paris: Octave Doin。佛洛依德譯本，1888 年，《催眠與暗示》（*Hypnotismus und Suggestion*）。佛洛伊德寫了譯者序，聚焦討論暗示法引起的主要問

　　一八八六到一八九一年間，我幾乎沒有從事科學研究工作，也鮮少發表或出版任何論著。那段時期，工作和家庭兩頭燒，我忙著建立自己的新事業，開業行醫初期忙得不可開交，日益沉重的養家擔子也耗去不少心力。一八九一年，我的第一本兒童腦性麻痺研究書籍終於出版，我和朋友兼助理奧斯卡·瑞伊醫師（Oskar Rie, 1863-1931）[35] 合作完成。[36] 同年，我還應邀爲一本醫學百科全書撰寫若干條目，這也讓我開始研究失語症的學理。[37] 當時，主導失語症學理的是韋爾尼克─利希海

題：心理歷程和生理歷程之間的關係，以及意識如何可能關聯到這些歷程。第二本，伯恩罕（Bernheim, H.），1891 年，《催眠、暗示與心理治療新探》（*Hypnotisme, Suggestion, Psychotherapie: Etudes Nouvelles*），Paris: Doin。佛洛依德譯本，1892 年，《催眠、暗示與心理治療》（*Hypnotismus, Suggestion und Psychotherapie*）。

[35] 奧斯卡·瑞伊（Oskar Rie, 1863-1931），猶太裔奧地利兒科醫生，佛洛伊德及其家人的朋友和家庭醫師。1886-1896 年，他在維也納卡索維茲的兒童醫院擔任佛洛伊德的助理。

[36] 佛洛伊德與瑞伊（Freud, S. & Rie, O.），德文原著：1891 年，《小兒半側偏癱腦性麻痺的臨床研究》（*Klinische Studie über die halbseitige Cerebrallähmung der Kinder*），Vienna: Moritz Perles。書名英譯：*Clinical Study on Unilateral Cerebral Palsy in Children*。

[37] 亞伯特·維拉雷特（Albert Villaret）主編，1888 / 1891 年，《醫學百科全書》（*Handwörterbuch der gesamten Medizin*）。佛洛伊德自稱曾在 1891 年應邀寫過若干詞條，可能是「Aphasie」（失語症）和「Gehirn」（大腦），不過由於沒有署名，目前還難以確定。這兩個

姆（Wernicke-Lichtheim）模式占據了主導地位，清一色只強調失語症的腦部定位觀點。我的研究之旅最後集結成一本小冊子《關於失語症理論：批判研究》[38]，提出我對失語症學說的批判和思辯論述。接下來，我得先來談談，在怎樣的脈絡之下，科學研究再度成為我人生主要興趣的關注焦點。

詞條的全文翻譯與評述（對精神分析和神經科學的重要性），請參見，1990 年，Michael Saling、Mark Solms 主編；Mark Solms 英文翻譯，*A Moment of Transition: Two Neuroscientific Articles by Sigmund Freud*, London: Institute of Psycho-Analysis。

[38] 佛洛伊德（Sigmund Freud），德文原著：1891 年，《關於失語症理論：批判研究》（*Zur Auffassung der Aphasie: eine kritische Studie*），Leipzig & Wien: F. Deuticke，全書 107 頁。

第二講　與布勞耶共事時期

2.1 歇斯底里研究、催眠、宣洩

關於前面第一講談到的內容，我在這兒必須補充聲明一點，那就是，打從一開始，我所實施的催眠做法，就和單純的催眠暗示有所不同。我是用催眠來探索病人症狀的發生史（Entstehungsgeschichte [genesis history]），因為病人在清醒狀態下，對於這方面的資訊，往往只能說得不清不楚，甚至根本毫無頭緒，無從說起。我這種做法的好處，不只比單純的暗示指令或禁令更有效，而且也似乎更能滿足醫生追根究柢的好奇心，除了透過暗示的單調程序消除各種症狀外，還能進一步探知該等症狀發生的根源癥結。

接下來，我就把當初發展出這種治療程序的來龍去脈，簡述說明如後：一八七〇年代末期，我還在布呂克的實驗室工作時，就有緣結識了約瑟夫・布勞耶博士（Josef Breuer, 1842-1925）[39]，他是維也納德高望重的家庭醫師，除了懸壺濟世之

---

[39] 約瑟夫・布勞耶（Josef Breuer, 1842-1925），奧地利醫師和生理學家，精神分析的先驅。在佛洛伊德成為精神分析家的發展過程，具有決定性的影響。

1880 年，布勞耶在案例研究發現，他催眠引導一位化名安娜 O（Anna O）的歇斯底里病人，回憶過往不愉快經歷，從而緩解症狀。他得出結論，病人的症狀可能是由潛意識過程引起，將該等潛意識過程變為有意識，就得以消除該等症狀。安娜 O 的案例讓佛洛伊德接觸了宣洩法，這也成為他後來工作的關鍵元素。

外，過去在醫學研究方面也頗負盛名，尤其是呼吸病理學與平衡
器官的研究，至今仍然備受重視。他聰穎過人，比我年長十四
歲。我們很快就成爲志同道合的忘年之交，更是患難中情義相
挺的貴人。我們分享彼此對於科學的諸多興趣，在這段關係當
中，獲益者當然是我。不過，後來精神分析學的演變，讓我失去
了這段友誼。要我付出如此之大的代價，實在情非得已，但是我
也只能忍痛面對。

　　早在我負笈巴黎訪學之前，布勞耶就曾和我談及一起歇斯底
里的病例，他說在一八八〇到一八八二年間，曾採用一種特殊方
法治療該病患，從而讓他得以深入探索歇斯底里症狀的起因和重
要意涵。而當時，皮耶・雅內在這方面的工作，根本還是未來
式。我記得布勞耶反覆摘述那位患者的病歷，當時就讓我留下深
刻印象，覺得這種方法對於促成精神質病症的了解，成效遠勝於
先前所知的任何觀察做法。所以，我決定去到巴黎時，就打算向
夏柯報告這些發現，我也確實這樣做了。可是，夏柯大師對於我
初次提起這個話題，似乎不怎麼賞臉，我也就將這事擱下，沒有
再提起了。

　　直到我返回維也納之後，我再度回去看布勞耶的病例觀
察，請他多談些有關這個病例的事情。這位患者是個年紀頗輕
的女子，受過良好教育，相當有才華，父女感情甚篤，父親臥病
在床之後，她事親至孝，悉心照料，也是在這段日子，她的健康
亮起了紅燈。當她轉介給布勞耶接手治療的時候，臨床病徵包括
各種疑難雜症：攣縮性麻痺、抑制、精神錯亂等等。在一次偶然

的觀察，布勞耶發現，若是能引導她說出籠罩心頭的那些迷思妄念，就有可能讓她意識渾沌的狀況撥雲見日。

從這意外的發現，布勞耶整理出一套新的治療方法。他使她進入深度催眠狀態，然後要她說出每次發作時，讓她心頭鬱悶的都是些什麼。透過如此方法，克服了憂鬱情緒風暴之後，他再使用同樣的程序，幫她清除各種的心理抑制和生理病痛。這女孩子在清醒的時候，和其他患者沒兩樣，完全不知道自己的病症究竟從何而起，也說不上來各種病症和她的生活經驗或感受印象有任何關聯。但是一旦催眠，她馬上就能發現原本摸不著頭緒的癥結和關聯。很顯然，她的所有症狀幾乎都和照料父親時經歷的心境波動脫離不了關係；換句話說，她的所有症狀每一項都有其涵義，都是呼應那些情感印記的餘波或回響。追根究柢來看，大部分都是由於她在病榻照護父親時，心頭浮現不堪聞問的念頭和衝動，需要費盡心力去壓抑排除，到後來，就出現了某種代位的症狀，取代而遮蔽了該等必須苦心費力壓抑的念頭或衝動。

但是，原則上，症狀並不是單一「創傷」情景（"traumatischen" szene ["traumatic" scene]）的一對一產物，而是若干類似情景聚合沉積而成的結果。所以，當患者進入催眠狀態，幻覺般地回想起諸如此類的情境，溯本清源正視該等浮現的念頭或衝動，並讓受壓抑的心靈活動自由而充分的表達，如此一來，症狀就會迎刃而解，不再復發。運用這樣的程序，經過漫長而辛苦的努力，布勞耶終於成功幫助這位患者緩解所有症狀。

從那以後，該患者已康復，狀況維持良好，也取得顯著成

就。但是，關於這種催眠治療的推廣應用，布勞耶始終三緘其口，就像蒙上神祕面紗，從沒向我掀開過。我也很納悶，那麼珍貴而無價的知識，布勞耶為什麼要隱瞞那麼久，不用來促進科學的進一步發展。緊接著要問的就是，單一個案病例的發現，能否推而廣之，普遍適用於通案？在我來看，布勞耶發現的這些情況，如果真的具有普遍而根本的特性，既然能在單一個案獲得應驗，我就不相信其他歇斯底里患者不會出現類似的成效。這個問題的答案只能透過實證經驗來決定。

於是，我就開始把布勞耶探索的程序，複製在我自己的病人身上。尤其在一八八九年，造訪伯恩罕，經他告知催眠暗示效用有其侷限之處，從那之後，我就更堅定採用布勞耶的做法，而不再仰賴催眠暗示。經過多年的觀察，我蒐集到相當多的證據，都和布勞耶臨床所見有著類似結果，這讓我更加肯定所有歇斯底里患者，無一例外，都對這樣的治療有正向反應。於是，我就向他提議合寫一本專論書籍。起初他有些抗拒，不過後來總算讓步了，尤其是大約同一時期，雅內也發表類似的研究結果，把歇斯底里症狀的起因追溯到患者過往生活印記，以及藉由催眠再現其「*源頭生成狀態*」（*in statu nascendi*），從而緩解該等症狀。一八九三年，我和布勞耶聯名發表一篇〈論歇斯底里現象的心理機轉：初探聲明〉[40]；一八九五年，我們合著的《歇斯底里研

---

[40] 布勞耶與佛洛伊德（Josef Breuer & Sigmund Freud），德語論文：1893 年，〈論歇斯底里現象的心理機轉：初探聲明〉（*Über*

究》[41]也隨之問世。

如果，我前面所談的內容讓讀者感覺，《歇斯底里研究》一書，就題材本質而言，應是屬於布勞耶個人的心血結晶，如此看法其實也正是我一貫秉持的態度。我在此特別重申，絕無僭越掠美的非分妄想。書中提出的學理，是有一部分和我有關，至於達到什麼程度，如今也很難說得一清二楚了。我只能說，當初的理論稱不上博大精深，就是把觀察所見加以平實陳述而已。並沒有試圖要去窮究歇斯底里病症的本質奧義，頂多只是點出哪些方向，或許可以找到症狀的發生源頭。

因此，這理論當中的重點，就擺在突顯情感生活（Affektlebens [affect life]）的意蘊重要性，以及強調把心靈活動（seelischen Akten [mental acts]）區分為潛意識（unbewußten [unconscious]，或譯無意識）和有意識（bewußten [unconscious]；或者更確切地說，有能力意識

---

den psychischen Mechanismus hysterischer Phänomene: Vorläufige Mitteilung），原載於《神經學刊》第十二期（*Neurologisches Zentralblat*t (12), 1893, 14-10; 43-47）。英譯論文標題：On the Psychical Mechanism of Hysterical Phenomena: Preliminary notification；收錄於《佛洛伊德心理學著作全集》第一卷（Complete Psychological Works of Sigmund Freud, vol. I）。

[41] 布勞耶與佛洛伊德（Josef Breuer & Sigmund Freud），德文原著：1895 年，《歇斯底里研究》（*Studien über Hysterie*），269頁，Leipzig, Wien: Franz Deuticke。英譯書名：*Studies on Hysteria*。

（bewußtseinsfähigen [capable of being conscious]））兩大類。
此外，還提出兩種因素：心理動力學因素（dynamischen Faktor
[dynamic factor]），解釋積壓的情感如何導致而產生症狀；心理
經濟學因素（ökonomischen Faktor [economic factor]），解釋相同
的症狀是同一情感定量（Affektbetrag [quota of affect]）的產物，
如果不產生該等症狀，也會轉而產生其他相當強度的症狀（這種
過程即是所謂的**轉化**（*Konversion* [*conversion*]））。

　　布勞耶把我們採用的程序稱爲**宣洩法**（*Katharsis*
[*catharsis*]）。大抵而言，情感定量受到扼阻無處宣洩，轉而流
去維持症狀，宣洩法的治療目標就是要把誤入歧途而受困滯留的
情感定量，重新導回正常流通路徑，從而將該等積壓不安的情
感定量釋放（Abfuhr [discharge]）（亦即**紓壓發洩**（*abreagieren*
[*abreaction*]）。這種宣洩程序相當實用，而且臨床成效極爲出
色。儘管後來發現仍有不足之處，不過那些缺點也普遍可見於其
他催眠療法。時至今日，仍有不少心理治療專家對於宣洩法熱烈
支持，而且讚譽有加，雖然他們的領悟和掌握都沒能超越布勞耶
當年的成就。

　　一次大戰期間，齊梅爾（Ernst Simmel, 1882-1947）[42]在德

42　恩斯特·齊梅爾（Ernst Simmel, 1882-1947），德國出生的猶太裔美
　　國經神病學家、精神分析醫師、社會醫學先驅。一次世界大戰期間，
　　主持專治戰爭精神疾病的醫院，首創使用團體精神分析法治療戰爭精
　　神官能症，引起佛洛伊德的注意。重要研究與實務領域，包括：戰爭

軍醫院主導使用精簡版的心理療法，醫治戰爭精神官能症患者
（Kriegsneurotiker [war neurotics]），一再證實了宣洩法的價值。
宣洩法的理論對於性慾（Sexualität [sexuality]）的議題談論不
多。我在《歇斯底里研究》提供的若干病歷，性慾生活環節都扮
演了相當程度的角色，但是幾乎沒有得到任何特別關注，頂多就
是視同一般的情感激起（affektive Erregungen [affective arousal]）
而已。布勞耶在討論他的第一號病人（後來變得很聞名的那位
女患者[安娜 O]），有關她性慾方面的描述也少得讓人吃驚。所
以，從《歇斯底里研究》實在還很不容易看出，性慾因素在精神
官能症病源（Ätiologie [aetiology]）的重要地位。

　　接下來的發展階段，從宣洩法過渡到精神分析的正式問
世，我在別處已有好幾次詳盡介紹過，實在不太容易再補充任
何新的材料。這個新階段的開端，得從布勞耶退出我們的合作關
係談起，我只能獨自挑起繼續完成他的未竟之業。雖然，早先合
作初期，我們就有意見分歧的狀況，但還不至於讓我們就此決
裂。比方說，心靈歷程何時發生病變（亦即情感定量釋放的正常
出路受到阻塞）？

　　對於此等問題，布勞耶偏好尋求生理理論的解決；換言
之，他主張，那些病變的心靈歷程已是排除在正常狀態之外，
並且是發源於不尋常的類催眠（hypnoiden [hypnoid]）心靈狀

　精神官能症、賭博、性謀殺、心身症、酒飲、批判反猶太主義。促成
　精神分析理論和實踐從個人疾病擴展納入文化和社會等面向。

態。不過，即使接受如此觀點，還是得繼續追問此等類催眠狀態的起源問題。與此相反，我則比較傾向認為，可能是有若干股力量的交互作用，還有日常生活可見的心理意圖（Absichten [intentions]）和傾向（Tendenzen[endencies]）等等的影響作用，才有那些心理病症的發生，而這些全都屬於正常狀態的範圍。而這也形成了布勞耶和我壁壘分明的歧見：「類催眠的歇斯底里」（Hypnoidhysterie [hypnoid hysteria]）vs.「防禦型的精神官能症」（Abwehrneurose [defense neurosis]）。

但無論如何，倘若不是還有其他關鍵因素，僅只如此的矛盾分歧，應該還不至於讓他斷然離去。而其中一項關鍵因素，毫無疑問，就是內科醫師和家庭醫師的工作太忙碌了，以至於無法像我一樣，全力以赴投入宣洩法的治療工作。除此之外，《歇斯底里研究》一書在維也納和德國的反應，就讓他備受影響，畢竟他的自信心和抗壓力發展得不如他的心智組織能力那麼好。比方說，該書遭到史端培爾（Ernst Strümpell, 1853-1925）[43]嚴厲指摘[44]，我還能一笑置之，指出其人所謂的評論，根本枝微末節，

---

[43] 恩斯特·史端培爾（Ernst Adolf Gustav Gottfried Strümpell, 1853-1925），拉脫維亞出生的德國內科、神經科醫生、教授、大學校長。主編的內科和精神科教科書，是德國醫學訓練的權威著作。研究涉及脊髓癆，脊髓疾病，嬰兒癱瘓，肢端肥大症和肌萎縮。

[44] 史端培爾在 1896 年出刊的《德國神經醫學期刊》第八卷，《歇斯底里研究》的書評當中，提出嚴厲抨擊。Adolf von Strümpell. *Deutsche Zeitschrift für Nervenheilkunde* (8), 1896: 159-161。

空洞而無關宏旨。然而,布勞耶卻是自信心大受打擊,心灰意冷。不過,最終導致他決定分道揚鑣的主要原因,還在於他對我的進一步研究方向無法苟同。

2.2 精神官能症的性慾病源

我們在《歇斯底里研究》試圖建構的理論,仍然不是很完整,尤其很少觸及病源學的問題,也就是有關病態心靈歷程發展的起源問題。隨著經驗的迅速累積,我現在已經得知,精神官能症現象的背後,並不是有*任何*種類的情感刺激騷動在作祟,而通常是起源於性慾屬性的特定情感騷動,可能是當前的性衝突,或是早年性經驗造成的影響。

對於這樣的結論,我事前並沒有心理準備。當初開始研究神經質患者時,我並沒有抱持任何預設的想法,我的個人期待也沒有在其中扮演任何角色,所以這樣的結論當然就不能說是迎合我預期心理所得。一九一四年,我在寫作《論精神分析運動的歷史》時,我回想起布勞耶、夏柯和克羅巴克(Rudolf Chrobak, 1843-1910)[45]對我的諄諄教誨,如果我當初有融會貫通,應該可以更早就想通這些結論。可惜,那時候,我沒能領會這些大師字裡行間的意思。事實上,他們的言談除了表達與捍衛各自的見識和觀點之外,還有更多啟發獨立思考的間接提點。這些聽來

---

[45] 魯道夫‧克羅巴克(Rudolf Chrobak, 1843-1910),奧地利婦科醫生。

的話，就那樣沉潛在我心中，彷彿毫無動靜，直到我有機會探索檢視宣洩療法之後，它們才終於破繭而出，而且還儼然像是我個人的原創發現一樣。那時候，我也沒有意識到，把歇斯底里的病源追溯到性慾，其實也就是回溯到醫學的最古老起源，並且也是連結上柏拉圖的思想之路，直到後來讀了哈維洛克・埃利斯（Havelock Ellis, 1859-1939）[46]的文章[47]，我才恍然發現原來這當中居然還有如此的淵源關係。

　　在這預期之外的驚奇發現影響之下，我邁出了重要的一大步，不再侷限於歇斯底里的領域，開始探索一般所謂的神經衰弱病患（Neurastheniker [neurathenics]）的性生活，我的門診病人當中有相當數量，都有這類的病症。此等實驗做法固然讓我賠上

---

[46] 亨利・哈維洛克・埃利斯（Henry Havelock Ellis, 1859-1939），英國醫師、性心理學家，研究人類性行為的社會改革者。主要著作《性心理學研究》（*Studies in the Psychology of Sex*, 1897-1928），七卷，探討關於人類性生物學、行為和態度的百科全書。第一卷出版時招來官司，審判法官稱該書是藉口科學價值，實際目的是販售傷風敗俗的猥褻思想。倡導女權和性教育而聞名。

[47] 1899 年 1 月 3 日，佛洛伊德在寫給弗里斯的信中，提到埃利斯的一篇文章。這篇英文論文原載於 1898 年，《司法精神醫學家與神經學家》期刊，標題〈歇斯底里與性情緒之關係〉。信中寫道，埃利斯的文章「處理歇斯底里與性生活之間的關聯，始於柏拉圖，止於佛洛伊德」。Ellis, H. Hysteria in relation to the sexual emotions. *The Alienist and Neurologist*. 1898, n. 19, pp. 599-615. St. Louis: Hughes & Company。

了醫生的聲譽，卻也贏得了堅定的信念，至今將近三十個年頭了，堅信的力道絲毫未減。治療過程，有許多謊言和祕密需要揭發，但是這類的難題只要順利解決了，就可以發現，所有病人都承受了相當嚴峻的性功能失調。事實顯示，性功能失調和精神衰弱病症，同時出現在患者身上的頻率非常高，但是光這項事實並不足以證明這兩者必然就有因果關係。

經過密切而嚴謹的觀察之後，我想到或許可以從籠統稱爲神經衰弱的混雜臨床病徵，區分出兩種本質不同的類型，雖然這兩類可能以不同比例混合出現，但還是可以從各自的純粹狀態予以清楚區隔。第一類型，核心現象就是焦慮發作（Angstanfall [anxiety attack]），以及其等效病症、基本形式和慢性替代症狀。因此，我將其命名爲**焦慮神經症**（*Angstneurose* [*anxiety neurosis*]；或稱**焦慮症**）；而把**精神衰弱症**（*Neurasthenie* [*neurasthenia*]）一詞，用來專指第二類型。接下來，就可以很容易確立如後的事實：每一類型的神經症，其病源各自對應到不同的性生活異常。焦慮神經症的病源包括：**性交中斷**（*coitus interruptus* [*coitus interruptus*]）、性興奮受阻撓和禁慾；精神衰弱症的病源包括：手淫過度或夢遺太頻繁。有少數特別具有教學觀摩價值的病例，其臨床病徵會從某一類型轉變成另一類型，因而可觀察檢視其性生活失調的類型是否也有相對應的轉變。如果，能夠矯正失調的性活動，而轉換成正常的性活動，最後的回報就可望見到神經症的顯著改善。

如此一來，就促使我認清了，神經症整體而言，無一例

外，全都是起源於性功能失調。而其中，又可分爲「*實質*」*神經症*（*Aktualneurosen [actual neuroses]*），和「*心理*」*神經症*（*Psycho-neurosen [psycho-neuroses]*）。「實質」神經症，顯現的就是當前性功能失調的直接而有害病徵；至於「心理」神經症，則是過往性功能失調間接引發在心理層面的病徵。

對於發現這樣的分類釐清，我身爲醫生的良心感到滿意。我希望，如此的發現有幫助塡補醫學領域留下的空白，因爲關於如此重要的生物功能失調，時下的醫學界除了歸諸感染或器質病變之外，並未考量到其他可能的創傷。這樣的醫學觀點也獲得事實的支持，性慾不單純只是精神的面向，而也包含肉體的面向；性慾可能歸因於某種特殊的化學作用，經由某種特定但尚未知悉的物質而喚起性興奮。

此外，我們可以發現，在諸多疾病群當中，眞正自發的神經症其發作症狀，唯獨最近似施用或剝奪某種有害物質的毒癮／戒毒、酒癮／戒酒，或是甲狀腺機能亢進的巴塞多氏病（M. Basedowii [Basedow disease]，又稱瀰漫性毒性甲狀腺腫或格里夫氏症），而我相信，這當中應該也是有很好的理由，可以強力支持我前述關於神經症的性慾病源論點。

從那之後，我就沒有機會再去研究神經症病患，而且也沒有其他人接續我這方面的工作。如今回顧早年的那些研究結果，我可以看出來那只能算是粗略的草圖而已，問題本身遠遠比那複雜許多。不過大抵而言，我覺得那些結果還算是正確的。我後來其實很期待，能對幾位青少年精神衰弱的純粹病例，進行精神分析

治療和研究，只可惜，一直沒能奏效。為了消除誤解，我想在此特別強調，我絕對無意否認，精神衰弱症存在著心理衝突和神經質的情結，我只是肯定地指出，這類患者的症狀並不是取決於心理因素，也不是精神分析就可能袪除，而應把這類的症狀，理解為性慾化學功能失調，從而引發的直接而有害的後果。

在出版了《歇斯底里研究》之後的幾年當中，我研究獲致了前述的結論：性慾因素在精神官能症的病源扮演了關鍵角色。我曾在好幾個學會發表論文，闡述該等結論。但是反應普遍不佳，不是指稱缺乏可信度，否則就是放言反駁。布勞耶曾經好幾次盡心竭力，動用他的個人影響力來為我護航，但結果也是徒勞無功。而且不難看出，要他承認性慾因素是精神官能症的病源，實在也是有違他的個性。

其實，他大可指出他的第一號女病人，就足以把我的論述打垮或失去方向，因為性慾因素在那位病人身上似乎毫無任何角色可言。不過，他從來沒有那樣做，而我也始終不明白他為何避而不談。直到很久以後，我自己逐漸摸索出正確詮釋該病例的途徑，並且從他言談的線索，重建他終止該病例治療的心路歷程，我才終於有些明白他當年的顧慮與退縮。話說，就在該病人的宣洩治療看似就要圓滿成功，她突然出現一種「移情之愛」（Übertragungsliebe [transference love]），他當時沒能意識到，這其實是與病情療癒進展有關的轉折，沮喪地自認療效逆轉失敗，因此黯然終止治療。對他而言，如此難堪的「挫敗」是他心頭永遠的痛，避而不談也就不難想像。有一段時間，他對我的態

度陰晴不定，游移於賞識和尖銳批評之間。就像感情生變，陷入僵局的好友，免不了爭執摩擦不斷，大小嫌隙愈演愈烈，最後終於步上分手之路。

我專注投入神經質現象諸多類型的研究，影響所及的一個結果，就是改變了宣洩療法的實施技術。我放棄了催眠，另尋其他取代之道，因為我想要擺脫只侷限於治療歇斯底里型病症的處境。再者，隨著經驗增多，我對於使用催眠能否有效幫助宣洩治療，也開始產生兩方面的重大疑慮：

第一，就算最出色的治療效果，一旦我和病人的個人關係惡化，也很容易就前功盡棄。當然，醫病關係若能有效修復，的確有可能重拾治療效果；不過這也顯示，病人和醫生之間的個人情感關係，其影響作用竟然強過宣洩療程本身，而且這種關係也不是治療者單方所能掌控。

第二，有一天，我碰上了一件意外狀況，驚詫失措之餘，也硬生生證明了我長久懸在心頭的疑慮。這是一位很溫順的病人，我原本一直以為，催眠已經讓我幫她達到最神奇的治療效果。可是那一天，我再次使用催眠想讓她回溯病症發作的根源，藉此緩解她的痛苦。不料她卻突然醒了過來，雙臂摟抱我的脖子，幸虧有員工正巧走進來，才化解了一場尷尬萬分的場面。從那次事故之後，雖然我和她沒有說穿，但我們心裡都明白，不應該再繼續進行催眠治療了。我還算腦筋清醒，不至於沖昏頭，自詡這全是我魅力無法擋而招來的豔福。再者，我也覺得，我已經領教到了催眠活動蘊含的神祕元素本質。為了排除該

等神祕元素，或至少將其隔離，就必須放棄催眠。

不過，在宣洩治療當中，催眠確實建立了難能可貴的大功，包括擴大患者的意識領域，使他們得以觸及清醒時無從意識的知識。所以，要找到足以替代的方法實非易事。苦尋無著之下，突然回想起，我以前跟著伯恩罕見習的時候，經常看到他的實驗做法，真是天助我也。那實驗大致如後：實驗對象從夢遊狀態（Somnambulismus [somnambulism]）醒過來，似乎遺忘了夢遊期間發生的所有事情。儘管如此，伯恩罕卻深信，所有記憶原封不動，一切都可以知道，而且只要堅持患者努力去回想，堅定保證記憶全都在腦子裡，只需要講出來就行了。於此同時，他還把手掌放在患者額頭上，那些忘卻的記憶果真就回來了，一開始或許有些吞吞吐吐，但到後來，自然就會順暢無阻，歷歷在目。

於是，我決定也嘗試這樣的做法。我追根究柢發現，那些似乎只有催眠才能觸及的隱晦情事，其實患者自己必然全都「知道」（wissen [know]）；而且，透過我的肯定保證、推促鼓勵，或許再加上我的手掌觸摸額頭，應該就有力量促使患者把遺忘的事實和連結關係重新帶回意識之中。相較於催眠患者的做法，這似乎麻煩、費事許多，但是結果證明可以帶來更多、更有價值的資訊。於是，我放棄了催眠，只保留讓患者躺在沙發上，我坐在其身後看著他們，而不讓他們看到我。

我絕對不是為了要引起軒然大波，才故作驚人之語，胡亂主張性功能是從個人生命一開始就已萌芽，並且在童稚時期就有顯

著的表現。遺憾的是，苦於沒有其他研究發現可以簡單又完整地
證明，我所主張的該等論點絕非信口雌黃之說。

　　在我進一步闡明嬰兒性慾（infantilen Sexualität [infantile sexuality]）的意涵和重要性之前，我必須回顧我犯了一段時日的錯誤，並且很快就對我後來的所有工作都造成致命的衝擊。那時期，在我使用的治療技術壓力之下，我的大多數患者都再現了童年時期的場景。

第三講　精神分析的基礎課題

3.1　抗拒力與潛抑

　　我的期望實現了，從催眠的束縛脫離出來。但是，使用技術改變之後，宣洩療法的施行程序也隨之換上新的面貌。過去在採用催眠之下，遮蔽不見的各種力量的交互作用，如今得以重見天日，對於該等力量之交互作用的理解，也為我的理論奠下穩當可靠的基礎。

　　患者原本遺忘的諸多外在、內在生活事實，在運用前述技術之後，又重新拾回記憶，這當中究竟發生了什麼，以至於帶來如此轉變？觀察給這些問題提供了詳盡的解答。凡是遺忘的事情，都有不堪回首之處。對於當事人而言，可能是感到恐怖、痛苦或羞恥的事情。諸如此類的想法，總是不由自主浮上心頭，而這也正是遺忘該等事情的原因所在；換言之，不能讓該等事情留在意識。為了要把遺忘的事情重新帶回意識，醫師就必須克服患者所抗拒的某種事物；治療者需要投入心力，去激勵、催促讓患者有力量去克服該等抗拒心理。醫師所需投入的心力因個案而異，基本上，和患者所需回憶的難度成正比。醫生投入的心力，顯然可以用來衡量患者的**抗拒力**（*Widerstand* [*resistance*]）。所以，只需要把觀察所見寫成文字，就可以得出**潛抑**（*Verdrängung* [*repression*]）的理論。

　　這麼一來，病變的過程就很容易重建。讓我們看個簡單例子：在心理生活（Seelenleben [metal life]）深處，浮現一種個人私密的衝動力（einzelne Strebung [personal impulsion]），但

是遭到其他強烈的衝動力拼命抗拒。我們可以預期，如此產生的**心理衝突**（*seelische Konflikt* [*mental conflict*]）應該會循著下列歷程：兩股心理動力能量，在此為求說明方便，我們姑且稱為「驅力」（Trieb [drive]）和「抗拒力」（Widerstand [resistance]），在意識強烈投入的情況下，這兩股心理力量會相互對峙拉扯一段時日，直到驅力被拒斥，能量灌注（Energiebesetzung [cathexis或charge of energy]），從驅力追逐的目標撤退，這是化解心理衝突的正常途徑。

　　相對地，在神經質病人的情況，由於至今尚未理解的理由，心靈衝突則是走上不同的解決途徑。驅力和抗拒力產生衝突，在歷經初期衝撞之後，自我（Ich [ego]）如其本分將對外追逐的衝動力撤回，阻斷該衝動力進入意識的通路，並且引導排除付諸行動的情感定量；但是於此同時，驅力衝動的情感定量還是維持滿載的狀態。我稱此一過程為「**潛抑**」（*Verdrängung* [*repression*]），這是一種新穎的概念，在此之前，還不曾有人確認過人類心靈生命有類似的作用。顯然地，潛抑是一種初級的防衛機轉（Abwehrmechanismus [defense mechanism]），相當於生死關頭的遁逃反應，這其實也就是後來發展的常態譴責判斷之前身。

　　潛抑除了最初作用之外，還涉及進一步的後果。一方面，為了對抗被潛抑的衝動蠢欲動的反撲威脅，自我勢必發動保護行動，持續花費心力將蓄積的情感定量排除，亦即所謂的**反情感能量灌注**（*Gegenbesetzung* [*anti-cathexis*]，或**反充電**（*counter-*

charge）），結果搞得心力交瘁。另一方面，被潛抑的衝動，雖然被壓抑在***潛意識***裡無從感知，卻還是有可能轉向迂迴的途徑，找到可以滿足衝動的替代品，如此一來，潛抑的意圖就落空了。在轉換型歇斯底里（Konversionshysterie [conversion hysteria]）病例，這種被潛抑的衝動幾經轉折，轉而攻擊軀體神經支配（Körperinnervation [somatic innervation]），從身體的不同部位突圍而出，遂產生形形色色的***轉化症狀***，這其實是折衷的結果，因爲雖然提供了替代滿足，但還是有受到自我的抗拒，因而扭曲、偏離了原本衝動所欲追求的目標。

於是，潛抑理論成爲理解精神官能症的基石。如此一來，治療的任務就需要重新設定，如今的治療目標，就不再是要「***紓壓發洩***」（*abreagieren* [*abreact*]），設法將那些誤入歧途的情感衝動反應予以宣洩，而是要揭露被潛抑的衝動之眞面目，從而判斷應否接受或拒絕當初自我抗拒而潛抑成潛意識的衝動。考量到這些新的轉變，我不再稱我的探索和治療方法爲宣洩法，而改稱爲「***精神分析***」（*Psychoanalyse* [*psychoanalysis*]）。

關於精神分析理論的介紹，我們或許可以把「潛抑」當成核心概念，進而將其他周邊相關元素連結上來。但是，在這樣做之前，我得先提出一個值得爭論的論述。根據雅內的觀點，歇斯底里的女人都是苦命人，由於體質上的缺陷，心靈活動無法正常運作，而這也是她們飽受精神殘破和意識混滯之苦的癥結所在。但是，根據精神分析的探究結果，這些現象乃是心理動力因素（主要即是心理衝突和潛抑作用）產生的結果。我的意思是，這

兩者的區別如此天差地遠，應該足以讓人們停止毫無根據的議論，反覆指摘精神分析有價值的部分，全都是挪借自雅內的理念。

　　我的敘述應該已經讓讀者明白，從各自發展歷史來看，精神分析和雅內的發現完全不相干，更別說，兩者的內涵和外延發展也大異其趣。雅內的理論與啟示從沒有使精神分析成為精神科學和人文學科的重要內涵，也沒有讓精神分析吸引到普遍的興趣。我個人對雅內一向不失禮敬，因為他的若干發現，確實和布勞耶有英雄所見略同之處，不過布勞耶的發現較早，只是發表較晚而已。但是，後來法國出現一波討論精神分析的風潮，雅內的表現卻是讓人頗難恭維，顯露他對專業知識的貧乏空洞，還有令人難以苟同的強詞奪理。最後，他自行宣稱，他提到「潛意識」精神活動的說詞時，事實上並沒有任何實質涵義，只不過法語的「*une façon de parler*」（*隨口說說而已*）[48]，此話一出，無異原形畢露，毀棄了自家學說徒具虛名的價值。

---

[48] 法語「*une façon de parler*」（a way of speaking），在 1928 年和 1948 年的版本，改寫為「*une maniérede parler*」（a manner of speaking），字面意思「一種修辭說法」，這兒是用來表示，「隨口說說而已」。

3.2　潛意識的概念

　　但是，對於病態潛抑作用的研究，以及本文稍後將提到的其他現象的研究，促使精神分析嚴肅而認真地看待「潛意識」（Unbewußten [the unconscious]）的概念。精神分析認為，所有精神的（Psychische [pschic]）事物，一開始都是無意識的狀態（亦即潛意識），至於意識的屬性，則是後來有些精神的事物才開始出現意識的屬性，並且也有些仍舊維持在無意識的狀態。這樣一種看法，當然會引起某些哲學家的駁斥，對他們而言，「精神的」必然等同於「有意識的」。他們堅稱，「無意識的[或潛意識的]精神」這樣的矛盾語詞組合，簡直荒謬無稽。

　　對於這樣的反調，我們實在愛莫能助，只能對哲學家的這種特異體質一笑置之。有關驅力或衝動，其發生的頻率和威力強度，這些全都是得自病態素材的實際經驗（只是哲學家對此等病態素材一無所悉）。這些內在世界的精神活動是否存在，人們並無法如同對外在世界的事實一樣直接去認識，而必須透過間接途徑去推論，除此之外，別無其他開啟管道。然後，你可以聲稱，你只是以向來處理他人精神生活的方式，來處理自己的精神生活。對於他人的精神活動，你雖然沒有直接的意識，而只能從他們的外在言行來間接推論，但你毫不猶豫可以指出他們有該等內在的精神活動。

　　不過，必須注意的是，對別人有效的推論，必須要確定也能適用到自己身上。任何人若是想把前述論點往推進一步，而

論定個人隱藏的精神活動屬於第二層*意識*（zweiten *Bewußtsein* [second *consciousness*]），那他設想的就是連他自己也一無所知的意識概念，亦即「無意識[或潛意識]的意識」（unbewußten Bewußtseins [unconscious consciousness]），然而這和精神分析假設的「無意識[或潛意識]的精神」相比，絲毫沒有略勝之處。另一方面，假若有人連同那些哲學家宣稱，即便承認病態心靈現象，潛伏在其底層的活動也不該稱爲「精神」活動，而應稱爲「類精神」活動（Akte psychoid [psychoid acts]），不過這根本只是無濟於事的字面之爭，這兩者之間毫無實際差別，所以就不勞多此一舉，還是支持決定保留原來的「潛意識的精神」。至於進一步追問潛意識的本質，也和前述追問意識的本質一樣，既不明智，又徒勞無益。

要想簡明解釋，精神分析如何把潛意識做更進一步的細分，分爲*前意識*（*Vorbewußtes* [*pre-conscious*]）和眞正的潛意識本身兩部分，是更加困難的任務。簡而言之，理論除了包含直接經驗的表述之外，還可以補充若干有用的假說，以便處理無法直接觀察的素材和箇中蘊含的關係。在我看來，這似乎是合理的做法，而且也找不到其他可行的替代途徑。即使在歷史悠久的科學領域，也都是採行如此做法。潛意識結構的進一步細分，就是和這樣的理論建構程序有關，把心靈描繪成若干*主體能動元素*（*Instanzen* [*agencies*]）或*系統*（*Systemen* [*systems*]）組成的心理機器（seelischen Apparat [mental apparatus]），並以空間詞彙來描述各個組成部分之間的交互關係（亦即所謂的*地形學*觀點

（*topische* Gesichtspunkt [*topographical* point of view]））。

　　不過，也請注意，如此建構的理論假說並不代表，實際可能要去尋找出腦部解剖的區位連結關係。諸如此類的理念構想，都是精神分析的純理論上層結構（spekulativen Überbau [speculative superstructure]），其中任何部分一旦證實不夠充適，都可以修正、更換或捨棄，而且不會有任何遺憾，或是對其他部分造成連帶損害。儘管如此，仍然有相當多貼近實際經驗的部分，足夠讓理論探究著墨。

3.3　嬰兒性慾、伊底帕斯情結、力比多

　　如前所述，對精神官能症的病源（或潛在原因）的研究，促使我愈來愈注意到患者的性慾衝動與抗拒衝動之間的心理衝突。在尋覓導致性慾潛抑發生的致病情境，以及取代潛抑性慾衝動而起之症狀的源頭，引領我一步一步走向患者的生命歷程，終致追溯至患者童年初期。事實顯現，文藝創作者和人性研究學者常說的，果然確有其事。他們說，人生幼年時期有許多印象，雖然絕大部分淹沒而不復記憶，卻在個人成長過程，留下無可磨滅的印記，尤其為日後發展浮現的各種精神症狀，扎下根苗。

　　但是，由於幼年時期的經驗，幾乎總是牽涉到性慾的激奮，以及抗拒的反應，我發現**嬰兒性慾**（*Infantile Sexualität* [*infantile sexuality*]）的概念，被視為異端邪說，招致人類偏見最頑強的拒斥。孩提時期總被認為「天真無邪」，沒有性慾

邪念，而且總認為不到麻煩的青春狂飆期，就不至於會出現和「情色肉慾」魔鬼的拉扯鬥爭，所以若是在孩童發現偶而的性活動，就會視為墮落或邪惡的徵候，或是天生乖張怪癖。在精神分析領域的研究發現，很少主張像「人類在很早年紀就開始有性功能，而且童年時期就能找到重要徵候，足以證明性功能確實存在」，遭遇到如此廣泛普遍的反對，激起那麼多的憤怒；不過，精神分析的研究也沒有任何其他的發現，比這更容易證明，也更完整而透澈。

　　進一步評述嬰兒性慾這個主題之前，我必須先提一下我犯過的錯誤，因為那幾乎使我整個工作受到致命打擊。當時，在我慣用的方式催促之下，多數患者都會重現孩提時期遭受大人性挑逗的情景。在女患者方面，挑逗的人，幾乎都指向親生父親。我當時還信以為真，自認為已經發現，精神官能症的根源就來自於孩提時期遭受的性挑逗經驗。偏巧就有幾位患者，和父親、伯叔、兄長之間的這類關係，一直延續到記憶清晰可信的年紀，因此更加強了我對前述看法的信心。如果有人對我這種輕信的態度大搖其頭，那也不怪他們，雖然我可以辯稱，我是刻意把質疑批判擱置一旁，以便保持不帶先入為主的開放態度，接納每日診療注意到的諸多新奇徵象。不過，我最後不得不正視，那些所謂的挑逗，有些根本不曾發生，僅只是患者自己的幻想，或根本就是我強加給他們的虛構說詞。

　　我原本以為治療結果顯著，所以對自己治療技術充滿信心，但是經過前述的領悟之後，有一段時間，我失望喪氣，無所

適從，原本的信心也受到嚴重打擊。我曾經認為，我已經透過正確的方法，引導患者追溯早年情景，而且確認該等情景的內容與我當初著手探究的精神官能症症狀有關，然而這些似乎並不像當初自信滿滿的那樣無庸置疑。所以，我靜下心來，重新檢討反省之後，還是能夠從那些發現尋索出正確的結論，譬如：精神官能症並不是直接關聯到實際發生的事物，而是與願望具體化的幻想有關。而且對於精神官能症而言，心理上的實在性，比物質上的實在性，尤為重要。

即便到現在，我仍不相信，病患之所以會吐露出早年遭受挑逗的經歷，全然只是由於我的強力引導或「暗示」所導致。也是在那時候，我初次碰到了*伊底帕斯情結*（*Ödipuskomplex* [*Oedipus complex*]），儘管後來變得極重要，但是當時隱匿於重重迷障的幻想偽裝之中，以至於我還沒能把它辨識出來。至於孩提時期的性慾挑逗，在精神官能症的病源中，仍有其地位，不過影響範圍不是原本認定的那麼全面，而且挑逗者通常都是較年長的孩子。

因此，我所犯的錯誤，比較接近把古羅馬歷史學家蒂托‧李維（Titus Livius，西元前59年－西元17年）寫的遠古羅馬傳說故事誤信為歷史事實，而比較不是關於患者對悲慘甚或不光彩的時空情事的真實反應出現診斷謬誤。所以，當這類錯誤糾正之後，就敞開了對孩童性生活研究的康莊大道。吾人就得以把精神分析應用於其他知識領域，運用從中取得的資料，探索前所未能確認的生物歷程。

　　性功能在個人生命之初就已出現，一開始是立基於其他重要的生命機能，後來才獨立出來。從生命初期的性功能到我們所熟知的正常成人性生活之間，還需要經歷漫長而繁複的發展過程。最開始時，嬰孩性功能是透過一系列的**基本驅力**（*Triebkomponenten* [*component drives*]）顯現出來，這些基本驅動都各自依附於**性慾敏感區帶**（*exogenen Körperzonen* [*erogenous zones*]），其中有些是以成雙成對相互對反的衝動出現（譬如：虐待癖vs.被虐癖、窺視癖vs.被窺視癖等等），此等相反的衝動，各自互不相干而運行，追求各自的樂趣，但大都在自己的身上找到目標。

　　開始時，這些基本驅力都沒有集中而專一的核心目標，而且絕大部分為**自體性慾**（*autoerotisch* [*autoerotic*]）。後來，才出現一系列集中而核心化的性慾敏感區。第一階段，主要性慾敏感區集中在口腔；接下來是第二階段，肛門性虐待期（sadistisch-anale Phase [anal-sadistic phase]）；直到第三階段，**性器官**（*Genitalien* [*genitals*]）成為主要的性慾敏感區，性功能開始發揮生殖目的。在這發展過程中，有些基本驅力因為無助於達成性慾目標而棄置，或轉為其他用途；另外有些則偏離原本的性慾目標，轉而組成生殖系統。

　　我把這些性驅力（Sexualtriebe [sexual drive]）的能量，稱為**力比多**（*Libido* [*libido*]），並把這名詞專限於此等特定能量。再者，我不得不正視，力比多並不總是平順地透過預設的發展路線。因此之故，某些基本驅力就會有過剩能量，或是早先探索

經驗獲得的滿足，都會導致力比多固著在發展進程的某些特定階段。一旦發生潛抑，力比多就會退縮回到這些固著的點（此過程稱爲*逆行（regression [regression]）*），從這些點爆發出來，顯現成爲各種型態的症狀。後來，我進一步知道，固著點的區位化位置是關於神經症選擇（Neurosenwahl [choice of neurosis]）的關鍵因素；換言之，會決定日後發生的神經症以何種型態的症狀出現。

除了利必多的器官區位化發展之外，尋求性慾驅力客體的過程，在心靈生活也扮演極重要的角色。個人在經過自體情慾期之後，不論是男性或女性，其所愛戀的第一個客體就是母親，這或許是因爲嬰孩時期，把母親的哺育器官與自己的身體視爲一體而難以區分。稍後，仍處於嬰兒期最初幾年，所謂的伊底帕斯情結的那種關係開始建立起來，男孩把性慾目標聚焦在母親身上，把父親視爲競爭對手，從而發展出仇視父親的衝動；至於女孩，則發展出相反的態度。[49]伊底帕斯情結的各種變型和差異化

---

[49] [1935 年，佛洛伊德補注]，嬰孩性慾的研究，向來都是以男性爲對象，建立的理論當然也就是關於男嬰的性慾理論。由此推論，女嬰應該也會有近乎平行的情況，這乃是很自然的類推。然而事實卻不支持如此的平行類推。進一步的探究和反思，揭顯男女在性慾發展方面存在重大的差異。小女孩的第一個性慾對象，和小男孩一樣，也是母親。但是，爲了達到正常的性慾發展，女孩不只需要改變性慾的對象，也必須改變主導地位的性器官敏感區帶。如此一來，就形成了有別於男性的發展過程難題，以及各種可能發生的抑制作用。

序列，都有很重要的意義；在這方面，人類的雙性戀天生體質
（bisexuelle Konstitution [bisexual constitution]）就會呈顯出來，
而且增加同時追求多樣化性慾目標的數量。

　　孩童需要相當長的時間，才會逐漸搞清楚兩性之間的差
異，而在這*性探索*（*Sexualforschung [sexual enquiry]*）期間，就
會開始形成典型的*性理論*，但是囿於自身性慾器官尚未發育完整
的情況，孩童的性理論，往往混雜是非真假，因此無法解答性生
活的問題（例如：斯芬克斯的謎語，以及嬰兒從哪裡生出來？諸
如此類的問題）。因此，嬰孩選擇的第一個性慾對象，是*亂倫*
（*inzestuöse [incestuous]*）的對象。

　　上面陳述的這整個發展過程，進行得很迅速。人類的性生活
有個最顯著的特徵，就是會出現兩個波段，中間隔著一個過渡
階段。第一波段的高峰，出現在五、六歲。但這早發的性慾，
萌芽還沒開花結果就凋謝了，原先生氣蓬勃的性衝動遭到潛抑
作用而出現逆行，進入*潛伏期*（*Latenzzeit [period of latency]*），
性慾衝動一直潛伏到青春期才重新活躍起來。在潛伏期間，道
德、羞恥、憎惡等的*反向作用*（*Reaktionsbildungen [reaction
formations]*）開始建立起來。[50]

　　在所有生物當中，這種二波段性發展的情況，似乎只發生

---

[50] [1935 年，佛洛伊德補注]，潛伏期是一種生理現象，不過只有在文化
　　建構包含壓抑嬰兒性慾的體系，性生活才會受到徹底的中斷，在大多
　　數的原始部族，並沒有如此壓抑嬰兒性慾的文化建構體系。

在人類，或許正是此等生物條件使得人類因而可能罹患精神官能症。隨著青春期的來到，嬰孩早年的性慾衝動和客體灌注（Objektbesetzungen [object cathexes]）[51]，又重新活躍起來，其中也包含伊底帕斯情結之類的情感連結。在青春期的性生活，早年的性慾衝動和潛伏期的抑制之間相互爭鬥。然而在這之前，儘管孩童性發育已達巔峰時期，性器官建構完成，但只有男性的性器官功能開始發揮，女性的性器官功能仍未見發揮，此即我所謂的*陽具*至上（*phallische* Primat [*phallic* primacy]）。在這階段，兩性的對照並不是分成*男性*、*女性*之別，而是以「*擁有陰莖*」或「*去勢*」來劃分。在這種情況下，就產生了*去勢情結*（*Kastrationskomplex* [*castration complex*]），對於性格的形成，以及精神官能症之構成，有著極其深遠的影響。

　　前述簡明介紹了我對於人類性生活發展的發現，爲了幫助理解起見，我彙整不同時期所得的各種結論，加以增補修正，整合收錄在《性學三論》的諸多版本。[52]我原本希望，人們透過這本書可以很容易掌握我擴展闡述的性慾概念，然而此等擴展的性慾

---

[51] 客體灌注（Objektbesetzungen [object cathexes]），是指將力必多原慾能量灌注到客體以滿足性慾衝動的過程。

[52] 佛洛伊德（Sigmund Freud），德文原著：德文本，《性學三論》（*Drei Abhandlungen zur Sexualtheorie*），1905 年初版，Leipzig: F. Deuticke, 83 頁；1925 年，第六版。英譯本，《*Three Contributions to the Sexual Theory*》，譯者 A. A. Brill, 1910、1920 年兩版。《*Three Essays on the Theory of Sexuality*》，譯者 J. Strachey，1962 年出版。

概念卻是不斷受到誤解，而且招來排山倒海的批評。我對性慾概念的擴展，主要包含兩個面向：

第一面向，性慾一直被認為與生殖器官有緊密關聯，我則把這兩者分割開來，而把性慾視為更廣範圍的身體機能，以追求快樂為首要目標，生殖只是次要目標；

第二面向，把溫柔友善等情感衝動，也納入性慾衝動的範圍之內，亦即一般日常用語含糊籠統的「愛」。不過，我認為這種涵義的擴大倒不是什麼創新之見，而是回復到原本的狀態，把箇中受到的諸多不恰當束縛予以釋除。

把性慾和生殖器官分割開來，其好處是容許我們得以一視同仁，把孩童的性行為，或性變態的性行為，視為和正常成年人的性行為，歸屬於同一範疇。迄今為止，孩童的性行為一直遭到完全忽略，至於性變態的性行為，則飽受道德譴責，而未能獲得真正的理解。精神分析的觀點也可解釋，就算是最怪癖、最可憎的性行為，也可視為局部性慾衝動的表達，得以擺脫生殖器官至上（Genitalprimat [genital primacy]）的拘限範為，就如同力比多發展的原初階段，純然尋求快感的目標。

在所有性變態（亦即性客體選擇非常態化）當中，最首要的當屬同性戀（Homosexualität [homosexuality]），這名稱其實有些名不符實，因為可以回溯到人類天生的雙性戀體質，以及陽具至上衍生的後續效應。透過精神分析，可以偵測到每個人都存有某種形式的同性戀客體選擇（homosexueller Objektwahl [homosexual object-choice]）。說兒童是「多相的性變態」

（polymorph pervers [polymorphously perverse]），只是借用通俗的性變態說法，意思是指性客體選擇有多元型式，並沒有傳達道德評斷的涵義。價值判斷並不在精神分析的考量範圍之內。

性概念擴展的第二面向（亦即把溫柔友善等情感衝動，也納入性慾衝動的範圍之內），也從精神分析研究揭顯的如後事實而獲得確認：所有的情感衝動，在最初階段，全然屬於性慾的追求，只是後來*目標抑制*（*zielgehemmt* [*goal-inhibited*]）或*目標昇華*（*zielsublimiert* [*goal-sublimated*]）。性慾驅力受到抑制或昇華等作用，影響或改變其慾望追求的目標，發揮諸多文明功能，進而促成最重大的貢獻。

關於兒童性慾的驚人研究發現，原本是由分析成人性行為而獲致的結論，但是後來，大約在一九〇八年以後，經由對兒童的直接觀察，在細節和涵蓋範圍等方面都得到進一步的確認。事實上，兒童的性活動頗為尋常可見，應該不難讓人信服此等發現結果；然而長久以來，人們卻始終忽略此等事實，一廂情願認為兒童時期就是無有性慾，如此昧於事實的固執信念，實在令人納悶難解。我想，這必定和大多數成人對於自我童年時期失憶，脫離不了關聯。

第四講 精神分析的技術：自由聯想和夢的解析

抗拒力、潛抑和潛意識的學說，以及性生活在病原學方面的重要意涵，還有兒童經驗的重要性，這些就是精神分析理論架構的主要構成元素。遺憾的是，我在這兒只有針對個別元素予以描述，而沒能進一步說明元素之間的交互關係，以及彼此之間的交叉影響。現在該是時候，轉而來談談精神分析過程在技術方面逐漸發生的一些變化。

4.1 自由聯想

早先，我採用來克服病人抗拒力的手法，是透過催促、安心保證。我原本以為，這些技法乃是不可或缺的，可以讓醫生取得初步的方向感，有助於預期可能開展出什麼樣的狀況。但是這樣長久下來，對雙方壓力都太大了。而且這些方法難免招來明顯批評，所以後來就放棄不用了，轉而改用一種似乎可算反其道而行的方式。我不再指定主題，催促病人說些什麼；相反地，鼓勵他們盡可能放鬆，進入「自由聯想」（freien Assoziation [free association]）的狀態。換言之，就是讓患者腦海想到什麼就說出來，而不給予任何有意識的思路指引方向。有一點非常重要，就是患者必須把自己感受到的一五一十說出來，而不能因為自己判斷某些聯想內容不重要、沒有關係，或荒誕無稽，而擔心受到批評眼光而想要略過不談。最後，我無須一再強調，患者在談說其自由聯想到的思緒時，必須誠實無欺，因為這項要求是整個精神分析治療的關鍵前提。

　　自由聯想的程序，居然真能達到預期的效果，也就是說，在符合精神分析的基本原則之下，把受到潛抑與抗拒力而遺忘的素材帶回到意識界域，這看來似乎令人驚奇。但是我們必須記住，所謂的自由聯想，並不是真正的自由。儘管患者的思路沒有受到指引而聚焦在特定主題，但仍處於精神分析狀態的影響之下。我們可以合理假設，除了精神分析狀態的影響之外，應該不會有任何不相干的事物浮現於患者的腦海。在這種情況下，患者會抗拒，阻止記憶當中受到潛抑的素材再現，其中會有兩方面的抗拒：

　　首先，患者可能會表現出批判反抗的態度，精神分析的基本原則就是要來化解這方面的抗拒。其次，如果患者能夠遵循該等基本原則，克服這方面的羈束，抗拒還可能找尋另一種表達方式。患者會以迂迴的方式，確保受到潛抑的往事不以自身面貌出現於腦海，而是轉而以隱約暗示的近似之物取而代之。抗拒的力道愈強大，患者陳述的替代聯想內容改頭換面的程度就會愈大，與精神分析師期望尋獲的真相距離也就愈遙遠。

　　分析師需要從容不迫聆聽，無須費心去約束患者自由聯想的思路，做好準備迎向來自經驗可能浮現的想法。然後，就可以採取兩種可能的方式，來運用這些重見光明的潛抑內容。首先，如果患者的抗拒力很輕微，應該可以從患者迂迴隱晦的自由聯想談

話，成功猜測患者潛抑了哪些內容。其次，如果患者的抗拒力強些，應該可以辨識出患者自陳的自由聯想本質，因為患者似乎會刻意躲閃遠離哪些特定主題，然後設法向患者溝通。

不過，發掘抗拒力的作用只是克服的第一步。在精神分析的工作脈絡還涉及*解析的藝術*（*Deutungskunst* [*art of interpretation*]）。要成功處理自由聯想取得的素材，需要活用機智和不斷練習，這些並不是很難達到。不過，自由聯想之所以比先前運用的方法（催眠術）更具優勢，並不只是因為比較方便省事而已。在接受分析的過程，患者承受最小程度的脅迫，始終不和當下真實情境脫節，而且很大程度確保不會忽視精神官能症的任何結構環節，在此同時，也不至於因為分析師的預期想法而引入額外的元素。基本上，就是由患者自行來決定分析的進程，以及決定如何處置自由聯想取得之素材。因此，不可能只依賴系統化的標準程序，來處理特定的症狀或情結。和催眠法的催促截然不同，在自由聯想之下，患者的經驗都會出現在治療的諸多不同時間和節點之中。從旁觀者的角度來看（儘管治療當下應該沒有任何旁觀者在場），分析治療的過程顯得高深莫測，難以捉摸。

自由聯想法的另外一個優勢就是，幾乎萬無一失，理論上，只要不對聯想的性質設定限制條件，那就完全有可能進行聯想。不過有某種特別的情況，事實上絕對會規律地出現聯想失敗或中斷；然而，即使發生如此情況，正由於具有獨特的性質，所以也可以做出解析。

　　現在，我要來描述一項因素，這對於我的分析工作，可說是不可或缺的屬性，因此不論在技術和理論上，都應該視爲頭等重要的根本要素。每一次的分析治療中，無須治療師特別介入，在患者和治療師之間，會建立起一種很難在現實情境出現的強烈情感關係。這種強烈的情感關係，本質上趨向極端正向或負向的感情，從狂熱的肉慾癡迷，到苦悶怨懟、積怨爆發的蠻橫抗拒、激怒發洩，各種情況不一而足。我給這種情感關係一個簡單的名稱：*移情*（*Übertragung [transference]*）；簡而言之，這種移情很快就會在患者心中取代了尋求康復的渴望。只要能夠保持適度情眞意切，溫和而不流於偏激，這種移情就有可能變成治療師介入處遇的得力助手，有助於協同推動分析工作的進展。

　　接下來，移情的狀況有可能愈演愈烈，甚至轉而變成仇視恨意，從而成爲抗拒的主要工具。然後可能發生的是，移情會麻痺患者自由聯想的力道，進而危及治療成效。不過，想要規避移情也是沒有意義的，因爲分析而不發生移情，那是不可能的事情。再者，也不應該認爲，移情是由分析而創造出來的，離開分析就不會發生。移情只是經過分析而發掘、分離出來。移情是人類心理極爲普遍的現象，可以決定所有醫療處遇能否成功奏效，而且事實上，移情還主宰著每個人和人類環境關係的所有環節。我們可以很容易就辨識出來，這是和催眠師稱之爲「暗示感受性」（Suggerierbarkeit [suggestibility]）同樣的一種心理動力因素，而暗示感受性正是促成*催眠契合*（*hypnotischen Rapports [hypnotic rapport]*）的原動力，而其難以捉摸的飄忽行蹤，也給

宣洩法的實施增添不少難題。如果沒有這種移情的意向，或是情況變得完全負向，例如：早發失智症或偏執狂，那也就沒有可能透過心理方面的途徑而介入處遇病患。

確實而言，如同其他的心理治療方法一樣，精神分析也有運用暗示。但是差別在於，精神分析沒有讓暗示或移情扮演決定治療結果的關鍵角色。相對地，精神分析是運用暗示，促使病患克服抗拒心理，從而引發移情，這當中涉及了精神經濟（seelischen Ökonomie [psychic economy]）的恆久改變。在精神分析過程，治療師讓患者意識到移情的發生，並且向其保證放心接受，移情的態度可以讓人*重新經驗*童年潛抑時期，最原初的客體灌注（Objektbesetzungen [object cathexes]）的那些情感依附關係。如此一來，轉移作用就從抗拒的最強武器，轉變成為精神分析治療的最佳工具。整體而言，這方面的處理仍是精神分析技術最困難也最重要的部分。

4.2　夢的解析

有了自由聯想法的輔助，再配合緊接著的夢的解析，精神分析就可成功實現一項成果，儘管看似沒啥實務的重要性，但如果不是這些技術的輔助，根本沒有可能促成科學界採取全新的立場，開展出全新範圍的實效價值。這樣就變得有可能證明夢是具有意義的，而且可以設法去推測夢的意義。在古典時期，夢曾經備受重視，聲稱具有預言未來的重要價值；但是，在現代科

學則認為夢不值一顧，只適合打入迷信的行列，並且認為夢只是
「軀體」活動（»körperlichen« Akt ["somatic" act]），就只是睡眠
當中發生在心理生活的抽搐（Zuckung [twitch]）。所以，幾乎不
太可能有任何從事嚴肅科學研究的人，會希望自己淪為他人眼中
的「夢的解析者」。

　　不過，如果不去理會那些對於夢的貶抑，將其視為未經解釋
的精神官能症症狀，妄想或強迫症的念頭，暫且忽略夢的表面內
容，把個別分散獨立的夢中意象組織成自由聯想的主題素材，
精神分析可以推出截然不同的結論。作夢者產生的許多聯想，
可以促而發掘心靈的結構，不再可以描述為荒誕無稽或混亂不
明，而是和心靈的其他產物具有等量齊觀的重要性。而夢中浮現
的外顯內容，恰恰就是扭曲變形、精簡縮短、可能產生誤解的
轉譯版本，通常呈現為視覺的意象。這些**潛隱的夢思**（*latenten
Traumgedanken* [*latent dream thoughts*]），就隱藏著夢的意義，
而另一方面，夢的外顯內容也可能只是蒙混的偽裝，片面的表
象，可以作為自由聯想的連結起點，但是不適合直接用來進行詮
釋解析。

　　說到這兒，就有一系列的問題需要解答，其中最重要的問題
包括：夢的形成，其背後是否存有什麼樣的動機？夢是在什麼條
件之下發生？總是充滿意義的夢思如何轉化為往往莫名其妙的
夢？諸如此類的問題。我在一九○○年出版的《夢的解析》[53]，

---

53 佛洛伊德（Sigmund Freud），德文原著：1899 / 1900 年，《夢的

就試圖解答這所有的問題。這兒礙於篇幅有限（譯者按：原文書將近五百頁），我只能扼要摘述我的研究結果如後。

針對夢的分析而揭顯出來的潛隱夢思，我們仔細檢視，不難發現，其中有一種夢思格外突出。相較而言，這種特殊的夢思，作夢者是毫無所悉的；而其他的夢思，則是作夢者本身有所知悉，而且知之甚詳，這類的夢思是來自清醒時分的思念餘緒，我們稱之為*白晝遺思*（*Tagesreste* [*day's residues*]）。但是，我研究發現，這種自成一類的夢思，其實是一種願望衝動（Wunschregung [wishful impulses]），通常都是不堪聞問的願望，而且作夢者在清醒時刻，根本不會想到自己會有如此的願望。所以一旦發覺自己居然如此，往往會大感震驚不敢置信，或憤然否認絕無此事。

確實而言，這種願望衝動乃是夢的真正建構者：供應生產夢所需的能量，並使用白晝遺思作為夢的建構素材。這樣產生

解析》（*Die Traumdeutung*），Leipzig und Wien: Franz Deuticke, 371 頁。最早的英文譯本，是根據德文第三版，1913 年，*The Interpretation of Dreams*，譯者 A. A. Brill，New York: MacMillan。後來，1955 年，James Strachey 編譯，New York: Basic Books 出版了授權翻譯本：*The Interpretation of Dreams: The Complete and Definitive Text*。1999 年，紀念《夢的解析》出版百年，牛津大學出版社發行最新的英語翻譯本，*The Interpretation of Dream*，是由 Joyce Crick，參考 A. A. Brill 譯本重新翻譯，根據牛津大學出版社簡介，這個新的譯本譯文比先前譯本調性輕快，讀者較容易閱讀理解。

出來的夢，代表了慾望獲得滿足的一種情況，亦即願望實現
（Wunscherfüllung [wish fulfillment]）。倘若沒有睡眠狀態的
某種特質，前述歷程就沒有可能發生。睡眠提供的前提心理條
件就是，在睡眠之中，自我暫時把情慾能量灌注（Besetzungen
[cathexes]）從白晝的日常牽掛事物抽離，轉而專注於清醒時不
堪設想的願望。在此同時，由於可能的活動都給切斷了能量來
源，因此自我得以減緩日常維持潛抑作用而需投入的心力。潛意
識的衝動就會利用夜間潛抑作用鬆緩的空隙，隨著夢而浮出意識
界。

　　但是，即使在夢裡，自我的潛抑抗拒力並沒有完全消失，
而只是減弱了，其中未消失的部分抗拒力就呈現為**夢的審查**
（***Traumzensur* [dreams' censorship]**），禁止潛意識的衝動以其
實合乎其本色的形式表達出來。由於夢受到嚴厲的審查，潛隱的
夢思不得不改頭換面或削弱淡化，以免夢中讓人皺眉難以苟同的
意義被辨識出來。這就解釋了**夢的偽裝變形**（***Traumentstellung*
[dream-distortion]**），這種偽裝變形也正是外顯的夢最突出的特
徵。所以，我們可以合理地說：「夢就是（潛抑）願望的（偽
裝）實現」[54]。我們已經可以看出來，如此建構的夢，就如同精
神官能症的症狀一樣，兩者都是受潛抑之驅力衝動的索求和自我

---

[54] 「夢就是（潛抑）願望的（偽裝）實現」，德語原文：「der Traum sei
die (verkappte) Erfüllung eines (verdrängten) Wunsches」，英譯：「a
dream is the (disguised) fulfillment of a (repressed) wish」。

審查的抗拒之間的折衷權衡。由於夢和精神官能症的症狀有著類似的起源，因此同樣都隱晦而費解，也同樣需要抽絲剝繭，悉心解析。

夢的一般功能不難辨識。夢發揮一種舒心安神的作用，把可能擾人清夢的內外刺激擋下來，以確保睡眠免於遭受驚擾而中斷。外部的刺激經由新的詮釋，編織納入無害情境，從而獲得緩解。至於源自驅力衝動索求的內部刺激，只要潛隱的夢思不溢出審查的控制之外，就可允許該等驅力衝動索求，在形成的夢裡獲得滿足。但是，如果夢溢出審查控制，危險變得威脅迫近、禁忌意涵彰然無遮，睡夢者的夢境就會打破，驚恐而醒（亦即*焦慮的**夢*（*Angsttraum* [*anxiety-dreams*]）。如果外部刺激太過強烈，難以遏阻緩解，也會發生類似的睡夢中斷狀況（亦即*警醒的夢*（*Wecktraum* [*arousal-dreams*]）。

我把夢涉及的處理過程稱之為*造夢過程*（*Traumarbeit* [*dream-work*]），再配合夢的審查，就能把潛隱的夢思轉化成為外顯的夢。夢的運作是採用若干特殊的程序，來處理夢的前意識思維素材，主要包括四種程序：(1)把夢的前意識素材組成元素予以*濃縮*（*verdichtet* [*condensed*]）；(2)使夢的心理重點變得*錯位或置換*（*verschoben* [*displaced*]）；(3)將全部素材改編為視覺意象，此等處理過程稱為*戲劇化*（*dramatisiert* [*dramatized*]）；(4)再補充填入障眼法的*第二級潤飾*（*sekundäre Bearbeitung* [*secondary elaboration*]）。發生在心靈深層的潛意識活動，與日常熟悉的思維過程迥然不同，夢的運作就是絕佳例證。夢也會以

象徵（*Symbolik [symbolism]*）的形式，呈現早年的心靈剪影，其中絕大部分是帶有性意涵的象徵，進而也可能在其他領域心靈活動發現性意涵以外的象徵。

　　由於夢的潛意識驅力衝動，連結到白晝遺思，觸及清醒時分心願未了的牽掛，因此之故，夢對於精神分析工作，就有了雙重的價值。一方面，夢的解析揭顯，夢裡所見即是受到潛抑之願望的（偽裝）實現；另一方面，夢是白晝前意識思維活動的延續（日有所思，夜有所夢），並且透過各式各樣的形式來處理，譬如：表達某種決心、警訊、反思，乃至針對該等心願的實現。對於精神分析而言，夢的運用，可分為兩大方向：(1)用來取得患者意識歷程的知識；(2)用來取得患者潛意識歷程的知識。夢提供管道，可以幫助精神分析觸及遺忘的童年材料，因此經過夢的解析之後，嬰孩經驗失憶（infantile Amnesie [infantile amnesia]）通常可以獲得克服。就此而言，夢可說是完成了早先催眠術所承擔的任務。

　　另一方面，常有人說我認為夢的解析顯示，所有夢都包含性意涵的內容，或者都可追溯到性慾驅動力；事實上，我從沒提過如此的主張。我們可以很容易看出來，飢餓、口渴或排泄之類的生理需求，會產生夢來滿足其慾望；同樣地，任何受到潛抑的性驅力衝慾，或自我中心衝慾（egoistische Regung [egoistic impulse]），也會產生尋求滿足其慾望的夢。至於我所提出的夢的理論，是否能夠證明確實有效，幼童的夢提供了便捷的檢驗途徑。在幼童身上，若干心理系統尚未發展出清楚的區隔，潛抑作

用也還沒深化，所以我們可以在幼童的許多夢發現，其內容根本都是日間清醒時的衝動慾望毫無掩飾地尋求滿足。在某些身不由己的慾求驅策之下，成人也可能會產生這種嬰孩類型的夢。[55]

4.3　日常生活的精神病理學

夢的解析讓精神分析從中獲益頗多；同樣地，研究一般人日常生活常見的口誤或小差錯，即所謂的徵候活動（Symptomhandlungen [symptomatic actions]），也獲得不少助益。我特別針對這方面的主題：日常生活的精神病理學，進行了一系列的研究，一九〇四年集結出版單行本《日常生活的精神病理學》。[56] 這本著作流傳甚廣，其內容證明了該等現象絕非只是

---

[55] [1935 年，佛洛伊德補注]，夢沒能奏效的頻率相當高，因此把夢描述為尋求願望實現的**嘗試**（**Versuch** [**attempt**]），應該算是頗貼切的。亞里斯多德給夢的定義：「夢是睡眠期間的精神活動」，這個定義雖然年代久遠，至今仍然安然屹立無以撼動。正是基於這樣的原因，所以我把書名取為《夢的解析》（*Die Traumdeutung* [*The Interpretation of Dreams*]），而不是《夢》（*Traum* [*Dream*]）。

[56] 佛洛伊德（Sigmund Freud），德文原著：1904 年，《日常生活的精神病理學：遺忘、口誤、笨拙舉止、失誤》（*Zur Psychopathologie des Alltagslebens: Über Vergessen, Versprechen, Vergreifen, Aberglaube und Irrtum*），Berlin: S. Karger, 80 頁。英譯本，1966 年，*The Psychopathology of Everyday Life: Forgetting, Slips of the Tongue, Bungled Actions, Superstitions and Errors*，譯者 James Strachey, New

偶發、沒有意義的小疏失，箇中蘊含深層意義，需要生理學解釋之外的深入詮釋解析，而且可以合理推論這些現象是受到限制或潛抑的驅力衝慾和意圖的外顯徵候。

不過，日常生活精神病理研究，以及先前的夢的解析，最重要的價值倒不是對於精神分析工作的輔助效益，而在於它們所具有的另外特質。在此之前，精神分析只著眼於解決病態現象，而且為了解釋該等病態現象，往往必須做出某些不盡然符合實際狀況的假設。但是，後來精神分析開始投入夢的解析，處理的不再只限於病態的症狀，而是還涉及正常心理生活的現象，是任何健康的人都有可能發生的狀況。

倘若事實證明，如同心理症狀一樣，夢有著類似的建構過程，需要相同的假設來加以解釋（譬如：衝慾的潛抑、替代事項的形成、妥協的形成、意識和潛意識等心理系統的畫分，諸如此類的假設），如此一來，精神分析不再是精神病理學領域的輔助學科，而是開啟了一門全新而且深廣的精神生命學科，為認識正常的心理狀態提供了不可或缺的基礎。這門全新而且深廣的精神分析，其理論假說和研究成果，可以轉移運用到其他領域的心靈和精神事件，如同敞開的條條大道，帶領吾人奔向寬廣的遠方，通往普世關切的諸多領域。

York: W. W. Norton。

第五講 精神分析發展的外部歷史

5.1 志同道合與分道揚鑣

走筆至此，進一步細談精神分析的內部發展之前，容我打個岔，先來談談外部歷史。我先前講述的大多是我個人的成果，不過在過程當中，我也加入了不少晚近的材料，我也沒費心去細分哪些是屬於我的成果？哪些又是我學生或追隨者的貢獻？

話說我和布勞耶分手之後，約莫有十多年的時間，我完全孤軍奮戰，沒有任何人跟隨。在維也納，大家對我避而遠之；在國外，也無人聞問。我那本《夢的解析》，一九〇〇年發行，專業期刊幾乎沒有任何報導。我在〈論精神分析運動的歷史演進〉文中，摘錄我和診所助理的對話作為例子，以茲說明當時維也納精神醫學界對我的態度。他從未讀過《夢的解析》，卻寫了一本書來談論我的學說。診所裡有人告訴他，我根本不值得他耗費力氣去寫那樣一本書。後來，這人成了副教授，矢口否認我文中摘錄的談話內容，並且百般質疑我的記憶力嚴重失準。我只能說，我可以擔保，當時所陳述的對話內容字字屬實，絕無半句虛假。

後來，我認清了如此充滿敵意的態勢實在無從迴避，以往耿耿於懷的心情也就消釋泰半。再者，飽受排擠的孤立處境也逐漸撥雲見日。起初，有一群學生到維也納來追隨我；接下來，一九〇六年，有消息傳來，蘇黎世的精神科醫生布魯勒（E. Bleuler,

1857-1939）[57]，助理榮格（C. G. Jung, 1875-1961）[58]，還有其他若干人，對精神分析頗感興趣。於是，我和這些人開始接觸交流。一九〇八年復活節（4月27日），我們這群新興學門的同好就相約薩爾茲堡，會中約定以後定期召開類似的非正式會議（榮格稱之為「首屆佛洛依德心理學會議」，後來正名為「首屆國際精神分析大會」），並籌備發行期刊，期刊定名為《精神分析與精神病理學研究年鑑》[59]，布魯勒和我擔任發行人，榮格負責總編輯，發行直到一次大戰爆發而停刊。於此同時，瑞士的精神分析同行也陸續加入。精神分析的風潮吹向德國各地，儼然成為大量論文的熱門主題，也掀起研討會的討論熱潮。可是一般而

---

[57] 保羅・尤金・布魯勒（Paul Eugen Bleuler, 1857-1939），瑞士著名的精神病學家，博戈赫茨利（Burghölzli）精神病院院長。精神分裂症研究著稱，並將精神分析引入精神病學。創造許多精神病學術語，包括：精神分裂症（Schizophrenie [schizophrenia]）、分裂人格（schizoid [schizoid]）、自閉症（Autismus [autism]）、矛盾情感（Ambivalenz [ambivalence]）、深層心理學（Tiefenpsychologie [depth psychology]）等等。

[58] 卡爾・古斯塔夫・榮格（Carl Gustav Jung, 1875-1961；一般簡稱為 C. G. Jung），瑞士心理學家、精神科醫師，分析心理學的創始者。

[59] 《精神分析與精神病理學研究年鑑》（*Jahrbuch für Psychoanalytische und Psychopathologische Forschungen*）（Leipzig und Wien: Franz Deuticke, 1909-1913），1909 年創刊，1913 年停刊，總共發行五卷。英譯刊名：*Yearbook of Psychopathological and Psychoanalytic Research*。

言，對精神分析的態度仍然相當不友善，也難能稱得上溫和中立。拿德國來說，對精神分析只有極短暫的認識，卻聯合起來群起排擠、攻訐。

當然，即便時至今日，我還是無從預見，後世將會如何評斷，精神分析對於精神醫科、心理學，乃至於一般精神科學的價值。但是，倘若未來有歷史學者把我們經歷的這段時期寫進史冊，我想他們應該會承認，德國科學界實在沒有什麼好理由可以為當年代表人物的表現感到光彩。我在意的不是他們反對精神分析，或是堅決不移的反對態度，畢竟這些都很容易理解，也全都不出乎預料，至少不至於讓人懷疑反對者品格有問題。我必須說，最讓人難以苟同的是，他們猖狂傲慢，自以為是，視良知良能如無物，對邏輯輕蔑菲薄，強詞奪理，詆毀攻訐手法粗暴卑劣，實在找不到任何卸責脫罪的藉口。

或許有人會說，都已經事過境遷十五年了，我還舊事重提，耿耿於懷，未免有些孩子氣。我只能說，長年飽受同樣的無情攻訐，卻只能獨自承受申訴無門，對比於幾年之後，大戰期間，歐洲各國同仇敵愾，齊聲譴責德國野蠻無文，若不是反差如此強烈，讓人格外痛心不吐不快，否則我也犯不著翻出這筆陳年舊帳。

反對我的人士當中，有人吹噓說，只要患者談到有關性的事情，他就有辦法，馬上讓對方靜下來。這人還自信滿滿，聲稱擁有這般絕頂技巧，所以夠資格去判斷，性慾因素在精神官能症的病因當中扮演何等角色。姑且不談情感方面的抗拒，因為精神分

析理論很容易解釋清楚，不太可能招致誤解，在我看來，阻礙反對者理解的主要因素，似乎就是他們傾向把精神分析視為我個人的臆測幻想，而不願意相信，精神分析的建立乃是長期持之以恆、不帶預設立場的嚴謹心血結晶。由於他們認為，精神分析並沒有建立在觀察和經驗的基礎之上，所以他們相信，儘管沒有實際經驗證據，也可以合理予以拒絕。

另外還有些人，比較沒有抱持那麼極端的信念，而是傾向於堅持傳統的反對做法，拒絕投入微觀細部的查證，以避免看到他們所否認的東西。事實上，在面對必須就某些新事物做出判斷時，大部分人的離譜行徑，簡直令人匪夷所思。多年來，我聽過不少所謂的「善意」批評者，時至今日，我仍然聽到有人發表類似評論，他們說精神分析到某某環節還算不錯，只是一旦過了該等環節之後，就開始變得毫無根據的誇大或以偏概全。要畫出如此分界線，可說難上加難，然而提出如此批評的人士，就我所知，不少人在幾天或幾星期之前，對精神分析根本就是徹頭徹尾的門外漢。

在當權勢力打壓排擠之下，精神分析圈內同行更加緊密團結。一九一○年，德國紐倫堡召開第二次會議，在桑德爾‧費倫齊（Sándor Ferenczi, 1873-1933）[60]的建議下，正式成立「國

---

60 桑德爾‧費倫齊（Sándor Ferenczi, 1873-1933），猶太裔匈牙利精神分析學家，精神分析學派的重要理論家，也是西格蒙德‧佛洛伊德的密友。

際精神分析學會」[61]，總會設有會長，分設若干地區分會，學會歷經一次大戰動盪，至今仍然持續發展運作。目前，設立的分會包括：維也納、柏林、布達佩斯、蘇黎世、倫敦、荷蘭（海牙）、紐約、泛美（巴爾的摩）、莫斯科、加爾各答等。在我協調安排之下，榮格獲選擔任第一任總會會長，日後的事實證明此舉真是我此生最大的失策。

在此同時，精神分析的第二本期刊《精神分析中心學刊》[62]也開始發行，阿德勒（Alfred Adler, 1870-1937）[63]和史德凱（Wilhelm Stekel, 1868-1940）負責編輯。緊接著，《意象雜誌》（Imago）也問世了，兩位非醫科出身的精神分析學家擔任共同主編：薩克斯（Hans Sachs, 1881-1947）和蘭克（Otto Rank, 1884-1939）。《意象雜誌》的宗旨是要探討和推廣精神分析在

---

[61] 「國際精神分析學會」（Internationalen Psychoanalytischen Vereinigung，簡稱 IPV [International Psychoanalytical Association，簡稱 IPA]）。2004 年，成立「臺灣精神分析學會」（Taiwan Psychoanalytic Association）；2006 年，成為國際精神分析學會的聯盟組織（Allied Center）。

[62] 《精神分析中心學刊》（Zentralblatt für Psychoanalyse [Central Review of Psychoanalysis]。

[63] 亞弗列・阿德勒（Alfred Adler, 1870-1937），猶太裔奧地利精神病學家，個體心理學的創始人，人本主義心理學的先驅，現代自我心理學之父，反對佛洛伊德的心理學體系，由生物學取徑的本我轉向社會文化取徑的自我心理學。

人文學科的應用。

　　不久之後（1910年），布魯勒發表了一篇文章捍衛精神分析。[64]在一面倒的批鬥論戰當中，布魯勒的論述眞誠坦率，恪守邏輯秉公講理就事論事，讓人頗感欣慰。但仍有美中不足的小小缺憾，他太過於熱中維持不偏不倚的曖昧立場。他後來還將愛恨交織的**矛盾情感**（*Ambivalenz [ambivalence]*）概念引入精神分析，顯然也不是純屬偶然，或許就需要有布魯勒這樣的性格，才可能完成此等價值非凡的貢獻。

　　在之後發表的論文，布魯勒對於精神分析的學理，態度丕變，針對核心要素多所質疑批判，甚至斷然拒絕，驚詫之餘，不免納悶精神分析倘若如此一無是處，那還能剩下哪些東西值得他肯定呢？儘管如此，他後來不但發表慷慨激昂的聲明呼籲支持「深層心理學」（Tiefenpsychologie [depth psychology]），而且還把深層心理學作爲理論基礎，來開展建立他的精神分裂綜合研究。順帶一提，布魯勒參與國際精神分析學會的時間並不長，由於和榮格意見不合，他不久就退出學會。如此一來，精神分析也

---

[64] 布魯勒（E. Bleuler），德語論文：1910 年，〈佛洛依德的精神
　　分析學：辯護與評述〉（Die Psychoanalyse Freuds. Verteidigung
　　und kritische Bemerkungen），原載於，E. Bleuler & S. Freud 主
　　編，《精神分析與精神病理學研究年鑑》，1910 年，第二卷，頁
　　623-730（*Jahrbuch für Psychoanalytische und Psychopathologische
　　Forschungen, Bd II*. Deuticke, Leipzig, S 623-730）。

就失去了博戈赫茨利精神病院（Burghölzli）。[65]

　　儘管官方權威的否定阻撓，但這並沒有阻斷精神分析在德國和其他國家的推廣流傳。我在別處（《論精神分析運動的歷史》），已經針對精神分析的發展階段和代表人物，做過詳細載述，此處不再逐一重述。一九〇九年，美國麻省烏斯特城克拉克大學校長霍爾（G. Stanley Hall, 1846-1924），邀請榮格[66]和我參加該校二十周年校慶，以德語進行為期一週的專題講座。[67]霍爾是德高望重的美國心理學家和教育家，早先若干年，就已

---

[65] 博戈赫茨利（Burghölzli）精神病院是瑞士蘇黎世大學附屬精神科醫療機構，院區所在地位於蘇黎世東南區的博戈赫茨利山丘，因此也稱為博戈赫茨利精神病院。1898-1927 年，布魯勒擔任院長，榮格曾是他的助理。

[66] 榮格的講座主題：「聯想法」（The Association Method），總共開講三場。

[67] 德語講座主題：「精神分析的起源和發展」（Der Ursprung und die Entwicklung der Psychoanalyse），連續五天，總共開講五場，這些也是佛洛伊德在美國僅有的五場講演，獲頒榮譽博士學位。講稿英譯本標題：〈精神分析的起源和發展〉（The Origin and Development of Psychoanalysis），登載於《美國心理學期刊》，1910 年，第 21 卷（The American Journal of Psychology, Volume 21, 1910），譯者 Harry W. Chase。後來，佛洛依德把講稿編寫集結成冊出版《精神分析五講》（Über Psychoanalyse: Fünf Vorlesungen. Leipzig: Franz Deuticke, 1910，62 頁）。這趟美國訪學之旅同行的有佛洛依德、榮格、費倫齊，在美國的布里爾、瓊斯作陪。

經開設課程講授精神分析。他的行事作風有些「王位擁立者」
（Königsmacher [kingmaker]）的氣度，樂於挖掘青年才俊，扶立
明日之星，繼而又罷黜廢除其權威。

　　此期間，我們也遇到哈佛大學神經學家普特南（James J.
Putnam, 1846-1918），他雖然年歲稍長（比佛洛伊德年長十
歲），卻總是提攜後進不遺餘力，熱情支持精神分析，發揮年高
德劭的影響力，積極捍衛精神分析的文化價值和目標純正性。對
於這位德隆望尊的前輩，唯一令人困擾的就是他有一種泛道德的
傾向，認為強迫性精神官能症不是先天本性使然（換言之，患者
必須為其病症負起道德責任），並且主張精神分析應該連結到某
種哲學體系，以期發揮道德矯治的功能。

　　這趟美國行還有一件小插曲也讓我留下深刻印象，話說有一
天，我和哲學家威廉‧詹姆斯（William James, 1842-1910）結伴
散步。走著走著，他突然停下腳步，把手提包遞給我，要我繼續
往前走，只說是等心絞痛發作結束之後，就會馬上趕上來。一年
之後，他心臟病發作，撒手人寰。我真心希望，自己也能像他那
樣視死如歸，毫無懼色。

　　當年，我才五十三歲，覺得自己年輕且健康，新大陸的短期
訪學之旅，讓我備受鼓舞，信心大增。在歐洲，我覺得鄙視無處
不在；在這兒，迎接我的是名流顯要平起平坐的尊重。當我踏上

克拉克大學的講壇，講授我的《精神分析五講》，[68]感覺彷彿不可思議的白日夢居然實現了。精神分析不再是癡人說夢的妄想產物，而是變成現實世界不容忽視的珍寶。

美國訪學結束之後，精神分析持續扎根發展，並沒有淪為曇花一現的短暫熱潮。在一般民眾當中，更是熱烈歡迎，並且獲得若干精神科醫生專業組織肯定是醫學教育訓練的重要元素。然而，遺憾的是，那兒的精神分析也飽受摻雜刪略的無妄之災。尤有甚者，不少人掛羊頭賣狗肉，打著精神分析的名號，灌水蒙混，欺世惑眾。而且也難得有機會，能夠接受精神分析理論和技術的全面訓練。在美國，精神分析也同樣遭遇到心理學*行為學派*（*Behaviourism* [*Behaviourism*]）的衝突，這個心理學的派別幼稚猖狂地誇口說，已經把心理學所有問題全都打入冷宮。

一九一一到一九一三年間，歐洲精神分析學界發生兩股分離運動，領軍的是阿德勒和榮格，兩人原本都是這門新興科學的元老級人物。這兩股分離運動聲勢浩大，很快就號召大批人馬追隨。他們之所以能吸引追隨者，不在於本身有什麼更高明的內涵，而是讓追隨者相信，可以脫離精神分析令人憎惡的發現，同時還能安心擁抱精神分析的實質素材。

榮格試圖從抽象（Abstrakte [abstract]）、非個人

---

[68] 佛洛伊德（Sigmund Freud），德文原著：1910 年，《精神分析五講》（*Über Psychoanalyse: Fünf Vorlesungen*），Leipzig: Franz Deuticke。英譯書名：*Five Lectures on Psychoanalysis*。

（Unpersönliche [impersonal]）、非歷史（Unhistorische [non-historical]）的角度，重新詮釋精神分析確認的事實，以期迴避而無須肯定承認嬰孩性慾和伊底帕斯情結的重要性，再者也得以迴避從事童年分析的必要性。

至於阿德勒，與精神分析的決裂似乎更徹底，他全盤否定性慾的重要性，而是把人格和精神官能症的形成，追根溯源完全歸因於追求權力的慾望，以及對於自卑感的彌補，並且無視於精神分析發掘的所有心理學成果。但是，他所否認的那些東西，卻又換上其他名義班師回朝，強力闖入他精心構築的封閉體系，比方說，他的「男性欽慕」（männlicher Protest [masculine protest]），說穿了不過就是「不公正的性別潛抑」（Unrecht sexualisierte Verdrängung [unjustly sexualized repression]）。

這兩股另立門戶的流派，只遭受到溫和的批判。我只能希望，阿德勒和榮格不要再聲稱他們的學說爲「精神分析」。時隔十年之後，如今可以論定，這兩股精神分析的反動並沒有給精神分析帶來太大的衝擊損害。

如果社群是志同道合的組成，立基於成員對若干基本要點的共識，那麼不再信守共同立場的成員退出社群，也是很自然的事情。然而，昔日門徒相繼離去，卻也常常成爲落人口實的話柄，指責說是我氣度狹小，剛愎自負，或是認爲那是眾叛親離難以爲繼的徵兆。事實勝於雄辯，我也無須多做辯解，沒錯是有少數幾個人，包括：榮格、阿德勒、史德凱等人，因爲道不同，不相爲謀而選擇離去。

　　但是，還有更多的志同道合的夥伴，包括：亞伯拉罕（Karl Abraham, 1877-1925）、艾汀貢（Max Eitingon, 1881-1943）、費倫齊、蘭克、瓊斯、布利爾（Abraham Arden Brill, 1874-1948）、薩克斯、費斯特（Oskar Pfister, 1873-1956）、凡埃姆登（Jan Egbert Gustaaf van Emden, 1868-1950）、雷克（Theodor Reik, 1888-1969）等人，約莫十五年來，始終赤誠相待，合作無間、相處融洽，而且多半和我私交甚篤。

　　在這兒，我只提出幾位輩分較高的門徒，他們在精神分析的研究著述卓然成家，當然還有其他不少人也頗有建樹，只是礙於篇幅有限，我就不逐一細數了。至於晚近加入的後生晚輩，也是人才濟濟，值得寄予厚望。最後，我想我應該可以肯定地說，如果我真的是氣度狹小，剛愎自負，絕無可能號召那麼多青年才俊忠誠追隨，更別說我根本沒有什麼實質利益能夠提供給追隨者。

　　一次世界大戰，摧毀了無數的組織團體，我們的國際精神分析學會很慶幸安然無恙。戰後的第一次會議於一九二〇年恢復舉辦，地點是在中立國荷蘭的海牙。荷蘭東道主盛情招待飢貧交迫的中歐與會同僚，那場景實在令人動容。就我所知，這應該也是戰後廢墟之中，英、德兩國人士第一次同席而坐，針對共同興趣的科學議題進行友好的學術交流。一次大戰也激起了德國和西歐各國對於精神分析的興趣；戰爭精神官能症患者的觀察，終於打開了醫學界的視野，得以見識到心理發生（Psychogenese [psychogenesis]）在精神官能症的重要性。我們的若干心理

學概念，譬如：「因病獲益」（Krankheitsgewinn [gain from illness]），以及「遁入疾病」（Flucht in die Krankheit [flight into illness]），也開始廣為流傳。

　　一九一八年，就在德軍潰敗之前，最後一次會議於布達佩斯召開，同盟國陣營的中歐各國政府派遣官方代表參加，會中允諾設置精神分析站，用以診治戰爭精神官能症患者。可惜，這項承諾最後並沒兌現。同樣令人惋惜的還有，鼎力支持精神分析運動的贊助金主，安東・馮・佛倫德博士（Dr. Anton von Freund, 1880-1920）提議的綜合計畫，打算在布達佩斯設立精神分析研究與治療中心，後來卻因為政局動盪不安，再加上這位無可取代的計畫主持人英年早逝，最後不得不宣告作罷。

　　後來，一九二〇年，艾汀貢在柏林開設精神分析診所，部分實踐了佛倫德博士當初擘劃的理想。匈牙利布爾什維克統治的短暫期間，費倫齊代表精神分析學會，正式獲聘布達佩斯大學精神分析學教授。一次大戰結束之後，反對者喜出望外大肆宣稱，這場戰爭經驗已經提出了強有力反證，駁斥精神分析的主張根本沒有實質效力。他們聲稱，戰爭精神官能症已可證實，把神經質情感的病源歸因於性慾環節，根本就是子虛烏有的謬論。只是，他們的勝利宣言操之過急，而且流於輕率考慮不周。因為一方面，從來沒有人能夠對這類患者的病例進行透徹的分析，因此很明顯地，根本無從確認導致發病的相關心理動力因素，當然也就不可能做出任何確切無疑的結論。

　　另一方面，精神分析早就有自戀（Narzißmus [narcissism]）

與自戀型精神官能症（narzißtischen Neurose [narcissistic neurosis]）的觀念，當事人的力比多（libido）是依附到自我，而不是依附到自我之外的客體，因此可以解釋戰爭精神官能症的現象與性慾的因果關係。雖然，在其他場合，精神分析常常被指責不當擴大性慾的概念，不過在這兒爲了方便做出批評，大家又把這套標準縮了回去，根據最狹隘定義的性慾概念來抨擊我們。

5.2　精神分析史上的兩個階段

撇開宣洩法的初探期不談，在我看來，精神分析的發展歷史可分爲兩個階段：第一階段，我孤軍奮鬥，凡事都得獨自親力親爲，這一階段是從一八九五、一八九六年到一九〇六、一九〇七年。然後，第二階段，從那時起直到目前，門徒和同僚的貢獻愈來愈重要。所以時至今日，在痼疾纏身提醒我來日無多的情況之下，我終於能夠平心靜氣考量交棒收山。正因爲這個緣故，在我這本《學思生涯自述》（Selbstdarstellung [Autobiographical Study]）當中，關於精神分析發展第二階段的回顧，自然無法像先前第一階段那樣逐一詳述全部的進展，而只摘述其中與我個人有關的部分。我覺得，在我個人的《學思生涯自述》，聚焦談論我扮演重要角色的新進展，如此做法應屬合情合理。因此，接下來，我的回顧將會特別著重於我所發展的自戀概念、驅力理論（Trieblehre [drive theory]），以及精神分析在精神疾病的應用。

首先，我必須補充說明一點，有愈來愈多的經驗顯示，伊底

帕斯情結（Ödipuskomplex [Oedipus complex]）乃是精神官能症
的癥結所在。伊底帕斯情結既是嬰兒性生活的極致頂峰，也是其
後一切發展的輻輳點。但是倘若如此，那就不再有可能期望，精
神分析可以發現導致精神官能症的特定因素。我們必須承認，就
如同榮格早期仍在精神分析圈內時恰如其分的表述，精神官能症
本身並沒有什麼獨特內涵是正常人所無，差別只在於罹患精神官
能症的人，沒能像正常人那樣，成功克服所遭遇的難關。

　　不過，我們也無須因此灰心喪氣，因為這和另外一項新發現
完全吻合，亦即精神分析所揭露的深層心理，實際上，也就是正
常人的心理。我們面對的情況可說和化學家頗為類似：不同的化
合物在質量方面的巨大差異，乃是相同組成元素以不同比例合成
而導致的結果；類似的道理，正常人與精神官能症患者的心理差
異，也是相同心理元素以不同比例合成而導致的結果。

　　在伊底帕斯情結當中，性慾驅力的依附對象是父母之類的
人物意象。但是在幼年早期有一段時間，還沒有這類客體意象
的存在。由於此一事實，遂產生了對力比多理論很重要的一個
概念：力比多最初是把能量灌注在自我本身，把它當成依附的
對象，此等狀態可稱之為「*自戀*」，亦即愛戀自我（Selbstliebe
[self-love]）。稍加反思就不難察覺，這種自戀或自愛狀態並不
曾完全終止，人類終其一生，自我始終都是最大的力比多儲存庫
（Libidoreservoir [libido reservoir]），力比多從自我流向客體灌
注（Objektbesetzungen [object cathexes]）的依附對象；反之，力
比多也可能從該等依附對象回流到自我。就此而言，自戀力比多

不斷轉化爲客體力比多，或是反向而行。

至於這兩類力比多之間的轉化，到底能達到何等極致的程度，最好的說明例子就是涉及犧牲自我的性愛沉迷，或是昇華的熱情迷戀。迄今爲止，在考量潛抑過程時，都只著眼於潛抑的對象，現在增添了這些新的概念，就可以開始比較適切的檢視潛抑涉及的各種力量。根據先前的看法，潛抑被認爲是由自我內部活躍的自我保存驅力（Selbsterhaltungstrieben [self-preservation drives]，亦即自我驅力（Ichtrieben [ego-drives]））發動的作用，進而對力比多驅力產生影響。不過，我們現在已經知道，自我保存驅力也具有性慾力比多的性質，也就是自戀力比多，如此一來，潛抑就應該視爲發生在力比多內部的一種作用。而其中，自保或自戀的力比多就是和依戀他者的客體力比多相互對立的驅力；再者，自保或自戀的興趣也和依戀客體的要求相互拒斥；換言之，即與狹義的性慾之要求，相互拒斥。

5.3　新的驅力理論、後設心理學、精神醫學的關聯性

對於心理學界，當務之急莫過於建立一套穩固的**驅力理論**（***Trieblehre [drive theory]***），奠定扎實基礎以促成進一步的發展。然而，截至目前爲止，還不曾有這類的理論出現。在這種情況下，精神分析嘗試提出實驗性質的理論建構。這項理論建

構，首先，致力於勾勒自我驅力（自我保存的驅力，譬如：飢餓）和力比多驅力（亦即愛）之間的對比；以此作爲基礎，進而發展出自戀力比多和客體力比多的對比。這顯然不是關於驅力理論建構確切無疑的絕對終點。從生物學的角度來考量，似乎不可能滿足於這種假設只存在一類驅力的學說。

在我之後幾年的著作，包括：《超越快感原則》（1920年）[69]、《群體心理與自我之分析》（1921年）[70]、《自我與本我》（1923年）[71]，我鬆脫長久以來多所克制的傾向，

---

[69] 佛洛伊德（Sigmund Freud），德文原著：1920 年，《超越快感原則》（*Jenseits des Lustprinzips*）。Leipzig, Wien, Zürich: Internationaler Psychoanalytischer Verlag, 60 頁。英文譯本：1922 年，*Beyond the Pleasure Principle*。譯者：C. J. M. HUBBACK。London, Vienna: International Psycho-Analytical。

[70] 佛洛伊德（Sigmund Freud），德文原著：1921 年，《群體心理與自我之分析》（*Massenpsychologie und Ich-Analyse*）。Leipzig, Wien, Zürich: Internationaler Psychoanalytischer Verlag, 140 頁。英文譯本：1922 年，*Group Psychology and the Analysis of the Ego*。譯者 J. Strachey，London and Vienna: International Psycho-Analytical Press。

[71] 佛洛伊德（Sigmund Freud），德文原著：1923 年，初版，《自我與本我》（*Das Ich und das Es*）。Leipzig, Wien, Zürich: Internationaler Psychoanalytischer Verlag, 77 頁。英文譯本：1923-1925 年，英文譯本：*The Ego and the Id and Other Works*。譯者：James Strachey, London: Hogarth Press；1927 年，*The Ego and the Id*。譯者 Joan Riviere, London: Hogarth Press and Institute of Psychoanalysis。

試著讓自己的探測思索自由馳聘，同時我也開始尋索解決驅力問題的新出路。我提出「厄洛斯」（Eros）的概念，亦即生之驅力（Lebenstrieb [life drive]），來整合個人的自我保存（Selbsterhaltung [self-preservation]）和群體的物種保存（Arterhaltung [species-preservation]）兩種驅力；再者，與「厄洛斯」生之驅力相對立的則是「塔納忒斯」（Thanatos），亦即趨向死寂的死亡驅力（Todestrieb [death drive]）或毀滅驅力（Destruktionstrieb [destruction drive]）。

　　一般而言，生之驅力被理解爲生物的一種反彈復原性（Elastizität [elasticity]），當生存狀態受到干擾之下，這種生物驅力就會衝動而力求反彈恢復到先前未受干擾的生存狀態。生之驅力的這種自我保存特徵，最主要就是透過「**強迫反彈復原**」（*Wiederholungszwanges* [*compulsion to resilience*]）而彰顯出來。人類生命展現的圖卷就是，生之驅力和死之驅力兩股驅力之間，相互競合的互動和爭鬥。

　　前述理論建構是否發揮任何效用，還有待時間考驗。一路以來，理論建構乃是致力於修補精神分析若干最重要的理論構想，但後來結果卻遠遠超出精神分析的範圍。我曾再三聽過，有人輕蔑不屑的批評說，對於任何科學而言，如果最根本的概念如同精神分析的力比多和驅力那樣含糊籠統，是不可能有人認眞看待的。但是諸如此類的譴責，其出發點其實是建立在對於事實的嚴重誤解之上。在人文學科領域，要達到清晰明確的概念和嚴格界定的定義，只有在確認事實分門別類，進而整合納入邏輯體系

的架構之後，才有可能達成如此目標。但是，認為自然科學的領域，包括心理學，基礎術語就應該要有精確無誤的意涵，如此想法不但膚淺不切實際，而且在實務上也不可能。

舉例而言，動物學和植物學，一開始也不是建立在動物、植物精確而充分的定義之上。即便時至今日，生物學還是不確定，「生命」這個觀念應該具有什麼樣的確定內涵。事實上，如果物理學必須等到物質、力、重力等概念，全都達到理想的清晰而精確的程度，才可以開始發展理論建構，那肯定只會虛擲時光，而不可能取得任何進展。任何科學領域，在初始階段，基本概念與最重要的術語，總是保留開放不確定的活絡性，只能根據最初推衍出該等概念的源頭來提出暫時性的解釋。經由觀察累積的材料，持續分析修正優化，概念才有可能愈來愈清晰明確，內容愈來愈豐富，而且排除內部矛盾。

我始終覺得，人們對於精神分析學的態度，拒絕像看待其他學科那樣一視同仁，實在明顯不合乎公道。這種拒絕公平看待精神分析的偏頗態度，在他們頑固不化的反對意見，徹底表露無遺。科學的基礎建立在實徵觀察之上，只能一點一滴努力去累積成果，並且一步一步去解決浮現的問題；然而，對於精神分析，只要有任何缺陷不足或不盡完美，就會被批評得體無完膚。更有甚者，當我努力想為長久備受否定的性功能爭取應得的肯定，卻換來眾人以「泛性論」（Pansexualismus [pansexualism]）的大帽子扣在精神分析理論的頭上。當我們強調漠視已久的幼年偶然印象的重要性，就會聽到有人指責精神分

析否定了體質和遺傳的因素,而其實我連想都沒想過要否定體質和遺傳的因素。總之,對於精神分析的反抗抵制,可說是不惜代價,不擇手段。

在發展精神分析的稍早階段,我曾努力以實務觀察作爲基礎,試圖推導出一些更具普遍意義的觀點。一九一一年,發表的一篇短文〈心理機能兩種原則的構思〉[72],我提出一項值得特別注意的觀察發現(其實這也並不是全新的獨家創見):在心靈生活,有一種主導的原則,我稱之爲**快感-不快感原則**(*Lust-Unlust-Prinzips* [*pleasure-displeasure principle*]);另外,還有後來取而代之的**現實原則**(*Realitätsprinzip* [*reality principle*])。

後來,我進一步嘗試建構「後設心理學」(Metapsychologie [metapsychology]),試圖透過包含**動力學**(*Dynamik* [*dynamics*])、**地形學**(*Topik* [*topography*])、**經濟學**(*Ökonomie* [*economics*])三項座標的模式,來衡量所有的心理歷程;當時我認爲,這種模式的理論建構代表了心理學所能成就的最遠大目標。

---

[72] 佛洛伊德(Sigmund Freud),德語論文:〈心理機能兩種原則的構思〉(Formulierungen über die zwei Prinzipien des psychischen Geschehens),原載於《精神分析與精神病理學研究年鑑》,第三卷,1911 年(*Jahrbuch für Psychoanalytische und Psychopathologische Forschungen,* Bd. III, 1911)。英文翻譯:Formulations upon the Two Principles of Mental Functioning,收錄於《佛洛伊德全集》,第四卷(Freud's *Collected Papers*, vol. IV)。

　　但是，這方面的努力仍然只停留在骨架階段，一九一五到
一九一八年間，我寫了幾篇論文之後（包括：〈驅力與其變
動〉、〈論潛抑作用〉、〈論潛意識〉、〈哀悼與憂鬱症〉
等）[73]，我領悟到這樣的理論建構時機尚未成熟，所以就暫時
中斷了這方面的工作，如此決定應該也算識時務的明智之舉。
在我晚近出版的純理論著述（請參閱《自我與本我》），根據
實徵病理素材所做的分析，著手剖析心理結構，從而畫分成三
個部分：*自我*（*Ich* [*ego*]）、*本我*（*Es* [*id*]）、*超我*（*Über-Ich*
[*superego*]），其中的「超我」就是伊底帕斯情結的繼承人，並
且代表了人類的倫理要求。

　　前面的回顧自述，我希望不會造成錯誤的印象，讓讀者誤以
為，我在後期已經放棄了對病患的觀察，而是一味沉溺於純理論

---

[73] 各篇論文原載於《國際精神分析期刊》（*Internationale Zeitschrift
　　fur Psychoanalyse*）；英文翻譯，收錄於《佛洛伊德全集》，第四卷
　　（Freud's *Collected Papers*, vol. IV）。
　　〈驅力與其變動〉（Triebe und Triebschicksale [Drives and their
　　Vicissitudes]），1915 年，第三卷第二期；頁 84-100；
　　〈論潛抑作用〉（Die Verdrängung [Repression]），1915 年，第三卷
　　第三期；頁 129-138；
　　〈論潛意識〉（Das Unbewußte [The Unconscious]），1915 年，第三
　　卷第五期；頁 257-269；
　　〈哀悼與憂鬱症〉（Trauer und Melancholie [Mourning and
　　Melancholia]），1918 年，第四卷第六期；頁 288-301。

的思辨。事實正好相反，一直以來，我始終和精神分析的素材保持最密切的聯繫，對於臨床或技術方面的特殊題材，也未曾絲毫鬆懈探究。即使因故無法從事臨床觀察，我也總是戒慎提防，盡可能避免走入哲學路線。

　　由於我天生沒有做哲學的頭腦，所以要和哲學保持距離，倒也不是件難事。我向來對費希納（G. T. Fechner, 1801-1887）[74] 的理念保持開放態度，在許多重要觀念，我也樂於追隨他的看法。至於精神分析學和叔本華（Arthur Schopenhauer, 1788-1860）的哲學，雖然有頗多相互呼應之處，比方說：叔本華不但強調情感至上的優先地位，以及性慾的至高重要性，他對潛抑作用的機轉也有相當深刻的認識。但是這些雷同之處純屬巧合，並不能歸諸於我熟悉叔本華的學說，因為我是到了晚年，才拜讀了他的大作。

　　另外，還有一位哲學家尼采（Friedrich Wilhelm Nietzsche, 1844-1900），他的預言和洞視，與精神分析學費盡心血的研究成果也常常出現驚人神合的不謀而合，正是由於這個緣故，有很長一段時間，我始終避免接觸他的著述。我這樣做，主要乃是想讓自己的思想免於先入為主的概念干擾，而比較不是擔心自己是

---

[74] 古斯塔夫・西奧多・費希納（Gustav Theodor Fechner, 1801-1887），十九世紀德國哲學家和實驗心理學家。實驗心理學先驅，以及心理物理學創建者。提出著名的韋伯─費希納定律（Weber-Fechner law），釐定心理感覺與物理刺激之間的關係。

不是那些觀點的首創者。

　　精神官能症（Neurosen [neuroses]）是精神分析的第一個探究主題，而且有很長一段時間，也是唯一的探究主題。毫無疑問，沒有任何精神分析師，會在醫療實務上把精神官能症從精神病（Psychosen [psychoses]）隔離出來，而將其歸類到器質性的神經系統病變（organischen Nervenleiden [organic nervous diseases]）。精神官能症的理論屬於精神病學的一部分，而且是精神病學導論不可或缺的要素。不過，有些人覺得應用精神分析治療精神病似乎徒勞無功，因此排除了以精神病爲主題來進行研究的實務可行性。再者，一般而言，精神疾病患者通常缺乏能力來完成正向移情（positiven Übertragung [positive transference]），因此精神分析的主要技術對於這類患者似乎不適用。儘管如此，還是有不少途徑可供選擇採用來加以探討。

　　首先，在許多精神疾病患者當中，移情作用並不是徹底不存在，以至於完全無法運用。譬如：循環型情感症（zyklischen Verstimmungen [cyclical mood disorders，或稱cyclothymia]）、輕度妄想症（leichter paranoischer Veränderung [mild paranoid disorder]）、局部精神分裂症（partieller Schizophrenie [partial schizophrenia]），精神分析就取得無庸置疑的治療成效。至少精神分析對醫學本身是有助益的，比方說，有些病例的診斷，往往會猶豫不決，到底是精神神經症（Psychoneurose [psycho-neurosis]，屬於精神疾病），抑或是早發型失智症（Dementia praecox [dementia praecox]，屬於神經疾病），得經過相當長久

時間才可望做出最終診斷。對於這類的精神病患者，早期不確定時，嘗試運用精神分析治療也能夠提供重要的資訊，直到確定診斷之後，就需要改換更適合的治療方法。

其次，把精神分析延伸到精神疾病，還有一項更主要的考量就是，在精神官能症病例，必須花費很大心力才可能從內心深處挖掘出許多事情，但是在精神疾病的病例，卻是明顯呈現在表面，任何人都能清楚看見。因此，精神分析的許多宣稱，都可以在精神疾病診療機構，獲得最理想的證實。精神分析注定要走上精神疾病觀察的路線，剩下的只是時間早晚的問題。

遠在一八九六年，我就已經能夠確認，妄想失智症（paranoider Demenz [paranoid dementia]）病例存在相同於精神官能症的病源，以及相同的情感情結。榮格認為，失智症最令人困惑的若干刻板印象，和患者的生命史（Lebensgeschichte [life-history]）有所關聯，從而提出解釋並釐清該等刻板印象。布魯勒則是展示證明，各種精神疾病都有類似精神分析在精神官能症患者身上發現的那些機制。從那時起，精神分析探索理解精神疾病的努力從未停止過。尤其在得以運用自戀的概念之後，精神分析就開始有可能跨出既有範圍，嘗試探索其他目標。其中最重要的成就，毫無疑問，就是亞伯拉罕對於各種憂鬱症（Melancholien [melancholias]）的闡明。[75] 目前，這方面的理

---

75 亞伯拉罕與佛洛伊德合作，探究各種躁狂抑鬱疾病（後來改稱躁鬱症），促成佛洛伊德撰寫德語論文〈哀悼和憂鬱症〉（Trauer

論知識還沒完全轉化爲實務之用，能否發揮治療效力也有待檢驗。但是，純理論方面的收穫不容小看，而且我們應該可以樂觀其成，迎來這些理論在實務場域的有效應用。長遠來看，即便是精神科醫生也不可能否認病例資料的強大說服力。

　　目前，德國的精神科醫學界，正在上演精神分析觀點的「和平滲透」（法語*pénétration pacifique* [peaceful penetration]）。儘管他們信誓旦旦地聲稱，永遠不會成爲精神分析師，不會加入精神分析的「正統」學派，不可能採信那些誇大其詞的主張，尤其強調絕對不相信性慾因素無所不至的影響力。然而，年輕世代的研究者大部分都已經擷取了精神分析的某些論點，以自己的方式來應用該等論點。所有跡象都顯示，未來的發展將會朝著這樣的趨勢繼續前進。

---

und Melancholie），原載於《國際精神分析期刊》（*Internationale Zeitschrift fur Psychoanalyse*），1918 年，第四卷第六期；頁 288-301。

第六講

精神分析在文學、藝術、宗教心理學的應用

現在，讓我把目光投向遠方，來看看精神分析進入法國，長期遭遇的頑抗反應徵候。法國人的批評，有些類似重演我經歷過的，不過其中還是有其獨特之處。他們反對精神分析無可置信的簡化，比方說，有人覺得，精神分析的專有術語，充滿學究味，死板又粗俗，讓感性優雅自居的法國人深感難以領教。這不免令人聯想到德國劇作家萊辛（Gotthold Ephraim Lessing, 1729-1781）創作的不朽喜劇角色，馬林尼耶的里柯騎士（Riccaut de la Marlinière）。[76]

另外，還有些評述，聽起來似乎比較嚴肅些。巴黎索邦大學的一位心理學教授就不認為，精神分析有任何低下庸俗之處會讓自己感覺紆尊降貴。**拉丁民族的守護精靈**（*Génie latin*，法國屬於拉丁民族後裔），完全沒有阻礙精神分析的思路。盎格魯薩克遜盟友更是毫無遮掩，明白表達對於精神分析的支持態度。凡是聽過如此評述的人，想必都會認為，精神分析是條頓民族（Teutonique [Teutonic]）[77]守護精靈的心肝寶貝，打從出生以來

---

76 十八世紀德國劇作家萊辛的喜劇《來自巴恩赫姆的姑娘明娜》（Minna von Barnhelm），劇中人物詼諧逗趣的法國騎士里柯，受幸運之神眷顧，牌桌上手氣有如神助。沒想到有人卻說他是耍老千，他露出不可置信的表情，用法語說道：「小姐，妳怎會說這是『耍老千』，這明明就是福星高照，天助我神機妙算，十拿九穩。你們德國人卻要說這是『耍老千』？耍老千！嗯哼，德語真有這麼詞窮，吐不出像樣的話，那就不用多說了，德語肯定是大老粗沒文化的語言囉！」
77 條頓民族，古代日耳曼民族的分支（包括：盎格魯撒克遜、法蘭克、

就牢牢捧在手心裡。

　　在法國，最初對精神分析感到興趣是人文學界的菁英。要了解何以如此，我們必須先知道，自從開始撰寫《夢的解析》以來，精神分析就已經超出純粹醫學問題的範圍。精神分析出現於德國，而後流傳到法國，在之間的這段時間裡，有不少人把精神分析跨界應用到文學和美學，還有宗教史、史前史、神話學、民俗，乃至教育學等領域，這些領域和醫學少有關聯。實際上，只在精神分析的中介之下，才和醫學連結起來。所以，我也沒有必要在這本《學思生涯自述》逐一詳加細說。[78]

　　不過，我也不能完全不予理會，因為一方面，這些有助於正確掌握精神分析的本質和價值；另一方面，我此處的任務是要呈現我畢生的工作，而精神分析在醫學以外的這些應用，大部分的開端都是源自於我的著作。專注於醫學本業之餘，有些時候，我也會東遊西蕩，寫一些醫學以外的東西，以滿足我額外的興趣。其他人，不只醫生，還有其他領域的專家學者，隨後就沿著我開啟的路線，進一步深入鑽研到有關的領域。總之，由於本書是屬於我個人的《學思生涯自述》，主要還是選擇陳述我自己在精神分析應用方面的部分，因此對於其範圍和重要性，本書只能

汪達爾、勃根地、哥特等），後世常以條頓人泛指日耳曼人及其後裔，或直接以此稱呼德國人。

[78] 我們應該記得，這本《學思生涯自述》原本是屬於《當代醫學人物學思生涯自述叢集》，由當代醫學重點人物以自傳題材撰寫。

給讀者提供不甚充分的局部粗略輪廓。

6.1 文學、藝術領域的應用

　　我逐漸體會到，伊底帕斯情結普遍存在，也給了我不少的啟示。如果選擇或發明如此曲折離奇的恐怖題材，一直是讓人捉摸不透的謎團；忧目驚心的詩劇再現效果，概括全人類的普世悲劇宿命，同樣令人惶悚難解。然而，一旦我們體認到，全面洞察人類情感的重要意涵，可以捕捉人類精神生活的普世規律性，上述的疑團也就撥雲見日，豁然可解了。命運和神諭無非是人類內在必然性的具體展現，男主角伊底帕斯在不自覺之中，犯下了違背自己意向的罪行，此等不自覺和違背己意的狀態，正是體現了犯罪傾向的**潛意識**本質。從了解此一神諭命定的悲劇，到闡明《哈姆雷特》角色的性格悲劇，只有一步之遙。

　　《哈姆雷特》問世三百年來，廣受世人讚賞，卻始終未能領悟劇中蘊藏的深意，也沒人猜透詩劇作家的創作動機。劇作家筆下創造的神經質王子，還有現實世界不計其數的其他人類也和他一樣，全都崩潰在伊底帕斯情結之下，若說這只是純屬巧合，未免太過離奇。哈姆雷特所面臨的復仇任務，正是關涉到伊底帕斯情結主題的兩項行為（譯者按：弒父和娶母），但是臨到下手之際，冥冥之中的罪惡感卻讓他手臂癱軟難以動彈。莎士比亞寫作

《哈姆雷特》的時間，是在他父親過世後不久。[79]我針對這部悲劇提出的分析建議，後來由厄尼斯特・瓊斯（Ernest Jones）著手完成了詳盡的闡論。[80]然後，奧托・蘭克（Otto Rank）也以這部悲劇爲出發點，藉以探討劇作家選擇題材的相關議題。在那本研究亂倫主題的大部頭論著《詩歌和傳說的亂倫主題》[81]，他引領讀者充分見識，想像力馳騁的劇作家如何頻繁選擇伊底帕斯困境，作爲戲劇再現的主題，並且廣泛尋索追溯該等題材在世界各

---

[79] [1935 年，佛洛伊德補注]：我想明確撤回莎士比亞是莎劇作者的這種說法。長久以來，世人一直都把這些作品歸爲史特拉福地方演員威廉・莎士比亞的名下。但是，我如今不再相信這種說法了。自從 1920 年，約翰・托馬斯・魯尼（John Thomas Looney）發表了〈莎士比亞身分辨正〉（Shakespeare Identified），我幾乎已經採信，藏身在「莎士比亞」這個化名背後的眞正作者就是，牛津第十七任伯爵愛德華・德・維爾（Edward de Vere）。

[80] 厄尼斯特・瓊斯（Ernest Jones），1910 年，〈伊底帕斯情結解釋哈姆雷特之謎：動機研究〉（The Oedipus complex as an explanation of Hamlet's mystery: A study in motive），原載於《美國心理學期刊》（The American Journal of Psychology），第二十一卷第一期，（1910 年 1 月），頁 72-113。

[81] 蘭克（Otto Rank），德文原著：1912 年，《詩歌和傳說的亂倫主題：文藝創作心理學基礎》（Das Inzest-Motiv in Dichtung und Sage: Grundzüge einer Psychologie des dichterischen Schaffens）。Leipzig: F. Deuticke。書名英譯：The Incest Motif in Poetry and Legend: Basic Features of a Psychology of Poetic Creation。

地文學的轉化變形、修飾和柔緩化。

　　從這個基礎點出發，幾乎自然而然地，就會進而嘗試去分析各種類型的藝文創作。我們可以確認，想像的天地顯然是快感原則轉向現實原則的痛苦過渡階段，建立起來的「避難所」（Schonung [sanctuary]），以便提供替代滿足，來彌補現實世界未能實現的驅力慾求。藝術家，就如同精神官能症患者一樣，從慾求未得滿足的現實世界，遁逃到幻想的天地；但是，和精神官能症患者不同的是，藝術家知道如何找到返回現實的途徑，因而能夠再度在現實世界站穩腳步。

　　藝術家的創作，亦即藝術作品（Kunstwerke [artworks]），可以讓潛意識的慾望獲得幻想的滿足（Phantasiezbefriedigungen [fantastic gratifications]），其作用就如同夢一樣。藝術作品也如同夢一樣，具有妥協的特性，也會避免和潛抑力量爆發公開的衝突。但是，相對於離群反社會（asozialen [asocial]）、自戀的夢之產物，藝術作品則是精心構築以引發觀賞者感同身受的交感共鳴投入（Anteilnahme [sympathetic involvement]），讓該等潛意識慾望衝力在他們心中活化甦醒（beleben [animate/revive]），進而提供滿足的出路。

　　除此之外，藝術作品還能利用形式美，產生知覺方面的快感（Wahrnehmungslust [perceptual pleasure]），作爲「獎勵紅利」。精神分析所能做的工作，就是找出藝術家的生命印象（Lebenseindrücke [impressions of life]）、因緣際會的命運，與其作品之間的內在關係，再根據此等內在關係，嘗試反推建構出其

精神生命的體質結構（Konstitution [constitution]）與其中運作的驅力；換言之，就是他和全人類共通的那些局部面向。

比方說，我曾以此為目標，針對達文西（Leonardo da Vinci）進行研究。[82] 我採用達文西本人回憶的童年故事，作為研究的基本材料，主要目的是想解釋他的畫作《聖母子與聖安妮》。[83] 從那之後，我的朋友和學生對藝術家及其作品進行了許多類似的精神分析研究。這樣的分析研究取得的知識並沒有因此摧毀了人們欣賞藝術作品的樂趣。外行人對於藝術作家與作品的精神分析研究，可能抱持過高期望，對於這點，我們必須承認，精神分析研究並沒能回答他們最感興趣的兩個問題。我們的分析沒有針對藝術才華的本質提出任何闡釋，也沒有著力於說明藝術家運用的創作手法或藝術技巧。

---

[82] 佛洛伊德（Sigmund Freud），德文原著論文：1910 年，〈達文西的童年回憶〉（*Eine Kindheitserinnerung des Leonardo da Vinci*），1969 年研究版（Studienausgabe）第十卷：藝術和文學特輯（Bildende Kunst und Literatur），頁 87-160。英譯本：1989 年，《Leonardo da Vinci and a Memory of His Childhood》，譯者：Alan Tyson，New York: Norton。

[83] 《聖母子與聖安妮》（義大利文標題：*Anna Metterza*），達文西的油畫，大約創作於 1508-1510 年，現藏於法國巴黎羅浮宮。描繪聖安妮、聖母瑪利亞，和出生不久的耶穌。畫中聖母瑪利亞坐在母親聖安妮的膝上；耶穌離開瑪利亞的懷抱，想要騎祭祀的羔羊；瑪利亞俯身趨前，伸手要把耶穌拉回來。

　　德國作家威廉・顏森（Wilhelm Jensen, 1837-1911）中篇小說《行走的女人》（*Gradiva* [*She Who Walks*]）[84]，我採用這篇本身雖然價值並不大的小說進行精神分析研究，[85] 以茲示範說明，作家虛構的夢也可以像真實的夢那樣進行夢的解析；換言之，造夢過程（Traumarbeit [dream work]）我們所熟知的潛意識機轉，也同樣會發生於作家的想像創意寫作過程。

　　我那本《玩笑與潛意識的關係》[86]，可說是《夢的解析》直接衍生的副產品。當時，唯一對我的研究感到興趣的朋友注意到，我做的那些夢的解析好像有種在講笑話的感覺。[87] 為了釐清這樣的印象，我開始投入研究笑話，結果發現笑話的關鍵在於

---

[84] 《行走的女人》（*Gradiva* [*She Who Walks*]），德國作家威廉・顏森（Wilhelm Jensen, 1837-1911）的中篇小說，1902 年 6 月 1 日至 7 月 20 日，連載於維也納《新自由新聞報》（Neue Freie Presse）。

[85] 佛洛伊德（Sigmund Freud），德文原著：1907 年，《威廉・顏森中篇小說《行走的女人》的幻覺與夢》（Der Wahn und die Träume in W. Jensens "Gradiva"），Wien & Leipzig: Hugo Heller& Cie.。英譯書名：*The Delusion and Dreams in W. Jensen's "Gradiva"*。

[86] 佛洛伊德（Sigmund Freud），德文原著：1905 年，《玩笑與潛意識的關係》，*Der Witz und seine Beziehung zum Unbewußten*，Leipzig und Wien: Franz Deuticke, 頁 205。英譯本：*Wit and its Relation to the Unconscious*，譯者 James Strachey。New York: Norton, 1960。

[87] 這位朋友就是威廉・弗里斯（Wilhelm Fliess, 1887-1904），柏林執業的猶太裔耳鼻喉科醫師和生物數學家，弗里斯與佛洛伊德長年頻繁通信和「兩人大會」，發展出過從甚密的情誼。

其中運用的技法,而且和「造夢過程」運用的手法,基本上是相同的,包括:濃縮、錯位、反喻講反話、諧謔調侃等等。緊接著,這又促成了有關笑話的經濟學探究,亦即探查源頭找出笑話之所以讓聽者獲得高度樂趣的關鍵來源。而研究結果找到的答案就是,笑話透過提供快感前金(Lustprämie [pleasure premium],亦即*前戲的快感*(*fore-pleasure* [*Vorlust*])),吸引聽者注意力轉移開來,從而暫時停止了維持潛抑作用所需消耗的心理能量。

6.2 宗教心理學

就我個人來看,我對自己在宗教心理學的貢獻,評價來得更高些。這方面的研究始於一九〇七年,首先確立了宗教活動(或儀式)和強迫行為(Zwangshandlungen [compulsive acts])之間有著驚人的相似度。當時,在尚未理解箇中深層關聯之下,我寫下如後描述:強迫型精神官能症(Zwangsneurose [obsessional neurosis];簡稱強迫症)是一種扭曲變相的個人宗教,而宗教則是一種廣泛性的強迫症。後來,一九一二年,榮格提出強有力的論證指出,精神官能症患者和原始人的心智產物存在廣泛的相似性,這也促使我開始把注意力轉向這方面的研究主題。

一九一二到一九一三年間,我寫了四篇文章,後來集結成

冊出版，書名：《圖騰與禁忌》[88]，我在文中解釋，原始部族對於亂倫的恐懼程度，比起文明社會尤有過之，並且因應產生了非常特殊的防範措施。我也檢視了禁忌戒律（Tabuverbote [taboo-prohibitions]，人類社會最早出現的道德戒律形式）和情感矛盾的糾葛難解關係。我發現，原始部族宇宙觀主張泛靈論（Animismus [animism]），高估了精神現實（seelischen Realität [psychic reality]）的原則，還有「宇宙萬物皆有思考的能力」（Allmacht der Gedanken [omnipotence of thinking]），而這也是巫術的起源所在。我還把這些探究發現拿來與強迫症的所有環節，進行全面的對照比較，結果顯示，關於原始部族精神生活的諸多假說，其中有相當多數，仍然在當前光怪陸離的各種情感障礙發揮極大的作用。

　　不過，這當中最吸引我的，還是圖騰崇拜（Totemismus [totemism]），這是原始部落最早的組織體制。在圖騰崇拜制度之下，連結出現了鴻蒙初辟的社會秩序和初見端倪的原始宗教，再加上少數幾條不容寬貸的禁忌戒律。所有部落都一樣，

---

[88] 佛洛伊德（Sigmund Freud），德文原著：1913 年，《圖騰與禁忌：原始人與精神官能症患者精神生活的若干相似點》（*Totem und Tabu. Einige Übereinstimmungen im Seelenleben der Wilden und der Neurotiker*），Leipzig und Wien: H. Heller & Cie，頁 149。英譯本：1918 年，*Totem and Taboo: Resemblances between the Psychic Life of Savages and Neurotics*，譯者 A. A. Brill。New York: Moffat Yard & Co.。

備受「尊崇」的存有者（Das »verehrte« Wesen [the "revered" being]）總是某種特定的動物，而且各部落的所有氏族（Clan [clan]）全都宣稱是其所屬圖騰動物的後裔。許多跡象都指向支持相同的結論，那就是，人類所有的種族，即便是最文明的種族，都有經歷過圖騰崇拜制度的歷史階段。

　　在這方面的研究，我主要的參考文獻是弗雷澤（J. G. Frazer, 1854-1941）[89]的幾本名著：《圖騰崇拜與異族通婚》[90]、《金枝》[91]。這些珍貴的寶典，彙集了無數極富價值的史料和洞見。不過，弗雷澤對於圖騰問題的澄清，並沒有太大助益，而且他還有好幾次徹底改變自己的看法，至於其他的民族學家和史前史學者，各家看法分歧不一，似乎未有定見。

　　首先，我是注意到，圖騰制度兩大禁忌戒律（禁止殺害圖騰靈獸，以及禁止和相同圖騰氏族的女子發生性關係），和伊底帕

---

[89] 詹姆斯‧喬治‧弗雷澤（James George Frazer, 1854-1941），蘇格蘭社會人類學家、神話學和比較宗教學的先驅。

[90] 弗雷澤（James George Frazer），英文原著：1910 年，《圖騰崇拜與異族通婚：關於某些早期形式的迷信和社會之論文》（Totemism and Exogamy: a Treatise on Certain Early Forms of Superstition and Society），四卷。London, Macmillan。

[91] 弗雷澤（James George Frazer），英文原著：1890 年，首版，《金枝：比較宗教研究》（*The Golden Bough: A Study in Comparative Religion*），上、下兩卷，London: Macmillan。1900 年，第二版改書名：《金枝：巫術與宗教之研究》（*The Golden Bough: A Study in Magic and Religion*）上、中、下三卷。

斯情結兩大元素（擺脫或消滅父親，以及娶母親爲妻），這兩方面之間存在驚人的相互對應關係。如此驚人的發現，促使我嘗試把圖騰靈獸對比爲父親；而實際上，原始部族也的確有如此的習俗，他們根本就把圖騰靈獸遵奉爲氏族共同始祖。

其次，是來自精神分析獲致的兩項事實，提供了推動我進一步研究的助力。一是費倫齊正巧做了一個孩童的觀察，很幸運地，觀察結果容許我們得以提出討論「圖騰崇拜在幼童時期的再現」。另一事實是關於孩童早年動物恐懼症（Tierphobien [animal phobias]）的分析，此等分析結果往往顯示，孩童所害怕的動物可能就是代表父親，源自於伊底帕斯情結的對父親的恐懼，父親的位置由動物取代置換，成爲恐懼的對象。綜合上述各點，只差一點點，我幾乎就能夠確認，弒父（Vatertötung [parricide]）是圖騰制度的核心，也是宗教形成的起點。

我所欠缺的要素，等到我熟讀史密斯（W. Robertson Smith, 1846-1894）[92] 的《閃族的宗教講稿》[93]，逐一獲得補足。史密

---

[92] 威廉‧羅伯遜‧史密斯（William Robertson Smith, 1846-1894），蘇格蘭閃族研究學者、東方語文學者，《舊約》學者，比較宗教學和社會人類學者，劍橋大學基督學院院士與阿拉伯語教授、蘇格蘭自由教會牧師。《大英百科全書》編輯與撰稿人。著有宗教比較研究基礎經典《閃族的宗教講稿》。

[93] 史密斯（W. Robertson Smith），英文原著：1889 年，《閃族的宗教講稿》（*Lectures on the Religion of the Semites: First Series. The Fundamental Institutions*）。New York: D. Appleton & Company。

斯才華洋溢，既是物理學家，又是聖經研究專家。這本書介紹了所謂的圖騰盛宴（Totemmahlzeit [totem feast]），認為是圖騰宗教的重要元素。在一年舉辦一次的圖騰盛宴期間，氏族全體成員出席，在莊嚴肅穆的儀式中，將平日備受尊崇、神聖不可侵犯的圖騰靈獸宰殺，大家分食而空，然後哀悼致敬，結束之後就展開盛大的狂歡慶典活動。後來，我進一步斟酌達爾文的臆測，他設想人類最初是群聚而居，每個族群由一位威猛、跋扈又善妒的男人統治。

在這些元素的基礎之上，我腦海浮現如後的假說（又或者，我寧可說是一種靈視（Vision [vision]））：

　　　原始部族的統治者（父親（Vater [father]），由於一人擁有不受限制的獨裁權力，所以獨享部族內的所有女人，為了防患兒子成為潛在威脅的情敵，所以心狠手毒驅逐斬殺，以除心頭大患。

　　　然而，有一天，兒子們聯手推翻了既痛恨又景仰的父親，把他殺死吃掉。事發之後，兄弟鬩牆，爭權奪利相持不下，誰也無法順利繼承亡父留下的權位。挫敗、懊悔幾經波折之後，終而學會彼此妥協，達成協議，設立氏族兄弟共同遵守的圖騰規約，以防止前述情事歷史重演。

　　　此外，他們還聯合聲明，放棄對那些當初引發他們弒父的女人之占有權。如此一來，只好另謀發展，找

尋氏族以外的女人；由此可見，異族通婚（Exogamie [exogamy]）的起源和圖騰制度有著密切關聯。圖騰盛宴就是紀念此等讓人類自覺罪孽深重（原罪（Erbsünde [original sin]））的獸性駭人事件；同時，也是社會組織、宗教、倫理規範的濫觴事件。

不論是否接受，人類歷史上究竟有無發生過前述的可能事件，我們都無法不正視，宗教最初形成的根源就在於父親情結（Vaterkomplexes [father complex]），以及父親情結當中的主導元素矛盾情感。當圖騰靈獸替代父親的地位失落了，這位讓人充滿矛盾情感，既畏懼憎恨又尊崇仰慕的氏族史祖（Urvater [Forefather]），就轉化變成神的原型（Vorbild [prototype]）。

兒子對父親的反抗叛逆，還有矛盾情感的掙扎，歷經無以數計的折衝妥協：一方面，冀求弒父（Vatermordes [parricide]）罪愆得以獲得救贖；另一方面，期望能夠鞏固從弒父之舉獲取的利益。這種關於宗教的概念觀點，特別有助於我們看清楚基督信仰在心理層面的基礎。附帶一提，基督信仰的聖餐禮儀（Kommunion [communion]），就保留了圖騰盛宴的核心要素，只是形式細節上略微有些轉變。在這兒，我想明確指出，前述關於圖騰盛宴和聖餐禮儀傳承關係的確認，並不是我個人首創的發現，而是早在羅伯遜・史密斯和弗雷澤的著作，就可找到相關論述。

心理學家雷克（Theodor Reik, 1888-1969）[94]，和民族學家羅海姆（Géza Róheim, 1891-1953）[95]，擷取了我在《圖騰和禁忌》書中的若干想法，在他們多篇值得注目的論著中，融合各自專業領域，加以連結、擴展、深化和修正。我自己後來研究「潛意識的罪惡感」，這在精神官能症患者心理折磨背後的動機當中，也扮演重要角色（1923年，《自我與本我》），以及探索社會心理和個人心理之間的關係（1921年，《群體心理學與自我分析》），也屢次回頭重新檢視《圖騰和禁忌》的材料。此外，我還把人類進化過程中，原始部落時代流傳下來的此等古老觀念，應用來解釋人類的可催眠性（Hypnotisierbarkeit [hypnotizability]）。

---

[94] 西奧多·雷克（Theodor Reik, 1888-1969），出生奧地利的美國非醫師身分的精神分析師先驅，維也納大學心理學博士，曾前往維也納接受佛洛伊德的首批學生培訓。1948年，在紐約市創立「全國精神分析心理學協會」（National Psychological Association for Psychoanalysis），提供培訓教育給醫學、社工、心理學以及人文學科畢業生。

[95] 蓋薩·羅海姆（Géza Róheim, 1891-1953），匈牙利精神分析學家、人類學家[民族學領域]。精神分析人類學領域的奠基人，首位接受精神分析訓練的人類學家投入田野研究，後來發展建立普通文化理論。

6.3　神話領域的應用

　　精神分析在某些其他領域的應用，儘管也很有價值，並且引發廣泛的興趣，然而我直接參與的並不多。個別精神官能症患者的幻覺妄想，和民族集體想像創造的神話（Mythen [myths]）、傳奇（Sagen [legends]）、神鬼奇譚（Märchen [fairy tales]），之間存在著一條綿延寬廣大道。神話學（Mythologie [mythology]）成為奧托・蘭克（Otto Rank）的專精領域。這方面的研究，包括對神話進行詮釋，追溯神話和精神分析熟悉的幼兒潛意識情結之間的緊密關聯，透過發掘神話背後的人類動機來取代闡明超自然的神靈玄說（astraler Erklärungen [astral declarations]），這些成果很大一部分都是歸功於蘭克把精神分析運用到神話的研究。

　　象徵主義（Symbolik [symbolism]）的主題研究，也可以找到精神分析圈子的許多同好。象徵主義給精神分析招來不少敵人。有些心思拘泥古板的研究者，始終無法容忍隨著夢的解析而確認的象徵主義。但是，把象徵主義的發現歸咎於精神分析，根本就是莫須有的罪名，因為在其他領域（例如：民俗故事、傳奇、神話等），早就對象徵的使用知之甚詳，而且象徵在這些領域所扮演的角色，更是遠比在《夢的語言》[96]來得更重大。

---

96 威廉・史德凱（Wilhelm Stekel, 1868-1940），德文原著：1911
　　年，初版，《夢的語言：病人和健康心靈的夢之解析和象徵

6.4　教育學的應用

　　關於精神分析法在教育學（Pädagogik [pedagogy]）的應用，我個人雖然沒有半點貢獻，不過精神分析對於孩童性生活和心理發展的探究，自然而然吸引來教育學家的注意，容許他們透過新的眼光，去檢視教育工作的問題。其中最突出的當屬蘇黎世的新教路德會牧師，奧斯卡・費斯特博士（Dr. Oskar Pfister, 1873-1956），他是這方面的開路先鋒，潛心進修推廣教育領域的精神分析，孜孜不倦，義無反顧。對他而言，專心致志於精神分析的實踐，和虔誠篤行宗教信仰，兩者之間毫無衝突違和，而且無庸置疑，如此的修練實踐，確實有一種昇華的宗教感。

　　另外，還有維也納的赫格赫爾穆斯博士（Dr. Hug-Hellmuth, 1871-1924）[97]、伯恩菲爾德博士（Dr. S. Bernfeld, 1892-

---

主義的關係探究，供醫生和心理學家參考》（*Die Sprache des Traumes. Eine Darstellung der Symbolik und Deutung des Traumes in ihren Beziehungen zur kranken und gesunden Seele für Ärzte und Psychologen*）。Wiesbaden: J.F. Bergmann；英譯本：1922 年，*The Language of Dreams*。譯者：James S Van Teslaar, Boston: R. G. Badger。

[97] 赫敏・赫格赫爾穆斯（Hermine Hug-Hellmuth, 1871-1924），奧地利兒童精神分析學家。她的理論研究和實務工作啟發了安娜・佛洛伊德（Anna Freud）、梅蘭妮・克萊恩（Melanie Klein）等人。

1953）⁹⁸，以及其他許多人。⁹⁹精神分析應用於健康孩童的預防教養，以及用來矯治心理發展稍有偏離常態但未達精神官能症的孩童，都已取得顯著的實務成效。目前，已經不再可能把精神分析的應用侷限於醫生，而將其他人士排除在外。事實上，醫生就算領有醫療專業證照，若是沒有受過專門訓練，要想從事精神分析恐怕也是門外漢。相對地，非醫學領域的人士，透過適當的培訓，再配合適時的醫生諮詢輔助，也足以執行對孩童和精神官能症患者的精神分析介入處遇。

精神分析發展至今，在逆流衝擊，抗拒無濟於事的趨勢下，「精神分析」這個字詞也演變出含糊分歧的多重語意。最初，精神分析是指一種特定的治療程序之名稱，而今則演變成爲專門探究潛意識心理歷程的科學。一方面，這門科學很少能獨當一面，對於某一問題提出全面而徹底的解答；但是，另一方面，似乎又注定要對包羅萬象的智識領域，做出最重大的貢獻。如今，精神分析的應用範圍之廣，幾乎就和心理學的應用一樣廣泛，並且給心理學的發展注入強大的輔助動力，使其應用範

---

98 齊格菲‧伯恩菲爾德（Siegfried Bernfeld, 1892-1953），出身烏克蘭的猶太裔奧地利心理學家和教育家，致力研究推廣精神分析和教育理論的融合。

99 [1935 年，佛洛伊德補注]：本書自付梓以來，兒童精神分析方面的研究和實務，已取得長足進展，其中主要的推動人物，包括：梅蘭妮‧克萊恩，以及我女兒安娜‧佛洛伊德。

圍持續擴展。

　　如今回顧我畢生心血的大雜燴工作，我可以說，我為許多創新發展做出了開啟先河的開端工作，也提出不少建議，未來應該會有後起之秀接續開枝散葉，至於開啟的新頁範圍寬窄，影響大小，那就不是我在這兒所能預知斷言。總之，我希望我的工作已經開啟一條大道，迎來人類知識重大新章。

後記 （一九三五年）

　　就我所知，《當代醫學人物學思生涯自述叢集》的編者，當初應該沒有料到，時隔多年之後，居然會有作者寫出續集來。所以，不無可能，眼前的這篇後記，正是這叢集當中首見的天外飛來之筆。我之所以會補寫這篇後記，是由於美國一家出版社邀約，計畫重新編輯以新版的面貌發行單行本，推介給美國讀者。我這些文稿首度在美國出版是在一九二七年，當時是由紐約市布倫塔諾獨立書局（Brentano's）出版，這六篇文章英文標題統稱《學思生涯自述》（*An Autobiographical Study*）。不過，當時由於陰錯陽差，以同書收錄的另一部文章的標題作為書名：《非醫科精神分析的問題》（*The Problem of Lay Analyses*）[100]，在名不副實的書名誤導之下，上市之後，果然淹沒在茫茫書海，連帶這六篇文章也就乏人問津。

　　這部作品裡，有兩條主軸貫穿全文：一條主軸，是我的人生機緣際遇；另一條主軸，則是精神分析發展的歷史，這兩條主軸千絲萬縷，交織串連，密不可分。這部《學思生涯自述》展述我的生平自述與精神分析簡史，鋪敘展衍精神分析如何成為我人生的重心；而且順理成章可以清楚看出，撇開我和這門科學的關係不談，我個人平淡無趣的人生經歷，實在沒有特別值得關注之處。

---

[100] 佛洛伊德（Sigmund Freud），英譯本：1927 年，《非醫科精神分析的問題》（*The Problem of Lay Analyses*），譯者：Albrecht Paul Maerker-Branden & James Strachey, New York: Brentano's。

　　在我執筆寫作這部《學思生涯自述》之前不久，飽受沉痾復發之苦，一度還以為即將不久人世。一九二三年，幸得外科醫生回生有術，救我一命，儘管大小病痛仍然時而發作，但總算保住一息尚存，得以繼續未竟志業。從那時起，十餘年之間，我不曾間斷精神分析的工作，也持續致力於著作出版。德文版的《佛洛伊德全集》十二卷（維也納：「國際精神分析出版社」出版）[101]，就是這時期的心血結晶。在此同時，我發現自己有了重大的轉變。過去，摸索發展過程中，糾結不清的千頭萬緒，如今開始變得條分縷析；後期陸續追逐的許多興趣逐漸消退，早年最初的興趣又重新由淡轉濃。雖然，在最近十年間，我確實投入完成了若干重要的精神分析工作，譬如：我在《抑制、症狀和焦慮》[102]，對焦慮（Angst [anxiety]）問題提出了修正。或是經過一年的努力之後，終於在一九二七年，針對性「拜物癖」（sexuellen »Fetischismus« [sexual "fetishism"]），融會貫通而推導出更精進圓滿的闡述。

　　然而，我也得承認，一九二〇年代初期，我提出兩種驅力

[101] 佛洛伊德（Sigmund Freud），德文原著：1924-1929 年，《佛洛伊德全集》（*Gesammelten Schriften*），第一卷至第十二卷。Leipzig, Wien, Zürich: Internationaler Psychoanalytischer Verlag。

[102] 佛洛伊德（Sigmund Freud），德文原著：1926 年，《抑制、症狀和焦慮》（*Hemmung, Symptom und Angst*），Wien: Internationaler Psychoanalytischer Verlag。英譯本：1936 年，*Inhibitions, Symptoms and Anxiety*，譯者 Alix Strachey, London: Hogarth Press。

的假說（生之驅力vs.死之驅力），以及一九二三年，把精神人格（psychischen Persönlichkeit [psychic personality]）畫分為自我（Ich [ego]）、超我（Über-Ich [superego]）、本我（Es [id]）三種組織結構，從那時以後，我對於精神分析的進一步發展，沒有做出任何決定性的貢獻。可以說，這段時期，我所寫的有關精神分析主題的著述，即便忽略不予理會，也不至於有任何傷害。再不然，也很快就會有其他人提出類似的論述。這種狀況和我本身的一種轉變很有關係，不妨可以稱為我的逆行發展斷裂期（Stück regressiver Entwicklung [regressive development break]）。

我這一輩子興趣一再繞圈子，徘徊於自然科學、醫學、心理治療之間，繞了一大圈，最後又回返到早年童蒙未開，思考之道似懂未懂，就已深深著迷、流連忘返的文化問題。話說回來，早在一九一二年，我的精神分析工作處於巔峰階段，我就已經在《圖騰與禁忌》書中，嘗試應用精神分析發現的最新洞見，去探討宗教和道德的起源問題。在我後來的兩部著作，一九二七年的《虛幻的未來》[103]，以及一九三○年的《文明及其不滿者》[104]，延續這方面的工作，推往更遠的舞臺。我愈來愈清楚

---

[103] 佛洛伊德（Sigmund Freud），德文原著：1927 年，《虛幻的未來》（*Die Zukunft einer Illusion*），Leipzig, Wien, Zürich: Internationaler Psychoanalytischer Verlag；英譯本：1928 年，*The Future of an Illusion*，譯者：W.D. Robson-Scott, London: Hogarth Press。

[104] 佛洛伊德（Sigmund Freud），德文原著：1930 年，《文明及其

領悟到歷史事件、人類本性、文明演進，以及洪荒初民經驗沉積，這多方交互穿透的作用，而其中最突出的代表範例就是宗教，在在都反映出自我、本我、超我之間的心理動力衝突。換言之，精神分析在個人層次的研究揭顯的相同歷程，搬到更寬廣的舞臺重複上演。在《虛幻的未來》，我對宗教大致是給予負面的評價；後來，我發現另外一種說法，對於宗教應該比較公允恰當：承認宗教的力量存在於它所包含的真理（譯者按：換言之，不再堅持先前所認為，宗教的力量出於虛而無實的幻想），不過該等真理並不是物質方面的真理，而是歷史方面的真理。

這些研究雖然都從精神分析出發，但外展的觸角遠遠超出精神分析的範圍，而且相較於精神分析本身，似乎吸引更多讀者的關注與回響。或許是這樣的緣故，曾經短暫出現一種虛幻的想法，認為我已躋身名家大師之林，德意志泱泱大國的子民都該好好拜讀領教。那是一九二九年的事，家喻戶曉的德意志民族代言人湯瑪斯·曼（Thomas Mann, 1875-1955），盛情揮灑雋永文筆，將我拱上現代思潮發展史的一席之地。[105] 其後不久，

不滿者》（*Das Unbehagen in der Kultur*），Wien: Internationaler Psychoanalytischer Verlag，頁 136。英譯本：1939 年，*Civilization and its Discontents*，譯者：Joan Riviere，London: Hogarth。

[105] 湯瑪斯·曼（Thomas Mann），德文原著：1936 年，《佛洛伊德與未來》（*Freud und die Zukunft*），Wien: Bermann-Fischer。

一九三○年，我榮獲歌德獎（Goethepreis [Goethe Prize]）[106]，女兒安娜代表出席領獎，典禮於梅茵河畔法蘭克福市政廳舉辦，儀式莊嚴隆重，備感尊榮，這是我布爾喬亞公民生活的巔峰年代。不久之後，祖國（奧匈帝國解體後的奧地利）江河日下，這個國家（納粹掌權後的德國）也就不再把我們看在眼裡了。

關於我的生平，或許可以容許我到此為止，給這部《學思生涯自述》畫上終點。讀者大眾實在沒必要，也沒有權利知道，更多有關我個人生平大小事蹟，像是我的奮鬥掙扎、失意成功等等。我想，相較於許多作家寫給當代或後世的自傳內容，我在若干著述，譬如：《夢的解析》、《日常生活的精神病理學》等等，開誠布公的程度應該是有過之而無不及。不過，這樣直言不諱的寫法也時而落得裡外不是人，從我個人的經驗來看，實在不好奉勸大家也向我看齊。

最後，我想再補充幾句，簡短談談精神分析在過去十年間

---

[106] 歌德獎（Goethepreis der Stadt Frankfurt [The Goethe Prize of the City of Frankfurt]），德國法蘭克福市頒發的歌德獎，1927 年設立，宗旨在於表彰榮耀德國作家歌德的藝文科學創意人物，並不限制只有德國作家方能得獎。歷代得獎者包括：亞伯特・史懷哲、馬克斯・普朗克、卡爾・亞斯培、托馬斯・曼、喬治・盧卡奇（匈牙利）、英格瑪・伯格曼（瑞典）、雷蒙・阿隆（法國）、維絲拉娃・辛波絲卡（波蘭）、阿摩司・奧茲（以色列）、碧娜・包許、阿多尼斯（敘利亞）、德澤瓦德・卡拉哈桑（波士尼亞與赫塞哥維納）等。

的情形。時至今日，應該不會有人再懷疑，精神分析將會繼續
存在，因為事實已經證明，不論是作為學識的分支，或是治
療的方法，精神分析都擁有充沛的存活能力（Lebens-fähigkeit
[viability]）和發展潛力（Entwicklungs-fähigkeit [development
potential]）。支持者人數成長相當可觀，組織而成的「國際精神
分析學會」日益壯大。早期，在各地區紛紛成立了許多精神分析
學會，包括：維也納、柏林、布達佩斯、倫敦、荷蘭、瑞士。後
來，又陸續增添了巴黎、加爾各答的學會，日本有兩個學會，美
國也成立好幾個分會。最近，在耶路撒冷和南非，也各自設立學
會，而北歐則有兩個學會相繼成立。

　　這些區域型的精神分析學會，各自籌募營運經費，設置研習
機構，有些學會尚在籌辦過程中。研習課程採用統一規格，講授
精神分析實務課題；另外也開辦精神分析門診，由歷練豐富的精
神分析師和學生，對經濟拮据的患者施以免費治療。每兩年，國
際精神分析學會召開會員大會，議程包括：專題演講、論文發
表，並討論決定組織方面的議題。第十三屆大會，一九三四年在
瑞士琉森（Lucerne）召開，我本人因故不克與會。這屆大會，
在全體會員一致認同的核心旨趣之下，也開展出豐富多樣的追求
目標：

　　在理論方面，有些把重點擺在澄清和深化，心理學研究的發
現成果或洞視；有些則是致力於維持，精神分析和內科、精神科
等醫學領域的連結關係。

　　在實務方面，有些精神分析人士把目標設定在促成精神分析

獲得大學承認，以及納入醫學院的正式課程；另外，有些人則是滿足於留在學院體制外，致力於教育推廣和應用，並且樂於見到一般民眾終能體會精神分析在其他領域的重要性，毫不亞於醫學領域。儘管三不五時，就會出現某些精神分析工作者，全面否定其他所有同行的觀點，試圖推出一家之言的精神分析洞見或觀點，結果多半落得孤掌難鳴的窘境。但是整體而言，精神分析學給人的印象是令人欣然滿意的，它已是公認達到高水準嚴肅而認真的智識工作。

第二部　活的神話：佛洛伊德的科學藝術

創化與神性、人性光影

歌德獎得獎致詞：歌德法蘭克福故居講稿

Ansprache im Frankfurter Goethehaus [107]

佛洛伊德

歌德法蘭克福故居

一九三○年八月二十三日

佛洛伊德（Sigmund Freud），德文原著：一九三○年，〈歌德獎得獎致詞：歌德法蘭克福故居講稿〉（Ansprache im Frankfurter Goethehaus）。

　　我這一生工作目標主要聚焦於：觀察心理疾病和健康者，在心理機能方面的幽隱騷動，試著從箇中跡象推論（如果你偏好，也可以說那是猜測），心理裝置如何建構以發揮該等性能，以及存在哪些力量聯合運作或相互對立。我們，包括師長、朋友、同僚和我自己，這一路走來學到的東西，對於精神科學的建構相當重要，使吾人有可能理解，不論心理正常或心理病態，其發展都屬於相同自然歷程的一部分。

　　我頗感意外，你們把歌德獎頒給我，這也讓我反思其中是否有什麼相關考量。這項榮銜，讓人心中浮現這位博學多才的大師，他出生在這座宅院，在此度過童年歲月，自然也會促使我必須證明自己足以承擔此等殊榮。在此，我提出一個問題：如果歌德的關注眼光投向精神分析，如同他投入每一項科學創新那樣，他可能會有如何的反應呢？

　　歌德的多才多藝，足以媲美文藝復興大師達文西。如同達文西一樣，歌德既是藝術家，也是科學探究者。但是，人類的形象永遠不可能重複，而且兩位大師之間確實存在重大差異。在達文西身上，科學家和藝術家兩種角色沒能相處融洽，而是前者對後者多所扞格，甚而顛仆受阻。在歌德方面，科學家和藝術家兩者角色則是和諧共融，輪流站上主導地位。在達文西身上，我們可以看見，他的心理騷動，可以歸結到他在情慾乃至興趣受到抑制。至於歌德的科學家—藝術家角色發展，則相對比較自由。

　　我認為，歌德不會像我們許多當代人那樣，以不友善的態度，拒斥精神分析。他早就接近觸及了精神分析的若干面向，而

且也憑著一己之力辨識出我們後來探索確認的若干要點。我們飽受批評、嘲諷的若干觀點，在他來看，其實都是不證自明的至理。所以，我們可以說，關於人類最初情感鍊結無以倫比的力量，他早就知之甚稔。在《浮士德》的獻詞，就可以看到他對這方面的讚美，我們每一次的精神分析，都可以重複用上此等讚美之詞：

Ihr naht euch wieder，schwankende Gestalten,

Die früh sich einst dem trüben Blick gezeigt.

Versuch' ich wohl，euch diesmal festzuhalten

你再次臨近了嗎，飄忽不定的身影

早年，曾在我迷濛雙眸現身

今番，可否容我擁你入懷？

……

Gleich einer alten，halbverklungnen Sage

Kommt erste Lieb' und Freundschaft mit herauf.

恍若古老傳說，淹沒已半

最初的愛戀情誼，再次與我遇合。

他寫給愛人的書簡，「噢，遙遠的前世，你必定是／我妻，我姊！」[108]字裡行間，熾烈激情的聲聲呼喚，道出成年男

---

[108] 這段文字摘錄自歌德寫給史坦因夫人的情書：「Ach, du warst in

子最濃烈的愛慾衝動。

　　由此看來，他沒有否認千秋不移的愛戀初心，情牽悸動的對象就是取諸家人[母親、姊妹]。歌德以饒富畫面意境的詩句，描繪夢境生命（Traumlebens [dream life]）的內蘊：

Was von Menschen nicht gewußt

Oder nicht bedacht,

Durch das Labyrinth der Brust

Wandelt in der Nacht.

無人知曉之域

思識未至，

穿越胸臆迷宮

漫遊入夜。

---

abgelebten Zeiten/Mine Schwester oder meine Frau.」，英譯：「Oh, in some far off time, you must/Have been my wife, been a sister to me.」。收錄於柏林版《歌德詩歌全集》第二卷（Berliner Ausgabe. Poetische Werke [Band 1-16], Band 2, Berlin ff, S. 75-76, 210-212）。夏洛特・馮・史坦因夫人（Charlotte von Stein, 1742-1827），威瑪宮廷的女官，兩人初遇時，史坦因夫人已婚、年長歌德七歲。這段姐弟戀持續十餘年，書信往來頻繁，歌德總共寫了一千五百多封。歌德還曾把史坦因夫人的愛子弗里茨（Fritz，時年十一歲），帶回家教養，視如己出。歌德曾說，史坦因夫人對他的影響如同莎士比亞的著作。但如母親般的情人關心太切，也常讓歌德感到喘不過氣。

歌德，《致月亮》（*An den Mond* [*To the Moon*]）[109]

在這夢境的魔魅詩句背後，我們可以察覺，亞里斯多德流傳千古的至理名言，夢是精神活動在睡眠狀態的延伸展現，並且融合了後來精神分析確認補充的潛意識首創概念。不過，在歌德那兒，夢的扭曲變形〔偽裝〕仍是未解的謎團。

在歌德的所有作品當中，歌頌人性的詩劇，最崇高的可能是《在陶里斯的伊菲革涅亞》（*Iphigenie auf Tauris*[*Iphigenie in Tauris*]）。在這部劇作，歌德向我們展現驚天地泣鬼神的救贖（Entsühnung [atonemen]）故事。飽受精神折磨的心靈，從罪惡感的重擔解放出來。在歌德感天動地的文筆之下，劇中人物經由人性關愛的投入犧牲，在其良性影響力的驅動之下，催化出凡人情慾的激烈爆發，從而實現此等宣洩作用（Katharsis [catharsis]）。

事實上，在現實人生當中，歌德就有多次提供心理協助的嘗試，例如：在通信當中提及的可憐人克拉夫特，以及自傳作品《法蘭西戰役》（*Die Campagne in Frankreich* [*The Campaign in France*]）[110]書中談到的普拉辛教授。他運用的程序，不止步於

---

[109] 歌德（Johann Wolfgang von Goethe），1789 年，《致月亮》（*An den Mond*），Leipzig: G. J. Göschen。英譯篇名：*To the Moon*。

[110] 歌德（Johann Wolfgang von Goethe），1792 年，《法蘭西戰役》（*Die Campagne in Frankreich*），收錄於漢堡版《歌德全集》第

天主教徒的告解（Beichte [confession]，懺悔、修和），並且在
若干重要細節方面，頗為近似我們精神分析採用的程序。

　　這兒，讓我分享個例子，詳細說明歌德如何透過詼諧玩笑
（這可能是歌德比較鮮為人知的個人特色），來發揮心理療癒的
效力，以下文字摘錄自歌德寫給史坦因夫人的書信（編號1444，
1785年9月5日）：

> 昨晚，我玩了個心理小把戲。在喀斯巴德發生那件不愉
> 快的事情之後，賀德夫人老是疑神疑鬼，總覺得病痛不
> 斷，尤其同住的女室友，更是讓她渾身不對勁。我讓她
> 把事情的經過細說從頭，像進行告解那樣，包括哪些是
> 別人的錯，哪些又是她自己的錯，還有前因後果所有細
> 節。等她終於講完了，我開玩笑的說，所有問題現在都
> 處理完畢了，全給扔進海底。她自己也跟著開了個玩
> 笑，那些病痛就全都不藥而癒了。

　　對於厄洛斯（Eros，情慾本能驅力），歌德向來總是給予極
高評價，從沒想要設法限縮其力量，而是順其原始本然，甚至縱
情率性，無所羈束。而且他對於情慾本能驅力的率真表達，投注
的用心關注程度，絲毫不亞於那些高度昇華的表達途徑。

　　十卷（*Goethes Werke*. Hamburger Ausgabe in 14 Bänden. Band 10，
Hamburg 1948 ff）。英譯書名：*The Campaign in France*。

　　在我看來，歌德在情慾本能和昇華之間，透過窮盡所有面
向的表現，完整闡明兩方面的本質統一，其果決用力之深，
遙遙呼應柏拉圖。事實上，歌德在小說《選擇親緣》（*Die
Wahlverwandtschaften* [*The Elective Affinities*]）[111]，就是把化學領
域的「親和性」概念，應用來處理愛情的主題。這種連結可能不
只是偶然巧合，而且精神分析也見證了確實有如此連結存在。

　　我已經做好心理準備，有人可能會譴責我不過區區一名精神
分析師，如何有幸高攀歌德獎殊榮，居然還妄自尊大把歌德大師
降格為精神分析對象，如此失禮冒犯，實在大不敬。其實，這可
能誤解了我的本意。緊接著，就讓我來試著釐清，我如此作法為
何沒有隱含絲毫降格貶抑的不敬意圖。

　　我們所有仰慕歌德的人，對於歷來傳記家修纂的歌德傳
記，大抵都能安然接受，而沒有抗議。這些傳記家盡心致力，希
冀能夠從既存的報導和紀錄，重建歌德生平。然而，此等傳記能
給我們帶來什麼呢？即使是最優秀、最完整的傳記，也無法回答

---

[111] 歌德（Johann Wolfgang von Goethe），1809 年，《選擇親緣》（*Die
　　 Wahlverwandtschaften*）上下冊，Tübingen: Cotta'sche。英譯書名：
　　 The Elective Affinities。德語「*Wahlverwandtschaften*」的直譯是
　　 「elective kinships」，是人類學或民族學的「選擇性親緣」，意思
　　 是指人們基於彼此心理或精神本質近似，相互吸引，而選擇結合成
　　 為家人或親屬，有別於基於血緣關係的傳統親屬。類似化學親和性
　　 的概念（chemical affinity），不同化學物質族群由於電子特性相近
　　 相互吸引，而組成化合物；後來，被自由能的概念取代。

兩個值得了解的問題。

傳統寫法的傳記，無法提供可靠的解謎線索，無從探究傳記主人翁如何取得使其成為藝術家的天賦異稟才華；也無助於我們理解其作品的價值和影響。不過，毫無疑問，這樣的傳記確實能夠滿足我們的某些強烈需求。關於這一點，只要看看，史料文獻殘缺不全，沒能滿足這方面需求的時候，我們會感到多麼苦惱，就可以清楚見證這類傳記不容忽視的價值。

在這兒，讓我分享一個例子，就是莎士比亞。我們至今仍然未能確認，所謂莎士比亞喜劇、悲劇和十四行詩的真正作者究竟是何許人也。無可否認，這樁不得其解的懸案真是叫人難堪至極。事實上，我們依然無從確認，這些作品的作者本尊，究竟是出身史特拉福小鎮（Stratford）的小資產之家，沒受過良好教育，浪跡倫敦高不成低不就的小演員？抑或是沒落貴族的書香世家子弟，風流倜儻，豪放不羈，牛津第十七任伯爵愛德華‧德‧維爾（Edward de Vere），世襲的英格蘭掌禮大臣（Lord Great Chamberlain）？

但是，我們又如何能夠論證支持，傳記確實是有需要提供這類的個人生平資訊，以幫助讀者理解作品的重要性呢？根據一般說法，這類的傳記資訊可以給作者人性化的面貌，讓人們比較容易親近欣賞其作品。現在，讓我們姑且接受這種說法，而這也意味著，讀者也有需要獲得其人際情感關係的資訊，譬如：我們已經知道的傳記主人翁和父親、老師、楷模等的情感關係，或是我們曾切身經歷過的此等情感關係對人個人之影響，從而期許，

他們的人格和生平事蹟也能和其作品一樣值得拜讀，景仰、賞識，引人入勝。

再者，我可能得承認，在傳記當中融入精神分析的作法，其背後還有另外一種動機。對於傳記作者而言，告解之類的程序乃是合乎情理的本分。傳記作者不是要把偉人從尊貴的地位拉下來，而是要拉進與我們一般讀者的距離。不過，拉近距離往往也會產生傾向降格的效應。而且，當我們對偉人的生平認識愈多，不可避免的是，我們很可能就會發現很多情況顯示，他們其實並沒有比較高尚脫俗，終究只是凡人，和我輩一般人沒有兩樣。儘管如此，我還是相信我們能夠宣稱，傳記融入精神分析乃是合乎情理的做法。我們對於父親、師長的態度，充滿愛恨交織的矛盾情感，尊敬忠心服事之下，每每包藏敵意、叛逆。這是心理致命的宿命，如果沒有設法介入[告解]，就無從改變真相受到暴力潛抑的宿命，而且這種矛盾態度和潛抑心理，必然會持續存在於我們和傳記主人翁之間的關係，干擾我們對其生命故事真相的探索。

傳記領域借助運用精神分析，自然也不應以比看待傳記更為嚴厲的標準，來苛求精神分析。精神分析可以帶來其他途徑難以提供的結果，從而揭顯藝術家在蘊釀、創作大師傑作的過程，其驅力機轉（Triebanlagen [drive mechanisms]）、天賦本能、經驗和作品之間，前所未曾洞悉的連結線索。由於我們思維的主要功能，是要從精神層面來掌握外在世界的素材，因此我認為，我們得感謝精神分析，精神分析運用在大師身上，可以幫助深

入洞悉他們的宏偉成就。不過，我也得坦白承認，在精神分析歌德方面，我們距離成功仍然相當遙遠。一來，歌德不只是重度自我告解（Bekenner [confessor]）的詩人；再者，歌德儘管留下了龐大的自傳體材著作，卻又是密不透風的隱身高人（Verhüller [concealer]）。在這兒，我不禁想起梅菲斯特的一席話：

Das Beste, was du wissen kannst,

……

Darfst du den Buben doch nicht sagen.

至理妙法參悟兮（看透至高真理），

……

孺子無語分說（卻無法對小孩解說）。

歌德，《浮士德》第一部第二景

佛洛伊德的生平與工作
The Life and Work of Sigmund Freud

厄尼斯特‧瓊斯／英文原著

厄尼斯特‧瓊斯（Ernest Jones），英文原著：一九五三、一九五五、一九五七年，《佛洛伊德的生平與工作》（The Life and Work of Sigmund Freud）三卷，London: Hogarth Press。

三歲定終生與青少年摸索志向

西格蒙德‧佛洛伊德（德文：Sigmund Freud；出生原名希伯來文：Sigismund Schlomo Freud，西吉斯蒙‧史洛摩‧佛洛伊德），一八五六年五月六日，下午六點三十分，出生在摩拉維亞省弗萊堡鎮匠街一一七號（117 Schlossergasse, Freiberg, in Moravia），紀念佛洛伊德七十五歲生日，改爲佛洛伊德街（Freudova）。一九三九年九月二十三日，逝世於倫敦馬爾斯菲爾德花園街二十號（20 Maresfield Gardens, London）。

父親雅各‧佛洛伊德（Jakob Freud, 1815-1896），猶太裔羊毛商。兩段婚姻，第一次是在十七歲成婚，育有兩個兒子，老大以馬內利（Emmanuel，生於1832年），老二菲利普（Phillip，生於1836年）。雅各四十歲那年，再娶亞瑪莉亞‧納坦森（Amalia Nathansohn, 1835-1930）；隔年，生下大兒子西格蒙德。

佛洛伊德遺傳父親的幽默感，懷疑眼光洞燭人生起伏不定，習慣引猶太軼事表達道德觀，自由開明和獨立思考，極度寵愛妻子。從母親那兒，遺傳到多情善感的豐沛感性。母親對長子的偏愛和引以爲傲，在佛洛伊德成長過程留下不可磨滅的深刻印記，塑造他自信堅毅的性格，自信必能征服人生，大有作爲。

兩歲半以前，佛洛伊德由捷克裔奶媽照顧。她慈愛又嚴厲，小佛洛伊德很黏她。奶媽篤信天主教，會帶他去教會做禮拜，在小小孩的心靈種下天堂與地獄，救贖與復活的信念，聽聖經故事，還會在家裡扮演教會禮拜遊戲。

　　佛洛伊德童年，大他一歲的侄子約翰（同父異母大哥以馬內利的兒子），可算是父母以外最重要的人。他對約翰的矛盾情感影響他日後的性格發展。「三周歲之前，我和約翰形影不離，我們是最好玩伴，當然也少不了打鬧吵架，這種童稚關係不知不覺影響了我後來和同齡人的情感關係。許多人多少都有約翰化身的影子，約翰性格的各種面向根深蒂固潛入我的潛意識，時而浮現。有時，他像小霸王，我必須勇敢反擊……親密摯友，憎恨對手，在我一生的感情生活不時重現……」

　　佛洛伊德的出生地弗萊堡是邊境小鎮，當時人口約五千人，幾乎清一色都是信奉羅馬天主教，新教徒和猶太人各占百分之二。小孩很容易發現自己家庭屬於鎮上的極少數，也沒有和其他鎮民一樣上教堂。教堂鐘聲傳來不是同胞之愛，而是敵意。

　　一八五九年，佛洛伊德三歲，家族又踏上遷徙之路，他們在萊比錫住了一年。根據佛洛伊德的學說，人的性格在三歲之前就已基本成形。佛洛伊德離開原鄉的年紀恰恰也是三歲。當火車經過布雷斯勞（Breslau，現改稱弗羅茨瓦夫〔Wrocław〕，波蘭第二大城），佛洛伊德第一次看見火車頭噴出的蒸汽，讓他聯想到地獄燃燒的靈魂。也是在這次旅途，佛洛伊德第一次發作火車旅行「恐懼症」。

　　一八六〇年，搬到維也納，最初住在胡椒巷（Pfeffergasse），位於里奧波德城區（Leopoldstadt），街坊住戶大多是猶太人，附近是普拉特公園，還有大片的田野和森林。後來，弟妹陸續出世（全家總共八人），只好再次搬家，約

瑟夫皇帝大街（Kaiser Josefstrasse）的公寓，有一個客廳，一間餐廳，三間臥室。佛洛伊德住單人臥室，與另外兩個臥室分隔兩側，好讓他能夠專心讀書，不受干擾；裡頭有一張床，書桌，和書架。只有他的臥室點油燈，其他房間只有蠟燭。

佛洛伊德對音樂沒有好感，妹妹八歲左右，母親讓她學鋼琴，儘管彈琴的地方離佛洛伊德的房間有相當距離，但他讀書仍然受到琴聲干擾，於是就把鋼琴搬走了。此後，家人就和音樂教育絕緣了，後來佛洛伊德的孩子也是如此。每次到外頭餐館，如果遇到有演奏音樂，他總是面露難色，雙手馬上遮住耳朵。

在體育和運動方面，他最喜歡的是散步，尤其是山間散步。他曾說，獨自散步是學生時代最大的樂趣。他還喜歡滑雪，游泳也很不錯，只要有機會泡在湖水或海水，絕對不會錯過。騎馬只有一次經驗，感覺不舒服，後來再也沒想再騎。他徒步健行也很厲害，到了六十多歲，山野徒步健行，耐力和速度完全不輸年輕人。

佛洛伊德三歲以前，天主教奶媽給他留下恐怖印象，或許因此導致他後來對基督信仰和儀式相當反感。佛洛伊德對於猶太傳統習俗和節日頗為熟悉。三十五歲生日時，父親送他一本《聖經》，並用希伯來文寫下題詞：上帝的聖靈告訴你，「……讀我的書，知識和智慧之源在這裡向你敞開。這是書中之書，智者挖掘的井，立法者從中汲取知識。」在這本書中，你看到了全能者的異象，你心領神會，用心努力乘著聖靈翅膀高飛。……

佛洛伊德曾表示，自己受到早年閱讀《聖經》的影響很

深，但主要是在歷史故事和倫理層面的興趣，而無關乎宗教信仰。成長過程中，他與上帝或永生的任何信仰幾乎完全絕緣，似乎也從沒有過這方面的需求。一般在青春期，通常會出現的精神靈性探求，在他身上則是青澀的哲學思辨，後來很快轉為對科學原理的虔誠執著。

十歲那年，他初次體驗到醫護助人的經驗。當時是奧普戰爭期間，父親帶他去看受傷的士兵，留下深刻的印象，於是跟母親討了一些舊亞麻布，製作紗布供他們裹傷。他還請學校老師，招集男學生組成仿傚女學生的裹傷紗布製作社團。

佛洛伊德的語言天分相當出色，除了精通拉丁文和希臘文外，他對法語和英語的掌握也頗為透徹。他還自學了義大利語和西班牙語，當然他也會希伯來語。值得一提的是，他也是公認的德語散文大師。他特別喜歡英語，有十幾年的時間，他的讀物都是英文書。他尤其鍾愛莎士比亞，八歲起，就開始讀，一讀再讀，信手拈來就可說出應景的臺詞。他很佩服莎士比亞的高超表達能力，對人性廣泛而深刻的理解更是讓他讚嘆不已。

佛洛伊德對於自然的好奇心，主要聚焦在探尋人類存在和起源的謎題，並且選擇投入科學探究（而不是哲學思辨），來滿足這方面的需求。傳記作家維特爾斯（Wittels）[113] 認為，佛洛伊

---

113 弗里茨・維特爾斯（Fritz Wittels, 1880-1950），奧地利裔的美國心理分析師，著有佛洛伊德傳記：《佛洛伊德生平、學涯與學派》（*Sigmund Freud; der Mann, die Lehre, die Schule*），Leipzig: Tal, 1924。

德天性傾向於哲學抽象思辨，以至於害怕過分受到此等思維的主宰，因而覺得有必要掌握具體的科學資料以求制衡。《夢的解析》最後一章和其他寫作，都可以看見佛洛伊德卓越的哲學思辨能力，但扮演的是後位角色，輔助主導地位的實徵科學探究。

歌德那部歌詠《自然》（*Die Natur*）的詩篇，以浪漫的圖卷描繪大自然，美麗而富饒的母親，給予她最喜愛的孩子特權，得以探索她的祕密。歌德筆下的意象魅力，深深感動吸引佛洛伊德，也促使他決心投考醫學院。真正吸引佛洛伊德的不僅是自然的美好，更是自然的意義和目的，尤其是人類活動背後的動機、意義和目標，以及追溯釐清個人早年家庭生活謎題。他認為，在探索人性終極真理之前，有必要先學習關於自然、人類在自然的位置以及人類秉性結構的知識。

佛洛伊德的童年幻想和青春期夢想，並沒有預示未來會成為精神分析創始者……直到十七歲，高中畢業，他才卸除原本期望征服他人的軍事、法學、政治、商業方面的志向，放棄追求權力、聲名、威望和財富，轉而肯定智識的至高無上。他認為，人類力量的終極祕訣不是強權蠻力，而是理解，因此投向追求更崇高的志向：理解自然，從而決定學習「自然歷史」（亦即現今的生物學）。

醫學院・生理學研究・布呂克

一八七三年秋，佛洛伊德十七歲，進入維也納大學。他承

認，當時對醫學本科的學習漫不經心，而是抓住一切機會投入感興趣的科目，同時也探索周邊領域新興趣，例如：動物學家克勞斯（Carl Claus）的生物學和達爾文進化論、動物學；布呂克教授的語音和言語生理學、普通生理學；哲學教授布倫塔諾（Franz Brentano, 1838-1917）[114]的閱讀研討課、亞里士多德邏輯學。他唯一真正感興趣的醫學本科課程，是精神科主任醫師梅涅特（Meynert）關於精神病治療的系列講座。

一八七六年，大三，在克勞斯教授的比較解剖學實驗室，佛洛伊德著手展開研究，主題是關於鰻魚的性腺結構問題，確認了未成熟的睪丸器官，從而解開亞里士多德以來，未曾有人發現成熟雄性鰻魚的千古難題。經過多方摸索廣泛的興趣，最後，終於在布呂克的生理實驗室，找到學識之路的歸宿，也結識了敬慕的師友楷模。

終其一生，佛洛伊德對追求真理的科學志業忠貞不渝。布呂克就是紀律嚴明的科學家典範，那是日耳曼民族的特色，有別於維也納的「散漫馬虎」（*schlamperei*），佛洛伊德對他敬仰愛慕如父兄，覺得自己也應當努力向他看齊。

布呂克的生理實驗室隸屬於廣為人知的赫姆霍茲學派。布呂克在一八七四年出版的《生理學講義》一書，有關物理生理學的說法，吸引了學生時代的佛洛伊德，書的序文寫道：生理學是有

---

[114] 弗朗茲・布倫塔諾（Franz Clemens Honoratus Hermann Brentano, 1838-1917），德國哲學家、心理學家。

關生物體的科學。有機體是擁有動作能力與同化官能的機器，都是由原子組成的系統，承受各種力量而有所行動，並且遵守能量守恆定律。儘管與無生機的實體不同，但總歸都是物理世界的現象。根據赫姆霍茲學派的主張，在每個孤立的系統中，各種力的總和都是恆定的，知識的進步使吾人得以將紛雜的諸多力量，化約為最基本的兩種力量：吸引力和排斥力。所有這一切同樣適用於人類有機體。接著，布呂克在講義詳細介紹，當時已知的關於生物體內物理力的轉化和相互作用的相關知識。我們不難發現，布呂克生理動力論的內容和精神，與佛洛伊德一九二六年在描述精神分析的心理動力時，用詞遣字有著緊密的呼應：「這些力量互相協助、壓制、結合、妥協等等。」

人們通常認為，佛洛伊德的精神分析理論源起於他與夏柯（Charcot）、布勞耶（Breuer）甚至之後人物的接觸。其實，回顧可以看出，他構建自己理論的那些原則，乃是醫學生期間，他在布呂克教授影響之下而獲得。

一八七九年夏秋，佛洛伊德服義務役擔任醫官，為了打發無聊時間，他接了生平第一次的書本翻譯案：英國哲學家約翰・史都華・彌爾（John Stuart Mill, 1806-1873）[115]的四篇選文：勞

---

115 約翰・史都華・彌爾（John Stuart Mill, 1806-1873），英國著名效益主義、自由主義哲學家、政治經濟學家。研究範圍包括：政治哲學、政治經濟學、倫理學、邏輯學等。

工問題、婦女解放、社會主義、葛羅特（George Grote）[116]的柏拉圖。編輯是奧地利哲學家岡珀斯（Theodor Gomperz, 1832-1912），經由哲學教授布倫塔諾的介紹，而找上佛洛伊德。他生平總共翻譯五本書。翻譯工作很適合他，因爲他算是特別有天賦的翻譯家。他不是逐字逐句翻譯，而是先讀上一段，闔上書，想想德語作者會怎樣表達相似的想法，然後再整理成譯文。這種作法不是一般筆譯常用的方式，而比較近似逐步口譯的方式。

一八八一年三月三十日，佛洛伊德通過醫學院最後的一門考試。延宕三年終於畢業之後，他也沒有隨即展開從醫的計畫，而是選擇繼續留在布呂克的實驗室，期待來日能夠接替布呂克退休留下的生理教授和主任職位；無奈，夢想終究不敵現實壓力而無法成真。

佛洛伊德對從事醫生的工作沒有好感，倒是研究工作比較能激發他的熱情投入，但是布呂克生理實驗室的研究工作，收入微薄，難以維持生計，只能不斷舉債度日。一開始，他選擇忽略現實，埋首研究工作。後來在經濟壓力之下，還是決定參加醫生資格考試，並於一八八三年三月通過。取得醫生資格之後，他還是把所有時間投入實驗室工作。

生理學實驗室名聲響亮，號稱維也納大學醫學院之光，吸引無數國外知名學者和學生特地來參觀訪問。但當年物質缺乏，實

---

[116] 喬治・葛羅特（George Grote, 1794-1871），英國古典學家、歷史學家，代表著作：《希臘史》。

驗室的環境極其簡陋。實驗室是由廢棄的槍械工廠改造而成,地面一層和地下室,陰暗、潮濕,霉味和各種實驗臭味薰鼻。沒有電、瓦斯,冬天也沒暖氣,實驗加熱是用本生燈,用水是到院子打井水,院子搭的棚子就當作動物實驗室。

佛洛伊德在布呂克研究所的示範員職務,薪水微薄,升遷無望,父親已經六、七十歲,家中沒有收入來源,貧窮的壓力迫在眼前。儘管他曾經夢想獻身科學研究志業,無視世俗現實生活考量。後來,在布呂克的奉勸之下,才使他如夢初醒。放棄追求理論研究生涯,離開生理實驗室。

醫院實習・巴黎進修・夏柯

一八八二年七月三十一日,佛洛伊德進入維也納總醫院。最初歷練的科別包括:外科、內科臨床助理(Aspirant,諾特納格爾醫師主管)、精神科住院醫生(Sekundararzt,梅涅特醫師主管)。佛洛伊德求學時期,梅涅特的講座是唯一能夠激起興趣的醫學本科課程。「梅涅特精神錯亂」(Meynert's Amentia,亦即「急性幻覺精神病」(acute hallucinatory psychosis)研究揭櫫的願望滿足機制,給他留下生動的印象,在他日後發展的潛意識研究當中,有廣泛的運用。

一八八三年十月一日,他轉到皮膚科(專治梅毒及其他傳染性皮膚疾病)。然後,進入神經科,最後升至初階住院醫生職位。一八八五年春,組織學和神經臨床學研究論文審核通過,獲

得任命為神經病理學無給職講師（*Privatdozent*）。這個職位沒有薪水，也沒有資格參加院系會議，但允許開設一定數量的課程，是成為大學正式教職的必要條件。

一八八五年元月二十一日，他提出申請正式講師職位（*Dozent*）。梅涅特、布呂克和諾特納格爾擔任審查委員，向學院遞交委員審查報告，歷經院會表決通過，取得候選人資格。等待的過程漫長而煎熬，佛洛伊德估計，在總計二十一票中，他可望贏得八票。還有另兩位申請者，其中一位是很有影響力的教授布勞恩（Braun）的侄子，他幾乎已經默認自己失敗了。最終決定一延再延，佛洛伊德頗為喪氣。反覆爭論和反駁之中，時間又過了三個星期。在最終決定前一晚，佛洛伊德夢見了布呂克告訴他，他沒機會了，因為還有另外七位申請人，有比他更好的發展前景。第二天，六月二十日，表決結果讓他喜出望外，他以十三票對八票獲勝。幾天後，他得知，他的成功主要得益於布呂克，「滿場激情火熱、堅持不讓的斡旋和爭取。」

一八八五年八月，佛洛伊德離開維也納總醫院，畫上了綜合科醫生的職業終點。在那裡，他工作和生活了三年又一個月，完成了重要的腦髓研究，取得維也納大學神經病理學正式講師職位，也贏得前往巴黎的進修獎學金，師從法國神經學家夏柯。

在醫院的三年期間，佛洛伊德努力不懈，試圖在臨床或病理學研究取得重要發現，希望以此證明自己確實擁有實力和基礎，足以成家立業。其中最值得一提的有兩項：一、使用氯化金染色處理神經組織；二、古柯鹼的臨床應用。

　　一八八六年，佛洛伊德巴黎進修歸來，返回維也納安頓下來。那年夏天，佛洛伊德很忙。每天早晨，他在梅涅特的實驗室從事解剖學研究。除了撰寫研究報告論文，他還繼續翻譯夏柯和伯恩罕的書，巴黎進修的心得報告，醫學會演講，兩場催眠講座。此外，還有卡索維茨兒童醫院精神科門診，以及自己的私人診所看診工作。

　　佛洛伊德在醫學期刊和報紙刊登了診所開業公告：

> 西格蒙德‧佛洛伊德醫生，維也納大學神經病理學講師，巴黎訪學六個月歸來，診所地址：市政廳大街七號。

　　病人來源主要是昔日老師梅涅特、布呂克和諾特納格爾等介紹而來，其他還有許多病人是義診服務性質，收入很不穩定，經常需要舉債度日。

　　一八八六年九月，佛洛伊德終於和未婚妻瑪莎‧伯尼斯（Martha Bernays, 1861-1951）完成終身大事。夢寐以求的幸福天堂終於抵達。瑪莎無疑擁有身為妻子和母親的出色條件。她是令人敬愛的家庭主婦，丈夫的舒適和便利始終擺在第一位。孩子陸續出世之後，幸福更加完整。一個女兒和兩個兒子，出生在市政廳大街七號寓所（瑪蒂爾德，1887年10月16日；尚馬丁，1889年12月6日；奧利佛，1891年2月19日）。隨著家庭人數增長，需要更大的房子，於是在一八九一年八月，再次搬家，新址是伯格

巷十九號。[117]一年後，又租下一樓三個房間，作為書房、候診室和諮詢室。在這裡，佛洛伊德生活和工作四十七個年頭。家裡又添了三個孩子：一個兒子和兩個女兒（厄尼斯特，1892年4月6日；蘇菲，1893年4月12日；安娜，1895年12月3日）。

布勞耶與歇斯底里研究

一八七〇年代末期，佛洛伊德和在生理實驗室第一次見到恩師布勞耶，二人相投意合，很快成為朋友。佛洛伊德說：「他成為我的良師益友，我們樂於分享共同興趣的科學話題，無所不談，在我有難時，鼎力相助，惠我良多。」

一八八〇年十二月到一八八二年六月，布勞耶收治了一位年輕女病人，就是後來公認為歇斯底里症經典案例的安娜 O 小姐（Anna O，本名伯莎・帕芃海姆〔Bertha Pappenheim, 1859-1936〕）[118]，著名的宣洩法（她稱之為，「談話治療」或「清掃煙囪」），也是由此而誕生。

之後，有一次，布勞耶分享病例討論時，談起安娜 O 的病

---

[117] 維也納伯格巷十九號（Berggasse 19, Wien），佛洛伊德在維也納的心理診所和住家，1971 年，設立佛洛伊德博物館。

[118] 伯莎・帕芃海姆（Bertha Pappenheim, 1859-1936），猶太裔奧地利女權主義者，社工先驅，也是猶太婦女協會的創始人。布勞耶醫生早期醫治的著名歇斯底里病患，化名「安娜 O」。

例，佛洛伊德聽了非常感興趣。完全超乎想像，讓他留下深刻的
印象。之後，他屢次找布勞耶討論安娜 O 病例的進一步細節。

　　一八八五年，佛洛伊德前往巴黎進修，夏柯的教學讓佛洛伊
德留下深刻印象，他提出關於歇斯底里症的革命觀點，肯定這種
病症是值得嚴肅看待的精神疾病，而不是醫界傳統認不屑一顧的
裝病胡思亂想，或只是與子宮相關的女性臆病。他對歇斯底里的
病徵投入系統化而全面的研究，使診斷更加明確。他還強調男性
也有歇斯底里。他還在課堂示範說明，通過催眠可以引發歇斯
底里症的諸多症狀。這意味著，不論歇斯底里有哪些神經學基
礎，其症狀本身可能追溯到心理層面的病源，因此可以單獨治療
和消除。這麼一來，就開啟了探究患者心理的大門。

　　一八八六年，佛洛伊德學成返回維也納。五月，在生理學俱
樂部和精神病學會，發表有關催眠的演說。十月，在維也納醫師
協會，發表男性歇斯底里的報告。但是，大家對報告反應很糟
糕，提出頗多質疑。他和梅涅特的關係愈發緊張，從梅涅特的角
度來看，佛洛伊德受到夏柯的引誘，偏離原本嚴謹生理學訓練的
醫生正道，誤入歧途，走上了催眠施咒的旁門左道。

　　從宣洩法逐漸過渡到自由聯想法，是佛洛伊德發展精神分析
的關鍵時期。正是透過設計了這種新的方法，他找到了適切方
式，從而深入前所未知的潛意識領域，並得到深刻發現。這種方
法的發明是佛洛伊德科學生涯的兩大事蹟之一，另一個重大事蹟
是他的自我分析法，他由此探索兒童早期性生活，從而發現著名
的伊底帕斯情結。

　　大約在一八九二到一八九五年期間，自由聯想法從催眠、暗示、催促和詢問等輔助方式優化和純化，漸進演化而誕生。在那些年裡，佛洛伊德對宣洩療法已經相當有經驗，但他也遇上許多病人無法催眠，或達不到他想到的催眠深度，因而促使他轉而尋求其他替代方法。

　　他愈是相信放鬆意識審查機制將可促使病人喚回重要記憶，他就愈不需要去催促和指導病人的想法。很快，催促方法就放棄使用了。《歇斯底里研究》討論心理治療的一章，約莫就是自由聯想正式出現在文獻的紀錄，通常也視為精神分析的開端。當時，佛洛伊德仍然將自己的方法稱為「布勞耶宣洩法」，儘管他時而使用「精神分析」一詞。

　　一八九三年元月，布勞耶和佛洛伊德將合作的歇斯底里研究成果發表在《神經學刊》（Neurologisches Zentralblatt）第十二期，論文標題：〈論歇斯底里現象的心理機轉：初探聲明〉。一八九五年，兩人聯名合著的《歇斯底里症研究》出版，通常人們認為這本書是精神分析的開端。包括前述合著論文的修訂版、五個病例（包括著名的安娜 O 案例）、布勞耶的理論文章，以及佛洛伊德關於心理治療的總結章。

　　這本書在醫學界並不受歡迎。印刷了八百本，十三年後售出六百二十六本，作者獲得四百二十五盾（每人八十五美元）。後來，兩人的合作關係出現裂痕，布勞耶難以採行佛洛伊德探索病患性生活的做法，而根本癥結還在於，他無法忍受佛洛伊德的性本位理論主張：性生活的障礙是神經症、精神疾病的基本構成要

素和根本病源。總之，一八九四年夏天，兩人的合作關係畫上終
點，近二十年的師徒情誼也從此漸行漸遠。

　　回顧一八八○年代兩人的關係，佛洛伊德想到的全都是布勞
耶的慷慨提攜，理解同情，充滿感染力的愉悅性情，以及啟迪心
智的長者氣息。在那些年裡，佛洛伊德面臨思想和情感最激烈變
動的階段。他遭逢近乎全面封殺的抵制，讓他激出叛逆挑釁的反
應。在他深陷重圍，亟需有人同肩並戰的關頭，而最初帶他踏上
這條道路的布勞耶，卻給他潑了冷水，並淡出關鍵戰場。

弗里斯與兩人大會

　　佛洛伊德和威廉・弗里斯（Wilhelm Fliess, 1858-1928）的故
事極富戲劇性。佛洛伊德銷毀了弗里斯給他寫的信，但弗里斯
則保存了佛洛伊德寫的信（連同科學筆記和手稿）。在交往過
程，弗里斯太太嫉妒怨懟之心日益轉濃，並且極力（在某種程
度上，或許還受到布勞耶的從旁鼓動）去阻撓、破壞他們的關
係，以至於佛洛伊德認定她就是「壞女人」。

　　這些通信記錄了許多珍貴的史料和豐富的細節，可以幫助讀
者一窺，佛洛伊德那段時期的若干人格面向，他的個人好惡，他
的科學抱負和失望，他的掙扎和困頓挑戰，以及他對朋友支持的
渴望。最重要的是，闡明了他在知識領域的奮鬥模式與思想發展
是如何的迂迴曲折。不僅使我們能夠觀察到，箇中理念發展的
進程，也可從中感受他在探索意識深處神祕運作過程的心路轉

折。時而喜悅振奮，時而挫折沮喪，但從不絕望喪志，面對諸多阻撓障礙，始終堅定信念，無所動搖。最後，在自我分析這項新技術的輔助之下，他克服了這些難關，完成重大成就。

弗里斯比佛洛伊德小兩歲。在柏林開業的猶太裔耳鼻喉專科醫生。認識他的人都說他個性迷人，口才便給，任何話題都可以讓聽者聽得津津有味。他對理論思辨有著滿腔的熱情，天馬行空的創意想像，完全不受羈束，他對自己的理論創思，自信滿滿，虛心接納批評指正完全不在他的考量之內。

一八八七年，弗里斯二十九歲，醫學院畢業，來到維也納進行學士後研究。他找上布勞耶，後者建議他去聽佛洛伊德開授的解剖學和神經系統運作模式課程。初次見面，弗里斯二十九歲，佛洛伊德三十一歲，兩人年齡、背景相近，志趣相投，一見如故，相互吸引。事後，佛洛伊德寫了一封信，真情流露，滿心期盼能夠進一步交往。弗里斯的回信也是情真意切，還附送一份禮物，當作結交信物。信中還請佛洛伊德送他一張私人照片，佛洛伊德也照做了。就此開展出維持十五年的濃烈情誼。信上的稱謂也從「尊敬的朋友」，變成「最親愛的朋友」；從敬語的代名詞「您」（Sie），變成親暱的「汝」（Du）。

在探尋人性奧祕的路途上，他先後師從布呂克、梅涅特、布勞耶等前輩，獲得他們在智識和精神上的支持肯定和提攜庇護。在這些如父如兄的師長淡出之後，他遇見了年齡、背景、志趣相近的弗里斯。一八九四年夏天，他向弗里斯訴苦，說自己「與布勞耶的科學知交情誼已告終結」，內心感到深深的孤

獨，並且怨嘆：「我已經很多年沒有老師了！」

佛洛伊德對弗里斯極度仰賴。在給弗里斯的通信中，他時常流露出對自己能力和研究成果的貶抑，然而這並非源於自身的軟弱，反而是驚天撼地的強大力量，獨自一人無法從容應對。在弗里斯身上，他似乎看到了可以攜手前行的知心伴侶，因此投射以諸多想像的特質，敏銳的判斷力和克制力，強勁的智識活力等等，將其形塑為足以提供知性庇護的導師形象。

和布勞耶一樣，弗里斯擁有生理學和醫學的教育基礎，遵循赫姆霍茲學派，相信生物學和醫學的終極目標，都是致力於以物理和數學來加以解釋說明。他也研究精神官能症，還能以自創的「科學」論點，來闡明他本身的精神癥候。就此而言，弗里斯似乎夠格成為布勞耶的接班人。

相較於布勞耶，弗里斯還有兩項優勢：一、他不像布勞耶那樣排斥或避諱性的論述，他的泛性論主張人類（乃至於宇宙所有生物）生老病死，都可關聯至生物週期的規律和諧或失調錯亂，所有個體都有週期性的雙性現象和功能（女性週期二十八天；男性二十三天），性功能障礙則可歸結於鼻腔黏膜問題；二、布勞耶傾向實事求是，內斂謹慎，不喜歡類推概括，立場曖昧搖擺。相對地，弗里斯則是極端自信，坦率放言，毫不猶豫，大膽提出類推概括，在天馬行空的理念王國，自由翱翔，怡然自得，洋溢強大感染力的迷人丰采。

有了數理醫學背景、熱情洋溢的弗里斯相知相惜的護持，佛洛伊德開始覺得有所倚靠，可以安心把深藏胸臆的好奇心惡魔

[浮士德的魔鬼梅菲斯特]釋放出來。佛洛伊德開啟創造力大爆發的一面：年少時期對掌握大自然奧祕的熱愛，已經完全轉化為勇闖人類生活奧祕的熱切渴望。

他對弗里斯最初提出的一項重要請求就是，希望他聽聽自己的最新研究成果和理論，並做出判斷。弗里斯慨然同意，並且信守承諾認真執行。他對實質內容的評論可能沒有什麼太大價值，但他對於寫作布局、文風、語法、文字技巧等方面，大部分的建議，佛洛伊德都滿懷感激，欣然採納。我們可以說，弗里斯扮演了同理心審查員的角色。他欽佩佛洛伊德，包容或默許佛洛伊德探討的任何題材和論述，幾乎不曾質疑其是否適切或正確。他慨然給予的盛情讚許，對於尚未站穩思想獨立自主、內心多所疑慮的佛洛伊德，無疑備感溫馨，非常鼓舞士氣。

一直以來，佛洛伊德心裡都很明白弗里斯的情深義重，並且經常表達感激之情。一八九六年元旦的信中，他寫道：

「我親愛的朋友：……像我這樣的人需要你這樣的人，真的太多太多。在我孤獨時，給予慰藉、理解和激勵，你讓我的生命有了意義，還有健康，再沒有其他人能帶給我這些了，我只有說不盡的感謝。你的榜樣，讓我獲得智識的力量，敢於信賴自己的判斷……並像你一樣，笑罵由人，昂然不屈，面對未來可能遭遇的諸多險厄挑戰。這一切，銘記在心，不敢稍忘，請接受我由衷的謝意。」

他給弗里斯寫信相當勤快，通常每週不止一封，內容包括：報告、患者的細節，以及期刊論文草稿，以大綱形式描繪他的當前想法。從這些信件內容，我們多少可以看見，他在精神病理學方面的進展和演化。

他們經常相約在維也納碰面，偶爾在柏林，任何時候只要有可能，也會擱下工作，相聚兩到三天，與外界隔絕，心無旁騖討論彼此想法的發展。他稱弗里斯是唯一的聽眾，除他之外，再也沒有其他任何人，可以和他一起討論他最牽掛的問題。他半是戲謔半是哀怨，稱呼這難能可貴的聚會是「兩人大會」（Kongress [Congress]）。一八九〇年八月到一九〇〇年九月間，他們不定期聚會。在佛洛伊德孤絕蒼涼的思想生活中，這樣的兩人大會扮演著核心角色，就像寂寞沙漠中的綠洲。然而，一九〇〇年九月之後，兩人大會因為關係生變而告終止，從此以後，彼此再也未曾謀面。

一八九〇年八月一日，佛洛伊德寫了一封信，表達對於未能趕往柏林赴會的遺憾：「我獨自在這兒孤立無依，對科學感覺變得遲鈍，無精打采。當我與你交談，評論你對我的看法，甚至讓我覺得自己還真的不賴。你言談之間散放自信滿滿的風采，每每讓我為之動容。我已經很多年沒有老師了！你的醫學素養，還有柏林的氛圍，應該能讓我獲益匪淺。」

兩人大會親密交流的時光，是佛洛伊德重拾工作活力熱情的活水泉源。他對自己進行的精神分析，累積的諸多發現和心得，亟需找人傾訴分享。一八九八年四月，兩人無法見面。四

月三日，佛洛伊德感嘆寫道：「我們每次大會過後，接下來幾週，我就會精神大振，新想法不斷湧現，重拾工作樂趣，穿叢越林探索出路的希望，盛光熠熠，燃燒閃耀，穩定而明亮。這一次，不能相見的節慾時間，對我沒有任何幫助，我始終明白，我們的會面對我意義何等重大。」一八九八年五月十八日：「沒有聽眾，我什麼也寫不了。但只要能寫給你一個人聽，我也會心滿意足，甘之如飴。」甚至直到一九〇〇年五月七日，他還寫道：「沒人能取代你我親密交流的地位，這或許是我比較女性化方面的需求。」

兩人交流給予佛洛伊德的主要助益，基本上，屬於精神鼓勵；智識層面的實質輔助其實不多。佛洛伊德多次在信中描寫，雙方如何記錄各自的最新發現，分享闡述彼此最新想法。主要反應多是互相欽佩讚賞，在四面楚歌、無人賞識的情況下，各自價值獲得知己肯定，顯然讓人備感欣慰。佛洛伊德甚至盛讚弗里斯是「生物學界的克卜勒」。

一八九〇年代前後，大約十年期間，他飽受各種精神官能症的折磨。但是，即便情況最壞的關頭，佛洛伊德的工作也從未停歇。他強打精神，日常工作和科學研究勉力不懈，對妻兒的照顧和關愛未有稍減，而且幾乎不向周遭人士表露自己承受的精神苦楚，弗里斯是唯一可以交心訴苦的例外。精神官能症發作的高峰時期（1897-1900年），也是佛洛伊德原創工作的關鍵時期。他暗自承受不足為外人道的精神磨難，付出沉重的個人代價，獻給世界一份大禮，然而世界給他的回報卻不是那麼慷慨。

　　面對弗里斯，佛洛伊德明顯能夠放下心防，傾訴自己的苦惱情緒。這相當出人意表，因為實在與佛洛伊德的個性大有出入。在往後的人生，接踵而來的許多不幸、悲痛和嚴重的身體痛苦，甚至癌症病痛吞噬生命，佛洛伊德始終不發怨言、堅忍面對。僅有那麼一次，他吐出一句抱怨的話：「最不想看到的不速之客」（höchst überflussig [most uncalled-for]）。

　　兩人關係如此濃烈，某些方面甚至近乎神經質，暗潮洶湧的敵意矛盾，更是不時浮現。一八九七到一九○○年間，痛苦和依賴達到頂峰，而這時期也正是他最活躍使用自我分析，探索個人內心深處。潛意識領域的探索，以及對弗里斯的極度依戀，互相關聯交纏。一方面，固然滿足了佛洛伊德天性中最深層的需求，驅使他大膽向前，揭發人性奧祕的未知領域；另一方面，卻也必然伴隨沉重的禁忌感，從而引發焦慮、沮喪和癱瘓情緒。

　　佛洛伊德曾表示，因為死亡或其他原因，使他失去了許多好友之後，在人生邁入不再容易結交新朋友的階段，他相信，自己終於發現一位「今生今世至死不渝的好友」。這希望注定要以苦澀的失望收尾，當最後的時刻到來，事實證明弗里斯和佛洛伊德的性格存在不相容的矛盾，終究要步上分道揚鑣的結局。在這方面，他不是第一人，也不是最後一個。二人之間最終的決裂，在於科學觀點的分歧，而且和之前、之後與其他人的關係決裂一樣，也都牽涉到情感生變的問題。

　　曾經刻骨銘心的關係，終究還是走到盡頭。儘管佛洛伊德不願相信，仍然試圖挽回昔日舊情，甚至提議合寫雙性戀理論的

書，這是弗里斯最珍重的主題。無奈，弗里斯並不領情，反而懷疑佛洛伊德存心想要篡奪他的原創理論。一九〇二年元月，佛洛伊德提出重聚邀請，他也沒有回應。一九〇二年九月，佛洛伊德從義大利寄給弗里斯一張賀卡，這是二人之間最後一次通信。佛洛伊德在之後的著作，提及弗里斯若干次，他表示會採用「潛伏期」（Latenz [latency]）和「昇華」（Sublimierung [sublimation]）這兩個術語，都和弗里斯有關係。

自我精神分析

　　一八九七年夏，佛洛伊德對自己的潛意識展開精神分析，這是史無前例的人類精神拓荒壯舉。現在的時空，我們很難想像，當初這項創舉的艱鉅程度、獨特性與重大意義。我們只能說，這項深入潛意識的先鋒創舉，一旦完成，就站上了前無古人、後無來者的崇高地位。

　　這場勇闖人類精神黑暗之心的旅程，佛洛伊德孤軍奮戰，孤立無援。他只能獨自摸黑尋覓，大膽揣度推估，而這往往對他的人際關係帶來極深干擾，甚至徹底決裂。這需要很強大的膽識，而且極具風險。在智識和道德兩方面，都需要大無畏的豪雄氣概！

　　佛洛伊德研究有兩個重要部分，與他的自我分析緊密連結：一、夢的解析；二、對嬰兒性慾的日益關注和洞悉。

　　對於自我分析，夢的解析扮演三重功用：(1)透過觀察、

探究自己的夢境，佛洛伊德取得許多研究資料，提供他諸多想法，從中梳理自我分析的邏輯思路。(2)自我分析最主要運用的方法就是夢的解析。自我分析與其巨著《夢的解析》的寫作工作，乃是同時並進的，書中收錄了許多自我分析的細節。(3)對自己的夢進行解析，讓他感覺最安全，對工作最有自信。

在嬰兒性慾與自我分析的關係方面，如果我們回顧佛洛依德對於嬰兒性慾的看法演變歷程，應該會發現，他早先看法傾向傳統觀念，認為嬰孩天真無邪，無有性慾邪思。後來，他見證有些嬰孩遭受成人性誘惑的駭人故事，但傾向歸因那是早熟刺激的特例，而非普遍的嬰孩天性本能。起初，他不認為，該等誘惑真能引發嬰孩的性慾興奮反應，應該是後來回憶投射到嬰孩身上。到了一八九六年，他推測，童年時期或許有些微妙的性慾興奮，但應該是屬於自體性慾，而不是客體性慾。他的興趣進而找尋嬰孩性慾敏感區帶，定位於嘴巴和肛門，乃至於遍及全身皮膚。

他經過迂迴反轉的進程，才確定嬰孩已有客體性慾，他原本認為，歇斯底里的根源是由於天真無邪的嬰孩遭受成人（最常見的就是父親）性誘惑，甚至堅信很多證據支持他的此等信念。後來，若干新事證促使他開始懷疑，如此頻繁的亂倫情事不無可能，反過來，其實是嬰孩掩飾本身對於家長（尤其是異性家長）亂倫情慾的說法。不過，大抵而言，出於極大程度的內心抗拒，佛洛伊德仍然未能肯定嬰兒性慾的理念。

另一方面，佛洛伊德給弗里斯的信中，附錄的筆記提及，在精神官能症當中，頻繁出現孩童對同性家長的敵意和死亡願

望，隱含有忌妒情緒，通常詮釋是出於愛而不是性。但是，佛洛伊德懷疑，這種詮釋不無可能是礙於文化對亂倫情慾的禁忌使然。隱然有股不明的力量，驅使佛洛伊德力排內心的抗拒，大膽揭開他潛意識或隱或現卻為文化視為禁忌的嬰兒性慾。

歷史性的時刻發生在一八九五年七月二十四日，星期三，他首次完整分析自己的一場夢。之後若干年，他和弗里斯的通信，屢次談到他對自己夢境的分析，而這種自我分析也逐漸成為規律作法。我們也注意到，這時間點恰好遇上佛洛伊德父親過世（1896年10月）。他曾說，父親過世的經驗，以一種不自覺的幽暗方式，隱隱驅使他寫作《夢的解析》。這書的寫作和自我分析的前一、兩年同時並進。

父親過世隔年二月，佛洛伊德提到父親性誘惑的醜事；三個月之後，他在信裡談及自己的亂倫夢境，不再懷疑嬰兒（對異性家長）性慾的真實性；他還在附錄手稿，宣稱精神官能症埋藏有對同性家長的敵意。這是他首次描述隱約觸及戀母仇父的事例，伊底帕斯情結的概念呼之欲出。

然而，佛洛依德的自我分析工作並不是全程一帆風順，義無反顧，而是充滿莫名的惶惑和阻抗。一八九七年六月，他幾度寫信告訴弗里斯，自己一度陷入思想冷感、寫作癱瘓的神經質階段，心智狀態如墜五里雲霧，思路迷離恍惚，飄忽不定的熒熒微光，連寫下一行字都是難以承受的煎熬。一個星期之後，他彷彿明白，這種心智冷感、癱瘓的精神官能症深淵，潛藏著阻斷自己和弗里斯繼續交流的糾結心思：「我相信，我正在等待破繭而

出，只是天曉得，掙脫出來的會是何方猙獰怪獸」（1897年6月12日）。

　　經過幾番波折，他終於突破心防，清楚正視自己潛意識的抗拒是阻撓治療工作的癥結，並且肯定自我分析對於化解自我歇斯底里病症的必要性。一八九七年十月三、四、十五日，寫給弗里斯的信件，他詳細報告自我分析的進展。簡言之，他確認父親是無辜的，是他把自己的性幻想投射到父親身上。

　　他回憶起兒時撞見母親裸體而產生性慾。我們讀到許多關於他童年嫉妒和爭吵的記錄，他還挖出和老奶媽之間的諸多往事，並把自己大部分的困擾都歸咎於她。這些回憶和分析，掃除了他心中的若干困惑。佛洛伊德說，自我分析若能貫徹執行到底，將會帶給他最具價值的療癒和研究成果。經由自我分析，他發現了自己對母親的激愛，對父親的嫉恨，他確信此等伊底帕斯情結是普遍的人性。換言之，不是個人需要暗自承擔的奇恥大辱，也無須獨自背負嫉恨父親而欲其死的願望帶來的愧疚自責。總之，自我分析帶來的這些釐清，將有助於疏通因為文化禁忌、自我審禁而壓抑、扭曲的心理動力失調，從而可望紓緩各種精神症狀。

　　克服了自我的抗阻力之後，佛洛伊德對病人也有了更清晰的洞視，能夠更深刻理解他們的心緒變化。當然，佛洛伊德的自我分析，像其他分析一樣，並沒有產生一出手就百病全消的神蹟妙效。後來的信件裡，我們可以看到典型的起伏變化：樂觀和悲觀的穿插交替，症狀時好時壞，甚至轉趨惡化。精神分析很少有貫

徹完整，十全十美，佛洛伊德畢竟也是凡人，我們沒有理由指望，他的自我分析就能夠達到完美之境。精神分析的完整，還得配合第三者的客觀分析，以及尚待日後移情現象研究發掘而補充的重要治療功能。

私人生活

一八九一年夏末，佛洛伊德一家搬進維也納伯格巷十九號的寬敞公寓，隨著後來的孩子陸續出生，房間不敷使用，於是在一八九二年，另外增加租用原本住屋的地面樓層，可以通往屋後的可愛小花園。有三個房間，分別用作病人候診室、診療室和書房。佛洛伊德曾在信中寫道，一生泰半時間都待在診療室或是樓上的嬰兒房。他顯然是疼小孩、愛妻、顧家的好男人。

在消遣活動方面，他假日喜歡下棋，自己玩單人紙牌接龍。尤其值得一提的是塔羅克紙牌（tarock cards），這是維也納眼科專家柯尼斯坦博士發明的四人紙牌，每個星期六夜晚，都會像上教堂做禮拜一樣，相約在柯尼斯坦家裡玩牌。他偶爾會去劇院看戲，除了《卡門》之外，他只聽莫扎特的歌劇。有時候，他也會去聽演講，馬克‧吐溫到維也納的一場演講，讓他聽了很喜歡（1898年9月2日給弗里斯的信）。

一八九五年，因為學術生活和職場屢屢遭受歧視猶太人的排擠和打壓，孤立沮喪之下，他開始參加猶太社團：「聖約之子會」（B'nai B'rith [Children of the Covenant]），終其一生，都是

這個社團的會員。每隔一週的星期二，他都會去參加「聖約之子會」的社交活動或文化聚會，偶爾也在那裡發表演講，他演講的主題包括：夢、法國作家左拉的《繁殖》（*La Fécondité*，《四福音書》第一部）等。

蒐集古董也是他特別熱愛的嗜好，既滿足了他的審美需求，又滿足他對於追索文明乃至於人類所有活動源頭恆久不渝的興趣。

每年夏天，維也納城裡的住民多半會選擇遠離城市的暑溽塵囂，舉家到外地避暑旅遊，也是維也納的習俗，佛洛伊德家也不例外。在純粹感性樂趣的旅遊選擇方面，首選的是南國：柔和宜人的綺麗美景，和煦的太陽和蔚藍天空，還有人類早期發展遺跡的豐富瑰寶。

佛洛伊德習慣在六月，甚至更早的五月，就把家人送去度假，自己留在維也納工作至七月，偶而會在週末，放下手頭工作去跟家人會合；大約在九月中旬結束假期返回維也納。起初選擇的度假地點都不太遠，基本都在維也納近郊。一八九○年八月，佛洛伊德去了薩爾茨堡，這是他和弗里斯第一次的「兩人大會」。這之後，他會特別安排和弗里斯共度兩人大會，再趕去和家人會合。旅遊地點愈來愈多，距離也愈來愈遠。一八九四年八月，他第一次踏上心中應許之地義大利，帶弟弟亞歷山大去了威尼斯。

暑假期間，每次和妻子分隔兩地，佛洛伊德每天都會寫明信片和電報，每隔幾天就寫一封長信。他簡要描述旅遊途中所見所

聞，不時加上自己的評論。義大利遊歷的所有城市，他都非常喜
歡，首選是佛羅倫斯和威尼斯，其次是貝爾加莫、波隆那、布雷
西亞。

　　這時期，他工作時間很長，每天往往超過十個鐘頭的精神分
析。早上先出外問診兩趟，回到診所，九點開放門診，中午休息
一個半小時，下午繼續看診，到晚上九點結束。接著就閉門專
心寫《夢的解析》、書信和自我分析。但是，門診收入很不穩
定，有時候，一整個星期，連一個新病人也沒有。有時候，整天
下來，上門求診的只有沒收費的義診病人。驚世駭俗的嬰兒性慾
學說，更是讓醫界同僚紛紛和他劃清界限，原本寄望他們轉介病
人的收入命脈也斷了線，生計困境雪上加霜。

　　一八九七年元月，佛洛伊德遲遲未能升等副教授，已經邁入
非比尋常的十二個年頭，比他晚出道的同僚再次捷足先登，對於
升等一事，他幾乎已經看破。二月，諾特納格爾教授約談他，說
是和另外兩名教授克拉夫特—埃賓（Krafft-Ebing）和法蘭克—
霍克瓦特（Frankl-Hochwart），聯名薦請系所審委員會同意他升
等副教授，否則他們就要把推薦書直接轉呈高教部審委會。結
果，還是石沉大海。官方的反猶太態度始終是最大障礙，而佛洛
伊德惡名昭彰的性慾理論，更是完全無助於改善已經升等渺茫的
重重劣勢。接下來，一八九八、一八九九、一九○○年，所有提
報升等者，全都順利過關，只剩下佛洛伊德一再落空。

　　後來，佛洛伊德決定不再逆來順受，默默接受反猶太殉難
者的宿命，開始積極尋求奧援。首先，他透過先前的病人艾莉

絲‧岡珀斯（Elise Gomperz），她是昔日翻譯彌爾著作負責編輯岡珀斯教授的夫人，而岡珀斯教授曾經和現任公共教育部長馮‧哈特爾（von Hartel）是哲學教授同事。透過這層人情關係，岡珀斯很願意幫忙向部長說情，但部長塘塞說是從沒聽過有這檔事，建議再補送一次。佛洛伊德只好再回去，麻煩老師重送相關文件。然而，最終還是沒有結果。

消息傳到佛洛伊德另一位病人，外交官夫人瑪麗‧馮‧費爾斯特（Frau Marie Ferstel）耳中，她不落人後，到處打聽，終於和部長攀上關係，並與他達成交易。話說，部長十分希望得到瑞士畫家勃克林（Arnold Böcklin）的畫作：「城堡遺址」（Die Burgruine），送給新成立的現代畫廊。費爾斯特夫人的姑媽正好擁有這幅畫，花了三個月時間，她才從姑媽那兒把畫弄到手，轉送給部長。然後，一次晚宴上，部長向費爾斯特夫人透露，相關文件已經呈送給皇帝簽署了。她聽到這個好消息，隔天一大早，就直奔佛洛伊德的診間，興沖沖地大叫：「我做到了！」

塵埃落定之後，佛洛伊德的反應，不難想像。他寫信給弗里斯，語帶自嘲，笑說自己是不折不扣的頑固大蠢驢，早該認清維也納的世道人心，識時務搞好關係，走後門，就不用招惹出這麼些狗屁倒灶的麻煩事了。一九〇二年三月十一日，寫給弗里斯的最後一封信，他笑看這一切：「一夕之間，四方來朝，錦上添花的祝賀、花籃，如雨點狂灑我身上，就好像是國王陛下隆恩肯定了性慾的角色，部委會核可夢的重要性，而帝國議會也以超過三

之二的多數決，通過精神分析治療歇斯底里症的必要性。」

　　儘管世態炎涼，荒謬可笑不在話下，但是結果還是有正面的效應。路人遠遠就會向他行禮致敬，家裡小孩同學對他們投以羨慕的眼神，還有唯一有實質意義的是，上門求診人數日益增多，家庭生計明顯好轉。即使不見得是發諸內心的愛戴，但至少已有表面的尊重。與此同時，他也逐漸脫離多年孤軍奮戰的處境，不少追隨者陸續前來拜師門下，外面世界也開始慎重關注他的心理學工作。根據規定，佛洛伊德升等之後，必須晉見奧皇，感謝授予榮銜之隆恩。此儀式需要配帶服役勳章，但是佛洛伊德早就弄丟了。朋友赫齊格（Josef Herzig）把自己的勳章借給佛洛伊德佩帶，但也提醒，別以為這樣就能輕鬆蒙混過關，因為奧皇銳利的雙眼，一踏入謁見廳，絕對有可能馬上就會看穿：「那不是赫齊格的勳章嗎？」

　　頭銜改變了，生活基本上變動不大。還是和之前無給職講師時期一樣，每週開兩門課，固定星期四和星期六。上過他課程的少數幸運兒（我何其榮幸忝為其中一員），很難不被他的講學風采迷倒。課堂上，他那別開生面的反諷幽默，總能啟發聽講者豁然開悟，會心一笑之外，別有一番深意。他的嗓音偏低沉，或許是因為顧慮到拉高聲音，可能會聽來有些尖銳。儘管低沉，還算是字正腔圓，不至於含糊不清。他講課不用講稿，也絕少事前備課，大抵上，就是即席發揮。他曾說，講課要講什麼主題，他也不盡然明白，就是順其自然，「聽憑自己潛意識帶路」。

　　他講課從不用講臺，而是走下去，和聽講者同席而坐，親切

的感覺就像是促膝長談一樣。在他後來出版的若干講稿，讀者也可以清楚感受到，這種當面促膝長談的特色。言談之間，毫無高高在上的優越感，也不會給人師者說教的感覺。他尊重聽者自有思辨、判斷的智慧，他只是希望把自己最近的若干經驗，拿來和他們溝通。

他的寫作風格簡練而犀利，經常出現反諷，偶而甚至辛辣尖銳。這兒提供幾個例子，不過請注意，這些特色可能多少失落在翻譯之中。談起奧地利當時外科名醫畢羅斯（Theodor Billroth）的死訊：「值得羨慕，他的生命沒有活超過他自己」（1894年2月7日）；「我活得如此孤立，就好像我發現了最偉大的真理」（1896年3月16日）；「這再次顯示，除了看見者本人以外，要看見有多難」（1896年5月4日）；「我太明智了，不得抱怨；我知道，一切的苦難我全都有了，而根據人類苦難的統計，一個人只有權利，獲得何其之少的苦難」（1900年5月7日）。

《夢的解析》

《夢的解析》公認是佛洛伊德最重要的著作，也是使他名垂青史的巨構。佛洛伊德本人似乎也同意這種看法，他在英譯本第三版序文寫道：「如此洞視，因緣際會遇上，人生運途難得一回。」這可說是純屬偶然發現的完美事例，因為佛洛伊德發現夢的意義，是在研究精神官能症時，很偶然的，甚至可說是很意外的，重大發現。

　　有一次，我問他，最喜歡自己寫過的哪幾本書，他從書架上拿出《夢的解析》和《性學三論》：「我希望，這本（《性學三論》），隨著普遍接受而很快就過時，至於這本（《夢的解析》），應該會流傳久一些。」然後，淺笑淡淡補充說：「我似乎命中註定，要發現那些顯而易見的事，像是小孩有性的感覺，這是每個保母都知道的；而夜晚的夢，就和白日夢沒兩樣，都代表願望的實現滿足，這回事，也是人盡皆知的。」

　　這書問世之後，正反極端評價從沒少過，理由不難想像，因為這是佛洛伊德最富原創力的代表作，主要結論新穎稀奇，完全出乎意料，包括以夢作為主題，夢的結構，還有許多偶然發現的題材。其中最重要的偶然發現，就是現在眾所周知的「伊底帕斯情結」，他毫無保留揭露小孩對父母的情慾和仇怨關係。在此同時，他還體認到嬰兒生活對於日後人格發展的極端重要性。最關鍵的是，《夢的解析》不但為人類潛意識學說奠定穩固的基礎，肯定潛意識對人類行為的影響遠超過意識，而且提供進接潛意識的最佳途徑（催眠、自由聯想、自我分析等等），佛洛伊德自言，夢的解析就是通往潛意識的皇家大道。此外，這書還包括涉及文學、神話學、教育學等領域的諸多觀點，其中針對莎士比亞《哈姆雷特》的著名註腳，就是引人注目的例子，這些內容啟發了日後大量專業領域的研究靈感。

　　《夢的解析》核心主題是夢境生命（Traumlebens [dream life]）的研究，題材包羅很全面，研究無比詳盡而徹底。所以，自出版迄今半個世紀，結論只有微乎其微的增補修訂，在科學領

域的重要著作中，很少能達到這樣的水準。這本書無疑是佛洛伊德最著名，也是最多人閱讀的著作（或者至少也接觸過摘述或轉述）。任何人如果不曾接觸過《夢的解析》，而要宣稱自己懂得佛洛伊德，那無異乎妄人說夢。佛洛伊德曾寫道：「一八九六年初，《夢的解析》的基本內容就已經全部完成，但直到一八九九年夏天，終於才落筆成書。」時隔多年之後，在一九二五年，他再次提及：「我的《夢的解析》（1900年出版）和《朵拉：歇斯底里案例分析的片段》（1905年出版）……在我心頭至少潛抑了四、五個年頭，最後才獲得容許出版問世。」

佛洛伊德對夢的興趣，可以追溯到童年時期，從小以來，一直都很能作夢，甚至在小小年紀，還會觀察並且把夢記錄在筆記本。在結婚之前，佛洛伊德與瑪莎的書信中，以及他早期出版的著作，時常可以看到他引用那本筆記本的記錄段落，可惜後來在納粹大屠殺期間銷毀了。

關於佛洛伊德對夢的解析產生興趣，根據他自己的說法，有兩個來源：第一個來源是，在追蹤患者的自由聯想時，他觀察到聯想當中往往參入夢的內容，從而連結出進一步的聯想。另一個來源是，他對精神病患者的診療經驗，觀察到他們在幻覺狀態時，願望實現的徵象相當明顯。

關於願望實現的概念來源，佛洛伊德多次提起德國精神病學家葛利辛格（Wilhelm Griesinger, 1817-1868），說是他那深知灼見的一席話，讓他開始注意到，夢和精神病普遍存在的願望實現特徵。

　　《夢的解析》收錄了，佛洛伊德所做的第一次夢的解析（1895年3月4日），那是賴床不想上班的醫科學生所做的夢，他夢見自己已經在醫院上班，如此就實現了不用起床的願望。這是有紀錄可查，第一個標示夢有願望實現作用的例子。佛洛伊德認為，這個夢和他治療的一位精神病患者的夢，都有願望實現的共通點。

　　佛洛伊德很早就已經懷疑，夢的起源動機是要實現潛藏的願望。一八九五年七月二十四日，星期三，這個具有歷史意義的一天，佛洛伊德經由完成對自己夢的完整分析，終於證實了這個想法。這個夢就是著名的「艾爾瑪的注射」（Emma's injection）。關於夢的起源動機，佛洛伊德已經非常清楚，所有夢都代表某種願望的實現。他信心滿滿肯定，願望實現的確是驅使人們作夢的動機。

　　然後，一八九五年十月，他在《科學心理學研究計畫》（*Projekt für eine wissenschaftliche Psychologie* [*Project for a Scientific Psychology*]），開始從理論上思索夢的運作機轉（尚未投入觀察研究真正的夢的運作過程）。他從心理學的假設，推論指出，在夢裡，自我（Ego）的活動相對止息，肌肉運動機能幾乎完全靜止。在運動機能受到阻斷之下，只剩知覺作用，夢接受容許各種幻覺出現，而作夢者相信夢中的幻覺是真實發生。如此的夢的運作機轉，和他分析精神疾病症狀而熟知的幻覺運作機轉，有著驚人相似之處。

　　接下來要探討的主題，就是關於夢的內容為什麼以偽裝的形

貌出現。在追索自由聯想的脈絡時，他注意到，夢的內容有些環節斷裂不連貫，所以常常顯得邏輯不通。他嘗試提出解釋，例如：生理經濟學的解釋，認爲和各個意念的相對能量灌注強度有關，卻始終不甚滿意。值得一提的是，雖然他在精神病理學領域已經熟悉「潛抑」的概念，但是他在這裡，倒是沒有使用該概念來解釋夢內容的僞裝和邏輯不通。

一八九七年七月七日，時隔佛洛伊德首次分析自己的夢兩年，他在信中提到，自己針對夢的問題，已取得重大發現（包括：夢的起源動機、夢的運作機轉等等），並自認是既有關於夢的理論當中最完善的，儘管仍有不少謎團遮眼，有待揭開釐清。早在一八九五年未完成的《科學心理學研究計畫》，他就已經察覺，夢和精神疾病有著極其類似的結構。「夢包含了精神疾病心理學的精髓要義」，呼應英國神經病學之父修林斯‧傑克遜（John Hughlings Jackson, 1835-1911）[119]早些年的主張：「把夢弄清楚，你就懂得精神失常了。」

一八九七年一〇月十五日，佛洛伊德在信中講述自我分析的

---

[119] 約翰‧修林斯‧傑克遜（John Hughlings Jackson, 1835-1911），英國神經內科醫生、神經診斷方法的創始人，神經病學理論研究學者，尤以研究癲癇和中風聞名。1876 年，提出癲癇相關的「夢狀態」（dreamy state）概念，結合神經系統組織理論和意識模式的相關蘊義，啟發現代人類意識理論的發展，包括佛洛伊德的潛意識精神分析理論。

重要細節，同時還宣布伊底帕斯情結的兩個要素：對父母親一方的愛，以及對另一方的嫉恨。對於夢的理論而言，這絕對不只是無關宏旨的偶然發現，而是生動地闡明了，驅使人類作夢的動機是要實現潛意識的願望，而該等願望則可追溯到幼年未得化解而糾纏至今的心結。他進而以此解釋，伊底帕斯傳奇故事的影響效應，並且闡述，伊底帕斯情結的兩個要素，如何連結到哈姆雷特兩難處境的夢魘心魔。

　　一八九七年五月十六日的信裡，佛洛伊德首次提到想寫關於夢的書，那是在自我分析真正開始之前的幾個月。自我分析開始之後，顯然更加促使他著手寫作。《夢的解析》的寫作和自我分析，可以說是齊頭並進，緊密相連，而且書中有相當分量的段落，就是從自我分析的記錄取材而來。在此之前，他也查閱了一些文獻，並欣慰發現，還沒有人提過夢的起源是為了要實現願望。

　　一八九八年二月九日，佛洛伊德第二次在信裡談到《夢的解析》的寫作，這時，他埋首寫作已經好幾個月了。全書寫完的時間是在一八九九年九月，因此我們可以推估，佛洛伊德投入兩年時間完成這本書。

　　以下，摘錄這本書的寫作進度。一八九八年二月二十三日，若干章節已經寫好，「看起來很不錯。夢的心理學，比我預期的更深入。所有補充都是屬於哲學方面。沒有寫到性慾器官（或性慾敏感區帶）。」三月十日，他給了如後頗堪玩味的評述：

「在我看來，願望實現理論給的解決方案，只限於心理學（或者，更貼切地講，應該是後設心理學），而沒有生物學方面的解決方案。我想認眞請教你，我是否可以使用後設心理學（meta-psychology），來指稱我這超越意識界的心理學？依我所見，從生物學角度來說，夢境生命完全是起源於早年時期（1歲至3歲）的記憶遺跡，這同時也是潛意識源頭所在的時期，更是包含精神疾患病源的唯一時期。還有，一般人通常無法記憶早年時期，這和歇斯底里症的健忘也頗有雷同之處。我不禁要提出這樣假設公式：『早年時期所看到的，將會產生夢；所聽到的，引發幻覺；性經歷，則引發精神疾病』。早年經歷的重複本身，就是一種願望實現。近期的願望，唯有與早年的某些東西有所關聯，或是早年願望的衍生物，或是與之同化，只有在這些前提之下，才有可能驅使人作夢。」

三月十五日，他在信中給了一些章的標題（後來有所更改）。他還打算寫一章「夢與精神官能症」，不過後來作罷沒寫。四月三日，分析典型夢的部分，已接近完成，他覺得比先前的部分令人滿意得多。五月二十四日，他報告說，關於夢的構建已經完成。最後一章，顯然帶給佛洛伊德很多麻煩，耽擱了好一段時間。一來是因爲他覺得不滿意，再來是因爲這書中收錄不少涉及個人私密的素材，他實在不太願意公諸於眾。

　　一八九九年二月十九日，他在信裡試圖區分，夢的本質和歇斯底里症狀的本質，二者都是願望實現的偽裝表達。他結論指出，在夢中，只有被潛抑的願望；而在歇斯底里症狀，則是在被潛抑的願望與施加潛抑之機制（repressing agency）之間存在某種妥協，他首次使用「自我懲罰」（self-punishment），作為施加潛抑之機制的例子。

　　五月二十八日，爆發了一大堆莫名其妙的事情，終於讓佛洛伊德下定決心，把這書交付出版；出版日期預定在七月底暑假之前：「我反覆思索，不管怎麼遮掩、刪減都無濟於事，況且我不夠富有，沒辦法把這絕妙發現當作自家珍寶，這書不無可能就是我活命的唯一救命符。」六月九日，他又轉念，覺得這書沒什麼價值：「說到夢這一回事，再簡單不過了，所有的夢尋求的就只是實現一個願望，從這個願望轉化成許多其他願望。說穿了，這唯一的願望，就是要睡覺。人作夢無非就是想要一直沉睡，永遠不用醒來。哪需要這麼多亂哄哄的噪音！」

　　整體而言，有關夢的主題部分，寫得算是相當順手；但是，依形式要求，不得不寫的首、尾兩章，就寫得很厭煩。第一章，是回顧相關主題文獻，一八九八年十二月，佛洛伊德開始著手處理這項吃力不討好的差事。中途還受不了而擱置，後來不得不再回頭，才比較徹底回顧那些文獻。一八九九年七月二十七日，終於完成這份「無聊透頂」的工作。大部分文獻膚淺乏味，難以卒讀，尤其是德國哲學家、心理學家史皮特（Heinrich Spitta, 1849-1929）的《人類靈魂的睡眠和作夢狀態》

（*Die Schlaf- und Traumzustdnde der menschlichen Seele* [*The Sleep and Dream States of Human Soul*]），更是讓他煩到，真心希望自己從沒碰觸這個主題。唯一有價值的大概就只有德國哲學家、心理學家施爾納（Karl Albert Scherner, 1825-1889）的象徵論。至於他在書中提出的主要理念，所回顧的文獻當中，沒有找到任何可供參考的線索。

然而，許多年之後，他偶然發現奧地利物理學家約瑟夫・波普—林庫斯（Josef Popper-Lynkeus, 1838-1921）[120]的哲學故事集《一個現實主義者的狂想》（*Die Phantasien eines Redisten*, 1899年出版），其中短篇故事〈如夢似醒〉（Träumen wie Wachen [Dreaming like Waking]），隱含指出，夢的扭曲變形乃是出於對不受歡迎之心思的查禁，這難能可貴的先驅之見，或許可說是不

---

[120] 約瑟夫・波普—林庫斯（Josef Popper-Lynkeus, 1838-1921），奧地利猶太裔物理學家、哲學家及發明家，英國哲學家卡爾・波普的叔叔。他基於分析個人的社會意識和動物本能之間的衝突來詮釋夢，《如夢似醒》收錄在1899年出版的《一個現實主義者的狂想》（*Fantasies of a Realist*），彙集八十篇傳說與短篇故事集，筆名林庫斯。此後，他的姓氏從波普改為波普—林庫斯，林庫斯之名源自希臘神話，以觀察銳利見稱的阿爾戈船舵手。佛洛伊德對波普—林庫斯極為推崇，認為他是當代偉大的智者，著作多次引述其觀點。愛因斯坦推崇他是「體現時代良心鳳毛麟角的大勇之士」，《一個現實主義者的狂想》批評盲目信奉國家、社群義務而犧牲個人自由權益。此書翻譯成多種語言，讀者遍及全球，但因宣揚和平反戰和個人主義，遭到奧匈帝國和俄國審禁多年。

期而然預告了佛洛伊德理論的核心要點。

　　雖然，佛洛伊德自己嫌棄這篇文獻回顧，說是寫得難稱滿意，但終究是大師出手，非同凡響。不只回顧的文獻涵蓋全面而徹底，妙筆生輝更是把乏善可陳、「無聊透頂」的素材整理得津津有味，更絕妙的是他展現了充分掌握和梳理多路來源龐雜文獻的卓越功力，千淘萬瀝精選出有正面價值的資訊，再巧手抽絲剝繭編織成引人入勝的導論，文理有序扎實的超高鋪陳介紹，有效幫助引導讀者順利進入即將展開的正文論述。一八九九年八月六日，「像是摸黑走在森林，一開始，一大堆作者，七嘴八舌，挨挨擠擠，根本看不清作者展開的枝葉，前景無亮，盡是死路。然後摸索出隱蔽通道，帶引讀者順著這條道路，跨入我採集的夢，滿布的殊異細節，失檢言行，爛笑話，然後衝上高峰，前景豁然開朗，進一步探尋追索：你該往哪兒去呢？」總之，這篇一流水準的文獻回顧，絕對不負大師之名。

　　最後一章也是大麻煩，寫得很掙扎，主題是夢過程的心理學。這是最艱難、最抽象的部分。寫之前，佛洛伊德頗感膽顫心慌；不過，真正開始下筆寫作之後，速度飛快，如入夢境振翅騰翔，只花兩個星期就完稿，時間在九月中旬。

　　一八九九年九月十一日，佛洛伊德寄出最後一份手稿；十月二十日，複印本寄給弗里斯。出版日期實際上是在一八九九年十一月四日，但弗蘭茨・杜迪克出版社（Franz Deuticke）選擇在書的封面印上出版年份為一九〇〇年。扉頁題詞是擷取自古羅馬詩人維吉爾（Publius Vergilius Maro，西元前70-19），史詩

《埃涅阿斯紀》（*Aeneid*）的拉丁文詩句：「*Flectere, si nequeo Superos, Acheronta mavebo*」（*倘若天庭神威難撼動，縱身翻轉冥界愁苦河*[*If I cannot deflect the will of higher powers, then I shall move the River Acheron*]），其中明顯指涉被潛抑之物的命運。

《夢的解析》首刷六百冊，八年的時間才銷售清空。前六週售出一百二十三冊，然後接下來兩年，售出二百二十八冊。佛洛伊德收到的書款五百二十二點四〇盾（約二百零九美元）。

這書發行十八個月之後，佛洛伊德在信上說，所有科學期刊隻字未提，至於非科學雜誌，也是寥寥可數，幾乎就是石沉大海。書發行六個星期之後，維也納《時代週刊》（*Die Zeit (Wien)*）登載一篇極盡汙衊、蠢不可及的評論，作者署名城堡劇院前任總監柏克哈特（Burckhardt），此一惡評刊出，徹底斷絕了該書在維也納的銷路。後來，出現幾篇討論該書的短論，一九〇〇年三月三日，維也納的《評論雜誌》（*Die Umschau*）；三月十日，《維也納外事報》（*Fremden-Blatt*）；六個月之後，《柏林日報》（*Berliner Tageblatt*）刊出一篇算是好評的文章；又隔了九個月之後，柏林的《日報》（*Der Tag*）才又讀到一篇短文，評價不是太友善。以上，就是提到該書的所有評論。就算有弗里斯在柏林，也無法發揮助力，沒能有效推動任何報刊登出正面書評。

在心理學領域，專業期刊倒是有些評論。然而，近乎宣判封殺的負評，卻也沒有因為聊勝於無而讓人稍感欣慰。德國人格發展心理學家史鄧恩（Wilhelm Stern, 1871-1938），提醒大家注

意此書凶險至極:「心思不識慎思批判的讀者,可能一頭熱,糊里糊塗就栽進他大玩特玩的觀念遊戲,終而墜落全然玄祕、混亂的獨斷深淵。」也是來自柏林的李普曼教授(Hugo Karl Liepmann, 1863-1925),則說書中所見就只是,「藝術家的想像力,戰勝了研究者的科學精神」,並且嚴詞抨擊「他對邏輯和科學思維所帶來的災難性毀滅。」直到一九二七年,弗萊堡的奧許教授(Alfred Hoche, 1865-1943),在《作夢的自我》(*Das Traumende Ich* [*The Dreaming Ego*]),〈夢的神祕主義〉一章,把佛洛伊德有關夢的學說歸入此類,並列的還有預言家的夢,並且寫道:「這本著名的解夢之作,劣質紙張列印,還可能給塞在廚師抽屜裡。」

一九〇〇年二月一日,佛洛依德信中寫道,他承諾為羅文菲爾德(Loewenfeld)主編的《神經和精神生活的邊緣問題》(*Grenzfragen des Nervenund Seelen-lebens* [*Borderline Problems of Nervous and Mental Life*])系列叢書,寫一篇《夢的解析》精簡版,標題:〈論夢〉(Über den Traum [*On Dreams*])。他從十月開始寫,寫得很快,隔年就出版了。此後,佛洛伊德又陸續撰寫了《夢的解析》的若干普及精簡版本,每個版本都各有創新之處,而非僅是毫無新意的濃縮本。

一九〇〇年十月十四日,佛洛伊德寫給弗里斯的信中提到,一個新的病人,十八歲的女孩。治療僅持續了十一週,患者因故而退出治療。一九〇一年元月二十四日,佛洛伊德完成此一病例分析書寫。但出於專業顧忌與其他考量,他再三猶豫,

數次撤回手稿,直到一九〇五年四月,終於才確定出版。這本書裡,這位女病患,化名「朵拉」(Dora),這是他獨立完成的第一部個案分析著作,書名:《朵拉:歇斯底里案例分析的片段》(*Bruchstück einer Hysterie-Analyse* [*Fragment of an Analysis of a Case of Hysteria*])。這本書可視為《夢的解析》延續之作,對於夢和精神疾病症狀之間的關聯,提供了進一步的理論闡述;詳盡記錄夢的分析和治療程序執行手法與細節,尤其具有實務參考價值。

沉潛復出

一九〇一年,佛洛伊德四十五歲,他揮別了成長過程扮演重要支柱的布呂克、梅涅特、夏柯、布勞耶、弗里斯,不再需要仰賴理想化導師和精神伴侶的提攜肯定和撫慰陪伴,智識和情感發展邁入獨立成熟的高峰期。

在邁入獨立成熟期之前,大約十年的時間,佛洛伊德獨自沉潛在智識疏離的個人世界,後來他將這段時期美其名稱為「光輝燦爛的疏離」(splendid isolation)。對於佛洛伊德而言,這一時期的優點就是:完全不用擔心競爭,不必理會「不了解情況的對手」,也無須像神經學研究階段,必須大量閱讀和整理文獻,因為著手開拓的全新領域根本不存在任何足供參考的相關文獻。

這段十年左右的時期,佛洛伊德戲稱為「美好英雄年代」,是如何畫上終點?箇中轉變脈絡,三言兩語難以

交代清楚，概括而言，「維也納精神分析學會」（Wiener
Psychoanalytische Gesellschaft [Vienna Psychoanalytic Society]）
的創設，或許可以說是沉潛復出的關鍵點。維也納精神分析學
會，也是後來陸續成立的許多精神分析學會的始祖。

這方面的發展，也是說來話長，簡單地講，十九、二十世紀
之交，不少人前往維也納大學，聆聽佛洛伊德開設的精神官能
症心理學課程。其中，麥斯・卡漢（Max Kahane, 1866-1923）和
魯道夫・雷特勒（Rudolf Reitler, 1865-1917），兩位都是維也納
當地的猶太裔醫生，成為佛洛伊德最早的追隨者。卡漢是精神療
養院醫生，雷特勒後來成為佛洛伊德之後第二位精神分析治療
醫師。一九〇一年，卡漢向威廉・史德凱（Wilhem Stekel, 1868-
1940）推薦佛洛伊德，當時史德凱精神官能症纏身，登門求助佛
洛伊德，接受八次精神分析療程（實際療程次數應該更多），病
情大獲改善。一九〇三年起，史德凱開始從事精神分析治療。第
四位早期追隨者，亞弗列・阿德勒（Alfred Adler），也是維也納
當地的猶太裔醫生。

一九〇二年秋，佛洛伊德寄明信片，邀請卡漢、雷特勒、史
德凱和阿德勒，前來他的住所聚會，交流討論他的工作。從此以
後，他們每週三晚上固定聚會，討論會的地方就在佛洛伊德的候
診室。討論會取名「週三心理學會」（Psychologische Mittwoch-
Gesellschaft [Wednesday Psychological Society]）。每週聚會後，
史德凱都會把會中討論內容撰寫成文章，發表在《新維也納日
報》（*Neues Wiener Tageblatt*）的週日特刊。

　　接下來幾年，陸續有其他人加入學會，其中包括後來成為重要幹部的數名成員：奧托・蘭克（Otto Rank），一九〇六年，阿德勒介紹加入；一九〇八年，桑德爾・費倫齊（Sándor Ferenczi）；一九一〇年，漢斯・薩克斯（Hanns Sachs）等人。

　　早期到訪的非會員不少，在此僅摘列幾位：麥斯・艾汀貢（Max Eitingon），一九〇七年元月三十日；C. G.榮格（C. G. Jung），一九〇七年三月六日；卡爾・亞伯拉罕（Karl Abraham），一九〇七年十二月十八日；A. A.布利爾（A. A. Brill）和我（厄尼斯特・瓊斯〔Ernest Jones〕），一九〇八年五月六日。

　　一九〇八年初，總共二十二名會員，每週出席的會員人數通常八到十名。早些年，每年會安排年會，時間在聖誕節之前。後來，改成暑假舉辦。一九〇八年四月十五日，「週三心理學會」正式改名為「維也納精神分析學會」，一直沿用至今。

　　這段時期（1901至1906）年，佛洛伊德生產力大爆發。一九〇一年，出版一本小簡冊《論夢》。一九〇四年，出版《日常生活的精神病理學》。一九〇五年，學術成果豐碩，四篇論文和兩部著作，第一部是《笑話與潛意識之間的關係》。同一期間，還寫了《性學三論》。兩部書的稿子就放在相鄰的兩張寫字桌，看心情想寫哪一邊。《性學三論》無疑給他招惹來比其他著作更難堪的眾怒圍攻。《夢的解析》被認為是癡人說夢、荒誕不經；《性學三論》則是傷風敗俗的淫邪猥褻，佛洛伊德被視為無恥下流淫穢之徒。主要抨擊責難是針對他的嬰孩性慾學說，居然宣稱

天真無邪的兒童生來就擁有性衝動本能，更不可原諒的是，還說嬰孩最早的性慾對象是自己父母。

大約同一時期，經過四年的猶豫遲疑，佛洛伊德終而還是決定把《朵拉：歇斯底里案例分析的片段》付諸出版。此書甫一問世，醫學界罵聲四起，紛紛譴責未經病人允許，就將如此詳盡的私密細節昭告世人，尤其還露骨描述年輕女孩令人作嘔的性變態，如此枉顧專業倫理，實在無可寬恕。

一九〇一年夏末，佛洛伊德終於踏上羅馬之旅，他稱之為「我一生的至高點」。對於佛洛伊德而言，羅馬可說是魂牽夢回的夢鄉，這場嚮往多年的圓夢旅程，對他有著非比尋常的情感意義。情牽一世的羅馬之愛始於少年時期的夢，正如他自己所說：「成為許多深情珍藏願望的象徵。」他曾經表示，若能前往羅馬，捨棄教授職也在所不惜。甚至有一次旅遊羅馬時，還寫信給太太，說是多希望有朝一日能夠遷居羅馬，永遠揮別維也納，那將會是多麼幸福的美事。

然而，這個夢想太美了，太不真實。長久以來，總是受到神祕禁忌的反對，內心深處某些聲音使他退縮，遲遲未能付諸實現。對於佛洛伊德而言，羅馬代表了摯愛與仇敵兩種意義：一是孕育歐洲文明的古羅馬，佛洛伊德深深沉浸仰慕古羅馬文化和歷史，這是他的摯愛夢鄉。二是基督教羅馬，摧毀並取代羅馬帝國，更是猶太人遭受迫害千百年的仇恨源頭，阻礙他難以義無反顧追求個人摯愛。羅馬也是佛洛伊德自我認同的閃族大將軍漢尼拔，受阻於無以名之的原因，而未能攻克的城市之母。

佛洛伊德心中這座永恆大地之母的神聖城市，他一生總共造訪七次。第一次是在一九〇一年九月二日，弟弟亞歷山大結伴同行。抵達羅馬之後，他迫不及待捎書通報家人，興奮地說，洗完澡，覺得自己彷彿已是道道地地的羅馬人。九月三日早上，參觀聖彼得大教堂和梵蒂岡博物館，讚嘆觀賞拉斐爾的作品是「千古難逢的絕美饗宴」。他在羅馬（特雷維）許願池投了一只硬幣，許願很快會再訪羅馬。他還像一般觀光客一樣，把手伸進聖母堂的真理之口。

九月四日，他在國家博物館待了兩個半小時。早上雷雨交加，佛洛伊德形容那關天撼地的聲勢，只有米開朗基羅大師等級足堪比擬。下午三點到七點，乘坐馬車，環遊整座羅馬城。難以言喻的古城風華，無以倫比的絕妙體驗。九月五日，他第一次看見米開朗基羅的摩西雕像（此後又專程來羅馬觀看無數次）。凝神注視片刻，靈光乍現，米開朗基羅的性格昭然若揭。他還參觀了萬神殿，並再次造訪梵蒂岡博物館，勞孔群像（Laocoön）和觀景殿的阿波羅雕像，讓他特別停下腳步觀看許久。九月六日，他去了帕拉蒂尼山丘（Palatine Hill，區內有著名的古羅馬廣場、大競技場、宮殿遺跡等），這是他最喜歡的區域。九月七日，本來打算去龐貝遺址，但遇上節慶沒有開放，改去羅馬近郊的蒂沃利古鎮（Tivoli），度過一天。

九月十日，他再次造訪梵蒂岡博物館，絕美的館藏，看得神魂顛倒。接下來一整天，都在阿爾巴諾丘（Alban Hills）度過，騎了兩小時的驢子。九月十四日，踏上歸程，佛洛伊德生平第一

趟的羅馬之旅，就此告一段落，總共度過十二個難忘的日子。

有朋自遠方來（1906至1909年）

　　許多年來，佛洛伊德的著述在德語圈的期刊、報刊普遍遭受冷落，甚或輕蔑負評。不過，出了德語圈之外，以英語國家為例，評論則是相對友好尊重。就我所知，把佛洛伊德和布勞耶的歇斯底里研究介紹給英語世界的第一人，應該是梅爾斯（F. W. H. Myers, 1843-1901）[121]。一八九三年元月，布勞耶和佛洛伊德的研究刊載於《神經學刊》（*Neurologisches Zentralblatt*）。僅隔三個月，梅爾斯就在精神研究學會（Society for Psychical Research）的會員大會，介紹了這篇「初探聲明」；這份介紹文字稿收錄在同年六月發行的會議紀錄。因此，我們可以說，精神分析發軔之始，六個月之內，英語讀者就已經有緣接觸了。

　　一八九六年，神經科醫生米歇爾・克拉克博士（Mitchell Clarke）在《大腦：神經病學期刊》（*Brain: A Journal of Neurology*），發表一篇評論佛洛伊德和布勞耶歇斯底里研究的

---

[121] 弗雷德里克・威廉・亨利・梅爾斯（Frederic William Henry Myers, 1843-1901），英國詩人、古典者、哲學家，創設精神研究學會，提倡潛意識自我（subliminal self）學說，研究精神媒介、幻覺、人格與肉身之死，他的雙性戀情慾生活可能和他投入潛意識精神研究有所連結。

文章。[122]吸引了兩位重要讀者的注意，一位是埃利斯（Havelock Ellis）；另一位是著名的外科醫生特洛特（Wilfred Trotter, 1872-1939）[123]。兩人在期刊和個人著作的書籍，都有詳盡介紹《歇斯底里研究》，埃利斯還接受了佛洛伊德的性慾病原學觀點。

在美國方面，一九○六年二月，哈佛大學神經學教授詹姆斯・普特南（James J. Putnam）在《變態心理學期刊》（*Journal of Abnormal Psychology*）創刊號，發表了史上第一篇英文撰寫的精神分析評論。[124]一九○五年，波士頓的莫頓・普林斯（Morton Prince, 1854-1929）[125]博士，寫信給佛洛伊德，懇請賜稿介紹他那「聞名遐邇的工作」，好讓他創設的《變態心理學期刊》創刊號增添光彩。在紐約，兩位瑞士移民精神科醫生：阿道

---

[122] Mitchell Clarke, 'Review of Breuer and Freud, Studien uber Hysterie', Brain 19 (1896): 401-14。

[123] 威爾弗雷德・特洛特（Wilfred Trotter, 1872-1939），英國外科醫生，神經外科先驅。社會心理學研究名著《和平與戰爭中的羊群本能》（*Instincts of the Herd in Peace and War*），提出羊群本能的群眾心理學概念。

[124] Putnam, J. J. (1906). Recent experiences in the study and treatment of hysteria at the Massachusetts General Hospital with remarks on Freud's method of treatment by "psycho-analysis." *Journal of Abnormal Psychology*, 1, 26-41。

[125] 莫頓・普林斯（Morton Prince, 1854-1929），美國神經病學家、變態心理學家，臨床心理學先驅，傳播歐洲精神病理學思潮，1906年，創設《變態心理學期刊》。

夫・梅耶（Adolf Meyer, 1866-1950）和奧古斯特・霍赫（August Hoch, 1868-1919），多年追蹤佛洛伊德的研究著述，當然也都有傳遞給各自學生。

　　一九○四年秋，佛洛伊德聽說，蘇黎世的精神病學教授尤金・布魯勒（Eugen Bleuler，瑞士著名的博戈赫茨利（Burghölzli）精神病院院長），團隊幾年來致力推廣精神分析的實務應用，而當初提議如此嘗試作法的就是布魯勒的首席助理榮格。《夢的解析》出版後不久，榮格就再三研讀，甚至在一九○二年，他寫的關於靈異現象的書[126]，三次引用《夢的解析》。一九○四年起，榮格嘗試多方應用佛洛伊德的想法，設計了巧妙的聯想測驗，證明佛洛伊德關於情感因素可能干擾回憶的論點，從而得以實證展現，確實存在潛抑的情感癥結，稱之為「情感情結」（affective complex，援引西奧多・契恩（Theodor Ziehen, 1862-1950）一八九八年所創的「情結」（complex）一詞）。一九○六年，榮格發表《聯想診斷研究》（*Diagnostische Assoziations Studien*）。接下來，精神病學創造歷史的《早發性癡呆症心理學》（*The Psychology of Dementia Praecox*），進一步把佛洛伊德的許多思想擴展應用到精神病學領域。一九○六年四

---

[126] 榮格（C. G. Jung）博士論文，1902 年出版，《論所謂靈異現象的心理學與病理學》，（Zur Psychologie und Pathologie sogenannter okkulter Phänomene），Leipzig：Mutze。書名英譯：*On the Psychology and Pathology of So-Called Occult Phenomena*。

月，佛洛伊德與榮格開始頻繁的書信往來，就個人私密心思和科學理念，展開友好而親密的交流，持續將近七年。

　　一九〇七年，三位訪客從蘇黎世前來拜會佛洛伊德。第一位是麥斯‧艾汀格[127]，當時在蘇黎世的博戈赫茨利精神病院實習，接觸到新心理學。艾汀格出生在俄羅斯的猶太裔家庭，從小在加利西亞和萊比錫長大，醫學院畢業後，定居柏林開業。艾汀格前來請教精神分析治療的實務問題，在維也納逗留近兩個星期，出席兩次「週三心理學會」。他和佛洛伊德共度了三、四個晚上，兩個人漫步遊走，佛洛伊德給予指導精神分析。這也成為史上第一次的精神分析訓練！一九〇九年十月，艾汀格再訪佛洛伊德，這次待了三個星期，繼續接受訓練，每個星期兩次。後來，他和佛洛伊德成為親密的朋友，他對佛洛伊德終生忠誠，至死不曾背離。

　　然而，更讓佛洛伊德興奮的是，一九〇七年二月二十七日，星期日，上午十點，榮格的首次來訪。榮格繪聲繪色陳述，第一次和佛洛伊德的會面場景，他說有太多話想說，也有很多問題想問。難掩內心激動，比手畫腳，滔滔不絕，足足講了三

127　麥斯‧艾汀格（Max Eitingon, 1881-1943），猶太裔精神科和精神分析醫生（終生保留父親取得的奧地利國籍），創立柏林精神分析綜合診所、國際精神分析訓練委員會，曾擔任國際精神分析出版社社長（也是重要金主）、國際精神分析學會會長，創立巴勒斯坦精神分析學會和以色列精神分析研究院。

個鐘頭。然後，始終耐心、聽得入神的佛洛伊德，中途提議換個比較系統化的討論方式。只見佛洛伊德舉重若輕，三兩下就把紛雜無章的談話內容，區分成若干精確妥切的標題，接下來幾個小時的交流，效率果然大幅提升。

榮格對佛洛伊德個人與工作，充滿無窮無盡的仰慕和讚佩。與佛洛伊德的相遇，是他心目當中的人生最高點。對於榮格遠道而來的熱情支持，佛洛伊德不僅心存感激，而且也非常欣賞榮格的個性。不久之後，他就認定榮格將成為自己的接班人，有時還稱他「兒子和繼承人」。榮格注定要成為約書亞（Joshua），去探索精神病學的應許之地；佛洛伊德則像摩西，只能從遠處，望著他走出自己的路。

榮格對佛洛伊德的欽佩無庸置疑，但這種好感並沒有擴及他身邊的追隨者。蘇黎世和維也納之間的相互反感，甚至還不無可能帶有種族偏見的情結，隨著時間而逐漸加深裂痕，這也是佛洛伊德深感苦惱的問題。

佛洛伊德和榮格，後來另外在九或十個場和會面，包括四次精神分析大會，還有一起前往美國巡迴演講。最後一次見面是在一九一三年九月，慕尼黑舉行的第四屆國際精神分析大會。

一九〇七年底，另一位朋友拜訪佛洛伊德，並結下更長久的友誼，他就是卡爾·亞伯拉罕（Karl Abraham, 1877-1925）。亞伯拉罕出生於德國不萊梅的猶太裔家庭，在蘇黎世的博戈赫茨利精神病院，跟隨布魯勒和榮格工作三年，因為不是瑞士本地人，升遷無望，後來移居柏林，成為開業精神分析醫生。和榮

格一樣，自一九○四年以來，亞伯拉罕潛心研究佛洛伊德的著作。這年六月，他複印自己第一篇精神分析啟發的論文寄送給佛洛伊德，就此開啟兩人的通信交流。後來，佛洛伊德邀請他前來作客。一九○七年十二月十五日，亞伯拉罕赴約拜訪佛洛伊德，兩人相見甚歡，接下來幾天，促心暢談好幾回。十二月十八日，出席週三心理學會，很快就建立堅不可摧的一世情誼。

接下來，遠方來訪的可貴朋友就是，來自匈牙利的桑德爾·費倫齊（Sándor Ferenczi, 1873-1933）[128]。後來，他成為佛洛伊德最親密的朋友和合作者。他是綜合科醫師，在布達佩斯開業，曾嘗試催眠治療法。一九○七年，經由精神病理學博士史坦恩（F. Stein）推薦，說是榮格大表讚賞《夢的解析》，他終於讀了，整個人像是被電到，大感震撼。於是，寫信給佛洛伊德，並於一九○八年二月二日，由史坦恩陪行當介紹人，前往拜訪佛洛伊德。初次見面，他留給佛洛伊德相當好的印象；當年八月，受邀加入佛洛伊德一家，前往貝希特斯加登，共度兩週家庭假期。他很快便成為佛洛伊德一家特別歡迎的客人。

費倫齊的熱情個性和自由奔放的哲學思緒，對佛洛伊德極富吸引力。他對費倫齊的私人生活、生計困頓和心理問題，投入頗

---

[128] 桑德爾·費倫齊（Sándor Ferenczi, 1873-1933），出生於波蘭猶太裔家庭，匈牙利精神分析醫生，布達佩斯精神分析學派，佛洛伊德的親密追隨者和合作夥伴。曾任國際精神分析學會會長，創立匈牙利精神分析學會。

多關照心力。他們一起度過了許多假日，從一八○八到一九三三年，長達二十五年期間，二人通信超過上千封，這些通信都有完整保存下來。[129]

維也納的漢斯・薩克斯（Hanns Sachs, 1881-1947）[130]，多年旁聽佛洛伊德在維也納大學的講課之後，一九一○年初，他鼓起勇氣拜訪了佛洛伊德，並送上自己剛出版的小書，翻譯自英國作家吉卜林的《軍中歌謠》（*Barrack-Room Ballads*）。到這時期，日後的佛洛伊德身邊的六人小圈子，都已經先後走入佛洛伊德的生活：一九○六年，蘭克；一九○七年，艾汀格和亞伯拉罕；一九○八年，費倫齊和我；一九一○年，薩克斯。

一九○八年四月二十六日，星期日，第一次正式的國際精神分析大會召開，地點在薩爾茨堡的布里斯托飯店。總共發表九篇

---

[129] 《佛洛伊德與費倫齊書信集》三卷（The Correspondence of Sigmund Freud and Sándor Ferenczi）：第一卷 1908 至 1914 年；第二卷 1914 至 1919 年；第三卷 1920 至 1933 年。費倫齊在信中提到許多主題，包括：同性戀、偏執狂、創傷、移情等等，後來都有被佛洛伊德採納而發展成理論概念。

[130] 漢斯・薩克斯（Hanns Sachs, 1881-1947），猶太裔德國精神分析師，原本在維也納開業律師，後來聽了佛洛伊德在維也納大學開講的課程，開始追隨佛洛伊德。1919 年，決定放棄律師職業。1920 年，轉業成為精神分析師。曾擔任《意象雜誌》（*Imago*）共同主編；一戰期間，維持國際精神分析出版社運作。1932 年，逃離納粹德國，移民至美國波士頓。

論文：四篇來自奧地利，兩篇來自瑞士，其餘分別來自英國、德國和匈牙利。與會人員四十二人，泰半是執業分析師。依照論文發表順序，依次如後：

佛洛伊德，奧地利維也納：「病歷」

瓊斯，英國倫敦：「日常生活的合理化」

瑞克林，瑞士蘇黎世：「神話解析的若干問題」

亞伯拉罕，德國柏林：「歇斯底里與早發型癡呆的性心理差異」

薩德格，奧地利維也納：「同性戀的病因學」

史德凱，奧地利維也納：「論焦慮型歇斯底里」

榮格，瑞士蘇黎世：「論早發型失智症」

阿德勒，奧地利維也納：「生活和精神官能症的施虐癖」

費倫齊，匈牙利布達佩斯：「精神分析與教育學」

佛洛伊德發表的「病歷」（Case History），是關於強迫症的病歷分析，即我們後來所熟知的「鼠人」（The Man with the Rats）。他坐在長桌的一端，其他人圍坐在兩側的座位。他一貫的低沉嗓音，風格鮮明的談天說理，從早上八點開講，直到十一點，表示已經差不多了。但是，新奇精采的內容，條理分明的講述，大家聽得欲罷不能，堅持請他繼續講，後來就一直講到將近一點鐘。

對於這群瑞士來的新信徒，佛洛伊德的重視也是很自然的反應，這是他的第一批外國追隨者，順帶一提，也是非猶太人。佛洛伊德經歷多年的冷嘲熱諷和排擠攻訐，當場看著海外著名

學府精神醫療機構的醫學專家學者，對他自己的工作熱情接納全力支持，要說完全無動於衷，沒有絲毫興奮之感，如此境界大概只有超凡入聖才有可能達到。總之，佛洛伊德外冷內熱的興奮火焰，還是讓維也納的追隨者感到不悅，畢竟當他孤單面對世界時，他們才是首先站到他身旁的人。由於佛洛伊德對榮格特別熱情，他們的嫉妒和敵視無可避免集中在榮格身上。他們普遍不信賴非猶太人，因為這些人的反猶太歧視偏見從沒少過。甚至早在那時候，維也納的追隨者就已預料到，榮格終究不會長久留在精神分析陣營。德語有句俗諺說得好：「仇恨的眼睛是雪亮的」（*der Hass ieht scharf*）。

論文發表結束後的小聚會上，大家決定發行一份期刊，這是第一本專門刊載精神分析研究的刊物，名稱為《精神分析與精神病理學研究年鑑》，布魯勒和我擔任發行人，榮格負責總編輯。《年鑑》首開先河之後，其他精神分析專業期刊數量持續增加，若干友好的期刊也接受刊載精神分析的論文，直到二戰大難摧毀，仍然還有九家這類的專業期刊。對於佛洛伊德而言，擁有專屬期刊，可以自由發表作品，對他來說意義重大，讓他感覺更加獨立。《年鑑》發行直到一次大戰爆發而停刊。

一九○八年十二月，發生一件重要的事件，將佛洛伊德的名聲和工作傳播到更遠的國度。美國克拉克大學校長霍爾博士（Stanley Hall），邀請佛洛伊德隔年七月，蒞臨該校二十周年校慶，進行為期一週的專題講座。佛洛伊德原本顧慮到這趟遠行大不易，還得損失看診的收入，所以就婉拒了。後來，講座日期延

至隔年九月第一週，校方並且提供旅費三千馬克（七百一十四美元），佛洛伊德終於接受邀約，還邀請費倫齊同行。一九〇九年六月中旬，佛洛伊德聽聞榮格也收到邀約，頗感欣喜：「這放大了這趟遠行的重要性。」他們立刻計畫結伴同行。

一九〇九年春天，佛洛伊德的大女兒瑪蒂爾德結婚，當父親的心裡很高興。在感謝費倫齊為女兒婚禮送上的祝賀之後，佛洛伊德承認，去年夏天，費倫齊第一次加入他們在貝希特斯加登的家庭假期時，他心裡好幾度希望費倫齊能成為那位幸運的新郎。佛洛伊德對費倫齊的厚愛可見一斑。

八月二十日早上，佛洛伊德抵達不萊梅，與榮格和費倫齊碰頭。隔天早上，搭上喬治華盛頓號遠洋客輪，航向紐約。航行途中，佛洛伊德每天都寫長信給妻子。值得一提的是，佛洛伊德、費倫齊、榮格三人互相分析彼此的夢境，這應是史上首例的團體分析。

八月二十七日，星期日晚上，船抵達紐約，布里爾（A. A. Brill, 1874-1948）[131] 前來碼頭迎接。上岸第一天，布里爾帶他

---

131 亞伯拉罕・阿登・布里爾（Abraham Arden Brill, 1874-1948；通常稱為 A. A. Brill），奧地利加利西亞出生的精神科醫生，十五歲隻身前往美國，自力更生，完成學業，哥倫比亞大學醫學博士。前往蘇黎世跟隨布魯勒實習，遇見佛洛伊德。美國第一位開業精神分析醫生，也是第一位將佛洛伊德著作譯成英語的譯者。創立紐約精神分析學會、美國精神分析學會。

們四處參觀。首先去了中央公園，然後坐車去逛中國城和猶太區；在康尼島度過一個下午。第二天早上，他們去了佛洛伊德在紐約最想去的大都會博物館，古希臘文物，他看得非常入迷。之後還參觀了哥倫比亞大學。第三天，我加入作陪，前往漢默斯坦屋頂花園（Hammerstein's Roof Garden）晚餐，看綜藝雜耍表演，之後去電影院看了早期的搞笑電影。費倫齊滿臉孩子氣的興奮，佛洛伊德只是默默笑著，這是他們看過的第一部電影。隔天早上，又參觀了幾處博物館。

　　九月四日晚上，我們搭船前往紐哈芬，然後乘坐火車前往波士頓。九月六日，抵達克拉克大學所在地烏斯特城。佛洛伊德住霍爾校長公館，其他人住飯店。九月七日早上，佛洛伊德第一場講座登場。

　　關於講座的主題，佛洛伊德自己說是還不知道該講些什麼。起初，他傾向接受榮格的建議，以夢的相關領域構思講座主題。後來，他又詢問我的意見，我提議他選擇範圍大一些的主題，斟酌之後，他同意我的看法，實用主義當道的美國學人，即使不覺得夢的主題輕浮有失莊重，也可能認為那不太「實用」。所以，他最後決定，從起源到發展，全面講述精神分析的各個面向。[132] 每次開講前，他都會找費倫齊陪同，散步半小時，由此可見他對演講的題材和組織早已胸有成竹。連續五

---

132 德語講座主題：「精神分析的起源和發展」（Der Ursprung und die Entwicklung der Psychoanalyse），連續五天，總共五場次。

天，沒有任何講稿筆記，嚴肅的題材，駕輕就熟的傾談口吻，給聽眾留下深刻印象。

特別令人感動的時刻，是在霍爾校長授予他榮譽博士學位，典禮結束時，佛洛伊德軀身向前。多年來，歷經數不清的排擠打壓、冷落蔑視，如今這遲來的殊榮，就像一場夢。面對全場觀禮的賓客，佛洛伊德致謝感言一開口：「這是我們多年的努力第一次得到正式肯定！」難掩真情流露，內心百感交集的激動與感慨。

史坦利‧霍爾對佛洛伊德和榮格盛情滿滿的稱讚和嘉勉，讓佛洛伊德感念在心，從美國回來後，他在寫給費斯特的信中，對於霍爾的感佩之情溢於言表：「最讓人心醉神迷，如夢似幻的就是，想像在遙遠的異國他鄉，一群正派的人士，在那未曾見聞的所在，熱切擁抱、鑽研我們的想法、研究和實務，不期然從天而降。對我而言，史坦利‧霍爾就是天外飛來的奇異恩典。有誰能夠想像，遠在美國，離波士頓一小時車程的地方，竟然有這麼一位德高望重的士林長者，望眼欲穿等候著下一期《年鑑》的發行，逐字逐句細讀咀嚼玩味，一如他本人的形容：『為我們敲響震耳發聵的鐘聲（ring the bells for us）？』」後來，霍爾還接下新創立的美國精神病理學會會長職位，不過，他對精神分析的興趣沒有持續多久，幾年後，轉向成為阿德勒的追隨者，這讓佛洛伊德頗為感傷。

這趟美國行，佛洛伊德還認識了另一位知交摯友，哈佛大學神經學教授普特南（J. J. Putnam），他原本對於精神分析態度偏

向負面，我曾拜訪他，懇談多時，終於讓他改變初衷，轉而大力支持，並慨然擔任泛美精神分析組織會長。他非常開明，儘管地位崇高，年歲超過六十，就我所見，卻是公開討論場合唯一能承認自己看法有誤的學者。我們出版的《國際精神分析圖書館》叢書第一卷，就是普特南的著作[133]。

九月十三日，佛洛伊德、費倫齊、榮格三人，參觀了尼加拉瓜大瀑布（Niagara Falls），佛洛伊德發現瀑布比他想像的還要磅礴壯闊。他們搭乘「霧中少女號」穿越瀑布底下，並踏上了加拿大，佛洛伊德心情非常愉快。接著，他們前往寧靜湖（Lake Placid）附近的阿第倫達克山脈（Adirondack Mountains），普特南擁有一處野外營地小木屋，他們在那兒度過了四天。在野外，佛洛伊德還真的遇見了豪豬。這有個典故，話說佛洛伊德曾經有個有趣的觀點，說是遇上焦慮不安的任務，最好的化解之道就是，來個神經觸電般的意外，驚嚇得魂飛魄散，焦慮自然就無翼而飛了。在出發赴美之前，佛洛伊德就說：「此次美國行，我是去看豪豬，還有給幾場演講。」從此以後，「去看豪豬」就成了我們小圈子去尋求化解焦慮偏方的暗語。

兩個任務圓滿達成，該是時候打包回家了。九月十九日傍

---

[133] 普特南（James Jackson Putnam）原著，瓊斯（Ernest Jones）主編，1951 年，《精神分析講稿》（*Addresses on Psycho-Analysis*），《國際精神分析圖書館》叢書第一卷（*The International Psycho-Analytical Library*, No. I），London: Hogarth。

晚，返回紐約。二十一日，乘坐威廉大帝號遠洋客輪啟航。途中，遇上了秋分時節的暴風雨，好幾個晚上，佛洛伊德都是早早七點就上床睡覺。二十九日中午，抵達不萊梅。

十月二日，佛洛伊德返回維也納，這是文明世界唯一從未認可他的地區。儘管一九○九年發生如此多令人興奮的大事，佛洛伊德還是設法完成了大量作品。

人生至此，佛洛伊德已然迎來載譽寰宇的聲譽和肯定，這是他未曾指望今生可能達到的境界。從此而後，可能還是會橫遭誤解、批評、反對，甚至凌辱，但是再也不可能無視於他的存在。他登上權力高峰，渴望發揮極致。所有這一切，再加上家庭和睦，兒女承歡膝下，其樂融融，二十世紀最初十年肯定成為佛洛伊德一生最歡樂的時光。然而，這也是他人生歲月最後的幸福餘暉。紛至沓來的是長達四年，親密戰友的痛苦紛爭離異。緊接著又有戰爭動盪年代的苦難、焦慮和窮困。奧地利貨幣貶值狂瀉，積蓄和保險化為烏有。最後一擊是不久之後到來的病痛折磨，經歷十六年病魔纏身的苦難煎熬之後，終於奪走他的性命。

生活與工作型態

伯格巷（Berggasse，伯格〔Berg〕是德語「山丘」的意思）位於丘陵，斜坡很陡，往下走到底就是大街。巷弄街坊主要是十八世紀維也納典型屋舍，沿街有幾家店鋪。十九號的地面層是

肉舖，老闆名字也叫西格蒙德，在入口大門的一側，掛上寫了賣肉屠戶西格蒙德的門牌，另一側，掛的是西格蒙德・佛洛伊德博士醫生的門牌，形成頗有意思的反差。大門很寬，馬車可以直接穿越院子，走到樓房後面的花園和馬廄。大門的左側是門房，我常常覺得滿奇怪，佛洛伊德居然沒有大門的鑰匙，如果出門晚上過了十點才回家，就得把門房的人喊醒，打開大門讓他進去。否則，難不成要學宵小摸黑破門而入？大門右側有一段六級的階梯，走上去就到了地面層的三房公寓，從一八九二到一九○八年，作為佛洛伊德工作的房間（候診室、診療室、書房），窗戶可以看到屋後的花園。再走一小段低矮的石梯，通往另一層樓，佛洛伊德一家人就住在這兒。

一九五三年，世界心理衛生聯盟為了紀念佛洛伊德在此居住行醫，特地在伯格巷十九號掛牌紀念，文字翻譯如後：

此座寓所
精神分析創始人佛洛伊德博士
在此居住行醫，1891至1938年
世界心理衛生聯盟第六屆年會敬立
1953年8月，維也納

一九○八年春，佛洛伊德把住處重新調整一番。把原本用來工作的地面層三房，搬到一樓妹妹羅莎住的公寓，和自己一家人住的公寓兩戶相鄰，整個一樓就全部為佛洛伊德所租用。兩戶之

間，還開了一條通道，這樣無須繞到前門，就可以方便兩戶之間直接通行。他也常利用前後病人看診之間的空隙時間，回到住家所在的另一邊公寓。另外，為確保隱私，看診結束，女傭會適時給患者遞上外衣和帽子，方便他們直接從另一邊離開，無須通過候診室，所以患者之間很少會碰面。

佛洛伊德工作專屬的房間安排如後：入門第一間是候診室，有窗戶開向花園。有好幾年時間，「週三心理學會」就是在這兒聚會，起初空間還算夠用，後來與會人數多到容不下，才改換其他地點。一張很大的長桌擺在中央，還有不少佛洛伊德的骨董收藏。緊接相鄰的是診療室，佛洛伊德安裝了兩道門隔開這兩個房間，門緣襯有粗厚羊毛呢布，裡外還掛上厚重簾布，以確保完全的隔音和隱私。患者躺在躺椅，佛洛伊德直挺挺坐在旁邊，座椅不是太舒服，面對朝向屋後花園的窗子。幾年之後，多擺了一張歇腳的高凳子。花園的板栗樹蔭，遮去午後斜照的陽光。園子裡有座仿文藝復興的壁龕，立了一尊廉價的水瓶少女雕像，有人穿鑿附會說，或許就是日夜看著這尊情慾女神阿芙蘿黛蒂，才激盪出佛洛伊德心底戀母情結之類的情慾理論。至於真相如何，就留待讀者自行考究研判了。

通常，佛洛伊德早上八點就開始看診，晚睡早起不是很容易，想多睡片刻也是不可求的奢望。起床之後，冷水沖澡，醒醒腦。理髮師每天固定都會上門，為他修剪鬍子，有需要的話，順便整理頭髮。早餐匆匆吃過，隨手翻閱當天的《新自由報》，然後就到隔壁診所，開始看診工作。每次療程五十五分鐘，準時開

始，準時結束，休息五分鐘，接著再看下個病人。

午餐是在下午一點，佛洛伊德在用午餐時，總是一言不發。家人在餐桌間的聊天，他倒是一字不漏聽進去。午餐過後，稍事休息幾分鐘，他就會出門到附近散步。他向來步履矯健，可以走很長的距離。有時候，也會去店鋪買點東西，或是把書稿校樣送去給出版社。還有很重要的，當然就是走去聖彌額爾教堂附近的菸草店，補充快要抽完的雪茄存貨。下午三點，又是看診的時間，看到晚上九點結束，才吃晚餐。有時比較忙，還可能到十點，才送走最後一位病人。一天看診的時間，長達十二至十三個小時。

晚餐時間，佛洛伊德比較放鬆，也會加入閒話家常。晚餐過後，他會找太太、小姨子明娜或女兒，出門散步，大約四、五公里。有時，會去咖啡廳，夏天是去蘭德曼咖啡廳（Café Landmann），冬天則是到中央咖啡廳（Café Central）。[134]如果女兒去看戲，就會先約好在戲院附近的某根路燈下，父親當護花使者護送她們回家。散步回家，他馬上就回到書房，寫信、寫論文，校對稿子，還有處理學會期刊事務等等。從沒在清晨一點以

---

134 維也納中央咖啡廳（Café Central），世界十大最美咖啡廳，開業於
　　1876年，十九世紀後期成為維也納知識圈重要聚會地點。奧地利作
　　家彼德‧艾騰貝格常去這間咖啡館，甚至把咖啡廳的地址當成收件
　　地址，因而留下咖啡迷廣為流傳的名言：「如果不在咖啡館，那就
　　是在往咖啡館的路上。」

前就上床，而且通常都會忙到更晚。

每個星期三，都有週三心理學會的例行聚會，他會發表論文或參與討論。每隔一週的星期二，他都會出席猶太社團「聖約之子會」的聚會，偶爾也會上臺演講。星期六晚上，佛洛伊德最心愛的塔羅克紙牌之夜，就像教友上教堂做禮拜一樣，這是他工作一整個星期之後放鬆心情恢復精力的重要活動，他很少缺席不到。他很少上劇院看戲，除非有特別感興趣的表演，例如：莎士比亞戲劇或莫扎特歌劇，他才有可能為了看戲而擱下工作。

星期日休假，不用看診，早晨，佛洛伊德會去探望母親。偶而，去拜訪朋友，或是在家裡招待訪客，不過這種情況很少，一年難得只有幾次。下午，佛洛伊德夫人會招待訪客，如果佛洛伊德感興趣，偶而也會到客廳，和大家閒聊幾分鐘。後來，星期日成了佛洛伊德最喜歡的日子，因為可以招待國外來訪的精神分析圈內朋友，盡情暢談。在布達佩斯開業的費倫齊，通常就是選擇星期天到訪，佛洛伊德很享受和他徹夜長談的週日時光。

星期天是佛洛伊德專心寫作的日子，他甚至絕少搭電車到維也納近郊散心，一來沒有蘑菇可採；二來離痛恨的維也納太近。城裡就是閉關工作，度假休閒就得遠走他方。偶而，佛洛伊德會帶孩子們參觀維也納著名的畫廊，欣賞繪畫和其他藝術收藏。義大利旅行獲得的文藝知識，肯定讓他給孩子的導覽介紹生色不少。他最感興趣的主要是古埃及和其他古文明的文物典藏。

長假期對於佛洛伊德，意味著可以遠離日常面對的抑鬱維也

納，投向徹底釋放身心的遠方天地。每次坐上火車，即將遠離痛恨的維也納，總讓他如釋重負，還有莫大的滿足感。假期來臨之前好幾個月，甚至早在元月，他就迫不急待和家人親友討論暑期度假的計畫。通常，他會在復活節，先去探勘度假預定地點，寫報告把有趣的見聞發回給家人。度假地點的要求非常具體：舒適的房子，有適合寫作的房間，以便佛洛伊德想寫東西時，可以派上用場。海拔相當高度以上，陽光充足，空氣清新，附近有森林方便散步。野外有蘑菇可以盡情採拾，風景宜人。最重要的還必須清靜，遠離名勝景點，不會遇上人擠人的觀光客。

關於假日消遣，佛洛伊德有項特殊的嗜好，就是野外採集蘑菇。他熱愛蘑菇成癡，還擁有近乎神奇的敏銳感應力，隨手就能指出哪兒八成可以採滿蘑菇而歸，甚至坐在火車上，也能點出窗外疾馳而過的哪些位置可能藏有蘑菇。和孩子們出外採蘑菇，他不時會分頭走開，而不用多久，孩子們就會聽到他興奮大喊找到蘑菇了。只見他靜悄悄，潛行伏進，帽子一出手就罩住蘑菇，活像捕獲小鳥或蝴蝶，佛洛伊德童心未泯的一面，展露無遺！除了蘑菇之外，也有採野草莓、藍莓，還有他對野花的知識，簡直是活字典。另外，他還有一個習慣，就是把新買來的古董（通常是小雕像）帶到餐桌，用餐時擺在面前，然後再擺回書房的桌上，如此連續兩、三天。

佛洛伊德的寫作習慣，從寫作廣泛程度和通信數量來看，不難想像他應該很喜歡寫字，直到晚年七十多歲，小女兒安娜才為他分擔些許的謄寫工作。佛洛伊德不像有些作家每天規律要寫幾

百字，而是比較偏向詩人的隨性所至。有時，可能幾個星期，甚至幾個月，完全沒有想動筆的念頭；然後，進入創作衝動期，緩慢而痛苦的掙扎，拼命每天至少寫上兩三行；最後，潛力大爆發，幾個星期，就可完成一篇重要的論文。這裡所說的幾個星期的創作衝刺，可不是整天連續不斷的寫作，而是指辛苦工作一整天，長日將盡之前，再擠出幾個小時，絞盡腦汁，全速衝刺寫作。

　　佛洛伊德工作進入最佳狀態之前，總會先有一段日子，身體不適感愈來愈顯著，全身出現各式各樣的病痛症狀。身體安適無恙，心情愉悅美好的日子，反而不太有寫作動力。「我老早就明白，健康沒煩惱時，我不太可能全力以赴；相反地，相當程度的不適感是我需要的，那才會讓我想埋首工作，甩開那些惱人狀況。」驅使他大量書寫的，除了科學方面的動機之外，還有屬於個人方面的動機，他就是必須寫出來，否則實在無法承受經年累月的精神分析工作。他曾向我解釋說，每天傾聽、承受那麼多，讓他有需要釋放、排解，從被動接受，轉成主動創作。

　　暑假通常是新想法大量萌生的季節，這無疑是前幾個月看診累積的諸多印象所促成的總效應。每當假期結束，十月回到維也納，他就會投入埋首寫作的模式。一九一三年，他寫給費倫齊的信中曾說，他相信，每隔七年，就會出現最好的作品，顯然這又是呼應到弗里斯的生物週期律。他還舉例為證：一八九一年，《關於失語症理論：批判研究》；一八九八年，《夢的解析》；一九○五年，《性學三論》；一九一二年，《圖騰與禁

忌》。當然，我們還可以再補充：一九一九年，《超越快感原則》；一九二六年，《抑制、症狀和焦慮》；一九三三年，《精神分析新論》。

工作對於佛洛伊德，就如同每天不可或缺的麵包，無所事事的日子，根本難以忍受。「我實在無從想像，沒有工作的生活能帶來什麼樣的舒心快活？對我而言，快活人生絕對少不了創意想像和工作。除此之外，我什麼都不感樂趣。傷神揪心的是『人的生產力完全得仰賴於捉摸不定的善感心情』，否則工作實在是幸福人生的靈丹妙藥。文思阻塞，遣詞不順，遇上這樣的日子，如何是好？想到此等無從避免的狀況，不禁惶恐顫慄。正是因為如此，儘管敬慎天命默默承受，乃正人君子所當為，但我還是不免暗自祈求：不讓傷殘病痛，麻痺了心智力量，豪氣壯言，一如馬克白：『至少命喪征途，馬革裹屍』！」

經過多年的惡名唾棄，佛洛伊德終於在大戰之後，成為實至名歸的名人，對於聲名遠播的明顯事實，他從不矯情否認，而是欣然接受各界的肯定，就和一般正常人沒有兩樣。但是，他從沒為了沽名釣譽而費盡心機，他的成名只能說是無心插柳的意外收穫，他曾說：「沒有人寫作是為了想成名，名聲來去匆匆，也沒有人會妄想永垂不朽。我們寫作，說到底，為的是要滿足自己內心的某種東西，從來就不是為了別人。無庸置疑，苦心孤詣若能獲得眾人肯定，當然更能增加我們內心的滿足。不過終究而言，我們寫作首先還是追隨內心的衝動，是為我們自己而寫。」一旦把心中所要表達的想法寫完之後，他對自己著作的收

藏、保存，或是匯整出版全集，倒是沒有很在意，甚至有些漫不經心。這樣隨性的態度在翻譯授權方面最是明顯，以至於後來，滋生不少契約紛爭的後遺症，只得由他的兒子厄尼斯特出面處理善後。

身為猶太人，對於佛洛伊德的理念和工作發展演化，到底有多大影響？在某些方面，無庸置疑，猶太人的身分確實發揮重大效應。他從來不諱言自己是猶太人。佛洛伊德血液裡顯然流著猶太人的血統，面對凶險的對立敵意環伺，仍能站穩腳跟，堅定立場。他認為，自己之所以能堅定信念，面對排山倒海的反對勢力不屈不撓，全拜猶太人的強韌性格所賜，這一點顯然確切無疑。他的追隨者大多也是猶太人，面對反精神分析的狂潮衝擊，也都有著百折不撓的強韌表現。

佛洛伊德相信，精神分析的新發現，遠超乎人們的想像，遭遇反抗阻力是無可避免的，外加上反猶太偏見，更是火上燒油。他在寫給亞伯拉罕的信中，就提到瑞士反猶太形勢的早期跡象：「依我所見，我們猶太人如果想和其他種族的人合作，就要培養些許受虐癖的性向，準備好忍受某種程度的不公平待遇。除此之外，別無其他變通之道。你應該可以確定，假如我的姓氏是歐巴胡伯（Oberhuber），我的那些新觀念，儘管還是有其他不利因素，但是遭遇的阻力肯定遠比現在小得多。」

雖然，佛洛伊德從未論斷自己的工作未來能帶來多重大的貢獻，但他從沒懷疑真理自明，人們遲早會明白他努力發掘的那些真理，這樣的信念，自始至終讓他備感鼓舞。早在薩爾茨堡召開

的首屆國際精神分析大會之前，佛洛伊德就已經多少知悉，自己
的創思在其他地方已獲得廣泛支持。說到反對陣營的德國精神科
醫學教授阿沙芬柏格（Gustav Aschaffenburg, 1866-1944），佛洛
伊德寫道：「驅使他反擊我的動力，就是要壓抑人心蠢蠢欲動卻
不見容於善良社會的『性』。血肉之軀的社會大眾，夾在對峙交
戰的兩個世界之間，對於雙方勝敗何屬，心中自有定見。」在
與榮格第一次會面之前幾個月，他寫信鼓勵他無須費心理會反對
者的聲音：「說穿了，精神病學界叫得出名號的大老，言之有
物者，可說少之又少。未來屬於我們和我們的想法，到處的青年
人都熱情相挺，站在我們這一邊。在維也納，我提過，正如您所
知，體制全面無視於我的存在，偶爾會冒出一些無足輕重的聲
音，試圖讓我徹底消失。但是，我的課堂，仍然吸引了各學系
四十來位的師生。」

　　佛洛伊德在他的自傳：《學思生涯自述》，對於他的畢生志
業，給了如後的總結評述：

> 如今回顧我畢生心血的大雜燴工作，我可以說，我為許
> 多創新發展做出了開啟先河的開端工作，也提出不少建
> 議，未來應該會有後起之秀接續開枝散葉，至於開啟的
> 新頁範圍寬窄，影響大小，那就不是我在這兒所能預知
> 斷言。總之，我希望我的工作已經開啟一條大道，迎來
> 人類知識重大新章。

個人特質與性格

關於「佛洛伊德最突出的個人特質」，佛洛伊德最小的女兒，安娜（佛洛伊德生命最後二、三十年最親近照護、也最了解他的人），毫不猶豫回答：「就是他的單純。」佛洛伊德生平最討厭的，就是把生活弄得複雜麻煩，舉凡日常生活、待人接物，都盡可能去繁從簡。比方說，他日常換穿的只有三套衣服、三雙鞋子、三件內衣，即便出遠門度長假，打包行李也總是儘量簡單輕便。瓊安・里維埃（Joan Riviere, 1883-1962）[135]也有同感，從她和佛洛依德相處的經驗發現，單純應該是「他最顯著的特質」。

> 一九二二年，我和他一起學習並認識他，這些印象得到了證實。就像他的心理學一樣，他待人處世確實是真心在乎每個獨特的個體。原本那種超然客觀的態度，但從來就不是真正的冷漠或高傲，而是對表面膚淺瑣事的漠不關心，消失不見了，取而代之的是驚人的興趣和專注，熱切渴望了解所有的細節。渾身散發的活力和能

---

[135] 瓊安・里維埃（Joan Riviere, 1883-1962），英國精神分析師，曾接受佛洛伊德給予精神分析治療和訓練，也是佛洛伊德作品的早期譯者。兒童精神分析學者梅蘭妮・克萊恩的密友與工作夥伴，合著《愛、仇恨與修復》（*Love, Hate and Reparation*）。

量，任誰都能感受到。他非常不喜歡虛有其表的禮數和規矩。我第一次接受他的精神分析，完全出乎常規預期，他直接了當就告訴我：「好的，我已經對你有所了解；當然，你有父親和母親！」言下之意就是：「快點跟我說，我等不及要認識你，你受過哪些的壓抑，快給我一些東西，可以掌握切入的概略樣貌，好讓我們可以開始分析！」

但是，不管是在進行精神分析工作，或是在日常生活，他對人的興趣，雖然無法忍受虛有其表的禮數和規矩，卻是出奇的不涉及個人考量。他給人的印象就是，他之所以如此迫切求知，好像不是出於為了他的個人利害考量，而是為了自身之外的其他目的。這種熱切的求知慾背後，不涉及個人動機的單純，就是他最顯著的特質。在全神貫注的追索之中，他的自我全然化身為完成追索目標的工具。凝神專注、明察秋毫的雙眼，有著赤子之心，單純而不帶成見的清澈目光，沒有任何東西會覺得太渺小，太稀鬆平常，或是太汙穢不潔；同時，還有孩童非比尋常的耐心和細心，以及不帶有個人利害考量的純粹探究精神。兩道濃眉之下，炯炯有神的雙眼，凝神透視的眼力，穿透表象洞幽察微，跳脫尋常眼光的通俗框限。耐心審慎考究，信中持疑擱置判斷，如此冷靜懷疑精神，卻也頻遭誤解為對人性的不信賴或悲觀。但其實，他身上融合了兩種面向的個人特

質：一方面，腳步永遠不停歇的獵人，四面八方永遠不停追尋獵物；另一方面，寸步不移的監督者，鍥而不捨監看，反覆重新檢討更正。正是這樣的融合特質，噴發源源不絕的能量，讓他足以去發掘、理解世間男女的情感和行為。不屈不撓的勇氣和韌性，再加上堅定不移的誠實，此等人格特質配合天賦的觀察力、「大無畏的想像力」和洞察力，終而促使他完成卓越非凡的成就。

佛洛伊德的言談舉止，很多地方都體現出單純的主要特質。他平實而內斂的高尚氣質，遠非矯揉造作、裝模作樣之輩所能比擬。他明顯很討厭裝腔作勢，也厭惡任何假道學、雙面人或是工於心計的複雜心思。他講話直截了當，開門見山，不會粉飾場面的官腔客套話，或是拐彎抹角的敷衍遁辭。他實在難稱含蓄委婉，也沒有太多圓滑世故的手腕，除非真心顧慮到他人感受的場合，才會視情況做出必要的調整。

佛洛伊德私底下和親朋人好友在一起，比較輕鬆自在，自然流露平易近人的一面。他個性並不算是風趣詼諧，但在生活當中，倒是有著還算敏銳的幽默感，信手拈來就能引用一些饒富趣味的睿智格言、諺語或猶太軼事。不過，通常只有在他願意的時候，才可能讓外人見到這種自然隨和的真性情。

佛洛伊德偏愛單純平實，不喜歡繁瑣複雜，這和他的另外兩項性格特徵有著緊密關聯：一是他厭惡形式化（例如：社交禮儀）；二是他對拘束（例如：規矩、規範）的不耐煩。

　　他對形式化的厭惡，多少或許可以歸因於他的成長環境，佛洛伊德幼時家境比較不寬裕，出入社交場合的機會較少，缺乏豐富的社交經驗。早年寫給未婚妻的信中，他多次承認，缺乏從容優雅的社交儀表而感到自卑，也常常因為拙於紳士之道，不懂得如何殷勤禮遇女士，而局促不安。但在歲月洗禮之後，佛洛伊德顯然克服了這方面的問題。

　　對於繁複瑣碎的保障措施，佛洛伊德幾乎毫無耐心，尤其是法律相關的契約規範。如果真心互信，這類保障措施根本多餘。如果沒有互信，再多保障措施也是無濟於事。當他聽說美國精神分析學會，依慣例都會聘請律師制訂章程來約束會員，佛洛伊德大感震驚，直斥荒唐至極。他是如此堅決反對制定學會章程，以至於後來出現比較繁複的行政管理事務時，每每衍生出不少難解的糾紛。儘管我們大費周章，好不容易才讓他勉為其難容忍國際精神分析學會的簡短版章程，但他心底始終認為，沒什麼好理由可以支持學會有必要制訂章程之類的規範。有時候，他提出的建議，經指正已經牴觸特定規章條文，他的反應卻是，「那就把它刪了吧，等想要的時候，再改回來，應該很容易。」

　　佛洛伊德還有一種非常出人意料的性格特質，就是他傾向採取非黑即白的人性二分判別。之所以令人意想不到，是因為照道理講，人性乃是善惡並存的複合體，而不是非黑即白的善惡截然二分，對於這層道理，佛洛伊德理應有最深刻的體認才是。然而，在他的意識生活，潛意識尤有甚之，大部分人都可以善惡二

分，或者更確切地講，愛憎分明，中間地帶極少。在不同時間
點，同一個人可以在兩種類別中來回移動。另外還有一點也很奇
怪，像他這樣卓越的心理學家，卻是我們一致公認的，識人不清
的彆腳人性鑑賞家（Menschenkenner [connoisseur of people]）。

關於佛洛伊德是否**很難相處**，我一向認為，跟佛洛伊德工作
非常輕鬆愉快，我敢說，曾經和他密切共事的其他人應該也是所
見略同。他非常開懷爽朗，親切隨和，和他工作很有趣愉快。我
們提交給他的計畫，他很少多作批評。不過有一點倒是千真萬
確，有時候，難免還是會碰上他的某些偏見，他非常固執寸步不
讓，遇到這種情況，別無選擇，只能自己調整，改道而行，否則
什麼事也做不成。

佛洛伊德是真如人們普遍認為的**悲觀主義者**嗎？在我看
來，他無疑非常歡樂爽朗，所以頂多只能說他是「歡樂爽朗的
悲觀主義者」，我們生活中也很常見這種人，事實上，他也不止
一次用這個詞來形容自己。只是，這也不全然契合事實。比較適
切的說法是「現實主義者」，不抱持虛妄空想。他確實認為，人
生本來就是充滿苦厄，而非一路順遂安適。這是人生在世首先
需要忍受和克服的課題，若能成功挺過，往後就有享之不盡的
樂活，也會發現不枉此生。在短文〈論剎那〉（Vergänglichkeit
[On Transience]）[136]，他評論指出，一般人認為生活當中的美好

---

[136] 佛洛伊德（Sigmund Freud），1915年，〈論剎那〉
（Vergänglichkeit [On Transience]），應柏林歌德學會邀約撰寫的一

事物，因為不是永恆長存（Unbeständigkeit [impermanence]，亦即無常），因而失去其價值，他認為，這實在是沒有意義的看法，其實美好的事物哪怕只是短暫停留，剎那即永恆，絲毫無損其美好。

佛洛伊德活在當下。儘管個體過往乃至人類歷史也深深吸引他，相信只有研究過去，才能學到有價值、有助益的東西。但是，他似乎不再對自己的過往有任何興趣，也從未談起。對他個人來說，重要的是當下，當然也包括近期的計畫。至於未來，一般而言，我認為他沒有投入太多心思。他很清楚，物質環境和心理動機極其龐雜多變，投入心力去思索不可預知的未來，無疑是浪費時間。雖然如此，他對未來也沒有保持悲觀態度。對於社會改革行動，佛洛伊德應該會樂觀其成。但長遠來看，他並不確定，那樣的改革是否真能創造出真正令人滿意的文明。要達到那樣的目標，世界還需要更激進的東西。

至於「傲慢」用來形容佛洛伊德，那真是荒謬無稽。如果這意思是指，他對於自己辛苦得來的信念保持不屈不撓的態度，而給人固執的印象，那還說得過去；但如果是說他剛愎自負，容不下絲毫變更，那就大錯特錯。事實上，佛洛伊德面對未知

篇短文，收錄於 1916 年出版，《歌德之地，1914-1916 年》（*Das Land Goethes 1914-1916*），Stuttgart: Deutsche Verlagsanstalt，頁 37-38；《佛洛伊德全集》（Gesammelte Werke），第十卷，頁 358-361。

世界，採取循序漸進的摸索，他的結論更是建立在持續修正和日積月累的經驗基礎之上，這些都是無可爭辯的歷史事實。面對浩瀚的未知世界，佛洛伊德所持態度和牛頓並無二致，認為自己只是撿拾浩瀚知識之海衝上沙灘的幾顆小石子。他知道自己已經「指點出了幾處開端」，開闢出幾條道路，但這些道路將通往何方，他不可能判斷，也沒想嘗試去判斷。他不是哲學家，不會想像自己有能力構建什麼集大成的思想體系；開端闢路的工作與這類事物相去甚遠。

佛洛伊德常說，由愛轉恨的矛盾變化，似乎滿常發生在他和其他男人的關係。毫無疑問，有些時候，確實是這樣。然而，這種令人不安的矛盾卻未曾發生在他與女人的關係。他和女人的態度相對穩定許多，甚至可以說是相當老派。持平而論，他認為女性的主要功能是扮演照護天使的角色，給予男性撫慰和滿足其需求。從他的書信和愛人的選擇，我們可以清楚看出，他心中只有一種情慾的對象，就是溫柔的女性。儘管女性可能屬於弱者，但佛洛伊德認為，她們比男人心思更為細膩，在道德方面更為高尚。而且有不少跡象顯示，他希望自己能從女性身上吸取此類優點。佛洛伊德還發現，女性心理比男性心理更為神祕莫測。他有一次對瑪麗‧波拿巴（Marie Bonaparte）[137]說：「關於女性的心靈，儘管窮盡三十個年頭的研究，但我至今仍然無能回答這道互

---

137 瑪麗‧波拿巴公主（Marie Bonaparte, 1882-1962），法國精神分析學家，促進精神分析學大眾化，協助佛洛伊德逃離納粹統治。

古難解的大哉問：『女人到底想要什麼？』」

　　對於聰慧又帶有男子氣概的女性，佛洛伊德也頗感興趣。這類型的女性，在佛洛伊德人生旅程，多次扮演重要輔助角色。首先，最重要的一位就是他的小姨子明娜·伯尼斯（Minna Bernays, 1865-1941）；然後，按時間先後，分別是：艾瑪·埃克斯坦（Emma Eckstein, 1865-1924）[138]、蘿伊·卡恩（Loe Kann）、露·安德烈亞斯·莎樂美（Lou Andreas-Salomé, 1861-1937）[139]、瓊安·里維埃、瑪麗·波拿巴公主。莎樂美出生俄羅斯將軍家庭，猶太裔母親，高貴迷人的風采，以及崇高的道德理想，佛洛伊德尤其欽佩有加，自認在這方面難以望其項背。

　　佛洛伊德的學生，大都曾被他那頑固的二元對立深感震驚。貫穿他著作與工作的這種特徵，海因茨·哈特曼（Heinz Hartmann, 1894-1970）[140]給了相當精闢的描述：「極具個人特色的辯證思維，傾向把理論建立在兩種對峙力量相互作用的基礎之上。」這種二元對立的特色，清楚顯現在他的諸多基本分類：愛─渴望；自我─性慾；自體性慾─異體性慾；愛之慾─死

---

138 艾瑪·埃克斯坦（Emma Eckstein, 1865-1924），奧地利作家，佛洛伊德最重要的患者之一，第一位女性精神分析師。

139 露·安德烈亞斯·莎樂美（Lou Andreas-Salomé, 1861-1937），俄羅斯將軍家庭出生的精神分析家和作家。活躍於十九世紀末歐洲名流雅士社交圈，五十歲，認識佛洛伊德並成為其助手。

140 海因茨·哈特曼（Heinz Hartmann, 1894-1970），維也納精神科醫生、精神分析學家。自我心理學的奠基人和主要代表人物。

之慾；生命─死亡，諸如此類。就好像如果不分成兩個對峙面向，而且從來不超過兩個，佛洛伊德就難以展開思辨工作。

很自然地，人們會聯想到，佛洛伊德性格展現的頗多二元對立。例如：科學紀律相對於哲學思辨；熱烈的愛慾衝動相對於超乎尋常的強烈性壓抑；精力旺盛的男性氣概相對於女性化的需求；渴望獨自創造一切相對於期盼來自別人的刺激；熱愛獨立相對於需要依賴。不過，我們也得注意，這樣的說法無疑會有過度簡單化的風險。

在我有機會貼近認識佛洛伊德之初，很快就觀察到他有些極其鮮明的個人特質：直率、絕對的誠實、寬容、平易近人，還有善良純眞的本性。後來，我也逐漸注意到，他還有些更獨特的個性，那就是他對於受到別人意見影響的態度。他會禮貌聆聽他人的觀點，表現出他很感興趣，還會不時針對他人的觀點提出深刻評述；但某種程度上，每每讓人覺得自己所說的一切，完全和他無關。就好像注視觀看某些東西，看得津津有味，但事實上，對該等東西根本又不是眞的有興趣關心。

這並不是說佛洛伊德固執己見，他也不是任性的人，因爲任性通常是指正向的願望，堅持一定要做某件事，或得到某項東西。佛洛伊德異於常人的力量，並不表現在正向的願望，而是表現在負向的反抗。一旦他心志已決，就**不會**打退堂鼓，也**不會**接受引導轉向任何其他方向。「不」，在他身上，具有無比強大的力量。晚年的時候，他會反覆說，「不，不，不」，同時使盡力氣猛搖頭。每次看到他這樣，我就不免想像，他在嬰兒時期，不

服管教的反抗力量到底會有多強烈？

佛洛伊德有著與生俱來的心靈可塑性和靈活頭腦，很容易掉入不受羈束的玄思冥想，對新奇的事物，甚至可能性微不足道的想法，都保持開放態度。然而，只有在觀點是出自於他本身時，他才會顯露出這些傾向。至於來自外部的觀點，他可能會非常抗拒，很難令他改變主意。後來我發現，佛洛伊德對外部觀點的抗拒其來有自。佛洛伊德的獨立、開放心靈，相伴而行的還有懷疑精神，以及一條隱伏而完全相反的靜脈——他的抗拒，是怕自己太容易受到他人影響的一種防禦反應，為的是保護自己的新奇信念，免於太容易因為他人的質疑或攻擊而為之動搖。

另一方面，佛洛伊德也可能極端輕信某些來源的訊息，例如：病人或他喜歡的人，顯然無稽的說詞或學說，而且頑固拒絕接受與其信念相左的反向證據。有很多確鑿無疑的紀錄顯示，為了對抗這種輕信和頑固的傾向，佛洛伊德耗去很大的心力。一八九〇年代，他從朋友弗里斯那裡吸收了許多生物週期之類的玄奇空想，我甚至不確定，他後來是否完全擺脫了那些信念揮之不去的貽害。總之，那些年的痛苦經歷點滴在心頭，他想必也有所領悟，自己的想法多麼容易受到牽動他濃烈情感的人而影響。

不過，在佛洛伊德身上，這種輕信的傾向也不全然是壞事。比方說，病人關於家長誘惑（paternal seduction）故事的說詞，他輕易就信服了，並且記錄在他早期（1890年代）出版的精神病理學著作。我曾和朋友詹姆斯・史崔奇（James

Strachey）[141] 談起佛洛伊德的輕信毛病，他給了一句見解獨到的
妙答：「他有這毛病，是我們的福氣啊！」對於病人所說的這類
故事，大多數的研究者可能都直接就不予採信，因爲一聽就根本
站不住腳，至少不會像佛洛伊德那樣照單全收，而是認爲八成又
是病人歇斯底里毛病發作，就直接當作胡說八道罷了，不用認真
看待。相反地，佛洛伊德卻是慎重其事，認真看待，而且他起初
還真的相信那些說法都是真實發生的事實，經過好幾年的反思之
後，他才發現這些故事其實是隱含深層意義的幻想。經過這番轉
折，他開始體會到幻想在潛意識領域的重要性，進而研究發現壓
抑在潛意識的嬰兒性慾。

　　如此看來，佛洛伊德天性中那種奇怪的毛病，非但不是不幸
的弱點或缺陷，反而是構成他天才的核心要素。他意志堅定，願
意去相信不可能或超乎想像的事物，正如赫拉克利特在數世紀前
所言，此乃發現新真理的唯一途徑。這無疑是一把雙刃劍。輕信
導致他有時會做出嚴重、甚至可笑的誤判；然而，這也促使他百
折不撓，面對未知毫無畏色。所以，在佛洛伊德身上，這種特色
很可能不是缺點，反而是天才不可或缺的利器。

　　正如我們所見，佛洛伊德絕對不只是一味埋頭苦幹，全然實

---

[141] 詹姆斯‧史崔奇（James Strachey, 1887-1967），英國精神分析學家，
與妻子亞麗克絲（Alix Strachey, 1892-1973）合譯佛洛伊德著作。
《佛洛伊德全集》標準版（*The Standard Edition of the Complete
Psychological Works of Sigmund Freud*）總編輯。

事求是的研究工作者，他當然有耐心，有理性，但他還遠不止於此。早些年沉浸於科學（生理學、病理學）研究時期，他整天埋首於顯微鏡之間，費盡氣力克制和壓抑，不讓創意思辨的精靈出閘，但壓抑心中的創意思辨蠢蠢欲動，從未眞正長久止息。經過（1897年以降）自我分析，他終而在科學紀律和創意思辨之間取得平衡，得以險中求穩，邁開步伐探查新領域的迷宮，四十個年頭，帶回一件又一件無價的發現報告。在生命的最終二十年，他更是讓創意思辨的精靈充分自由馳騁，得出許多冒天下之大不韙的駭人結論，至今還遠遠沒有得到應得的賞識。

我們可以推測，在這種不畏世俗壓力，埋首窮理盡性，創意想像馳騁，窮究人性終極眞理的背後，想必有一股非比尋常的強烈慾望。佛洛伊德不僅擁有這種慾望，而且可能還是他一生最深刻、最強大的驅動力，驅使他一路開疆闢土，創下曠古絕倫的成就。他要追求的會是什麼領域的眞理？爲什麼追求的慾望如此強烈？

在達文西的研究，佛洛伊德主張，孩童的求知慾望是由於對生命的基本事實（包括：出生的意義、爲什麼出生等等），感到強烈好奇，從而引燃的強烈動機。早在一九○九年，佛洛伊德在討論兒童心靈時，就有這樣的觀點：「對知識的渴求，似乎和對性的好奇，脫離不了關係。」當另一個嬰孩出現，瓜分了孩童原本享有的母親關注或疼愛，這種好奇心往往就會激發出來。在佛洛伊德幼年時，弟弟尤利烏斯（Julius Freud，1857年10月出生，1858年4月15日逝世），就扮演這樣一個角色。而佛洛伊德也因

為懷恨在心，祈求這個入侵者早些死掉，後來一生都為自己許下惡毒願望，害弟弟早夭，而自責不已。在他與瑪莎訂婚期間，他表現出無可理喻的濃烈嫉妒，還有不容通融的獨占需求。凡此種種，都讓他很有理由想去了解，這些都是如何發生的？入侵者又是如何可能出現？還有，到底該由誰來為此負責？總結來看，一輩子清心寡慾，過著清教徒生活的佛洛伊德，在各種領域尋尋覓覓多年之後，最終做出巨大發現的領域竟然是在人類的性慾，如此發展結局絕非純屬偶然巧合。

只有認清真相，才能找回安全感，那種擁有母親可能給予的安全感。但是，要克服阻擋在他與目標之間的重重禁忌障礙，不僅需要過人的決心，還要有無比的勇氣，不屈不撓迎向未知之域的諸多幽靈。這種大無畏的勇氣，正是佛洛伊德最了不起的人格特質，也是上天賜予他的最珍貴禮物。此等人格特質，除了源自他對母親的愛所抱持的絕對信心之外，應該找不到其他足以相提並論的來源了！

現在，我們可以從這個角度，進一步來了解佛洛伊德的其他顯著人格特質。在探求真理的偉大征途，如果想要成功而返，絕對的誠實和完全的正直，乃是必不可少的要件。在佛洛伊德身上，這些特質十分明顯。但是，在探求真理的道路，為什麼他需要完全孤絕遺世呢？他不僅孤立獨行，獨自鑽研，還努力排除一切外來的影響，哪怕是顯然有幫助的外部影響也照樣排除，就像是會擔憂受到干擾而讓他分心，甚至是企圖把他引入歧途。這一點特質倒是和佛洛伊德不信任人的天性，相互呼應。所以，在探

求真理的大道上，他終究只能選擇相信自己。

然而，有時候，他又會表現出截然相反的態度，那就是選擇相信甚至是輕信某些人，這又該如何解釋呢？他似乎有一種特別的傾向，願意相信某些人告訴他的故事，他似乎相信，那些人比他自己更擁有揭發祕密的力量。在這樣的關卡，他對人的不信任又跑去哪兒了？他肯定相信，自己冥思苦索而未得其解的潛意識之謎，有人確實已經觸及謎底關鍵了。但是，他們會告訴他真相嗎？晚年的佛洛伊德有多麼頻繁抱怨他遭到「背叛」，這是他自己用的詞，依序分別是：布勞耶、弗里斯、阿德勒、榮格等等。他們都曾答應過幫助他，甚至在他的真理追尋之路上，給予提攜、啟發、激勵、扶持……，但卻相繼拋棄了他。我認為，本文走筆至此，我們用「欺騙」取代「背叛」，這樣應該是比較適切些。所以，到頭來，他終究不得不獨自一人去追尋答案。

晚年：不留遺憾，人生落幕

一九三三年，猶太逃亡潮達到頂峰，滯留在納粹勢力範圍的精神分析師前景慘澹。移民逃至暫時落腳點，短暫逗留一到兩年，例如：哥本哈根、奧斯陸、斯德哥爾摩、斯特拉斯堡、蘇黎世，但大部分最終還是抵達美國。那年年底，「委員會」只剩下瓊斯一人留在歐洲。亞伯拉罕和費倫齊過世了，蘭克退出，薩克斯移居波士頓，艾汀貢也啟程移居巴勒斯坦。

那年春天，佛洛伊德的下巴狀況問題不斷。二月，接受若干

次倫琴射線治療，效果都不太理想。三月，改用鐳治療。接下來幾個月，又重複做了好幾次，這幾次治療為佛洛伊德爭取來寶貴的一年時光。

五月底，柏林的納粹焚毀佛洛伊德和其他精神分析著作，他笑說：「看來我們取得多麼大的進步，要是生在中世紀，他們會直接把我也燒了。現在，只燒我的書就滿足了。」他永遠也不會知道，這只是幻覺。十年之後，他們也很可能會把他本人燒死。

五月底，滯留的猶太分析師紛紛逃離德國，納粹也對精神分析展開全面「肅清」。六月，德國精神治療學會落入納粹控制，並改以「國際心理治療醫學會」取代，親衛隊全國領袖哥林博士下令，所有會員都必須研讀希特勒的《我的奮鬥》，非猶太裔的榮格取代原本的會長，並接手主導官方雜誌《精神治療年刊》。接下來，各學會全面掃蕩猶太裔會員。一九三六年三月，蓋世太保控制位於萊比錫的國際精神分析出版社所有財產。七月，納粹禁止精神分析訓練活動，但部分講座仍然可以進行，不過必須確保沒有使用精神分析術語，譬如：伊底帕斯情結就必須改用其他術語來代替。

一九三五年二月，他寫信給巴勒斯坦的猶太裔作家阿諾・褚威格（Arnold Zweig, 1887-26 November 1968），感嘆道：「你對春天的描述，讓我感傷又嫉妒。我雖然內心仍有強烈意志想去享受生活，無奈只能苟全性命，了無生趣，生活唯一亮點就只有安娜工作的成功可堪告慰。」

　　一九三六年五月，佛洛伊德八十大壽，各界大張旗鼓舉辦慶賀活動，搞得老人家心煩意亂。佛洛伊德寫信給阿諾·褚威格，評述這些祝賀活動：「想來也是荒謬可笑，漫漫長生的敵意仇視和排擠折磨，如今卻要爭相慶祝這樣一個大有問題的日子，能有什麼好結果呢？不用了，讓我們保持敵我不兩立的原狀就好了。」他自我安慰說，慶賀活動只會持續幾天，而且一生可能只有這麼一次，「熱鬧過後，將會迎來美好的休息時光，連公雞啼叫聲都不會來打擾我。」

　　生日慶賀喧囂過後，佛洛伊德的住處儼然變成花店。三月那場痛苦的手術，癒後恢復良好，他現在的身體情況極好。但六個星期過後，佛洛伊德仍得打起精神，回應來自全世界紛來沓至的祝賀。

　　關於生日慶典，佛洛伊德最喜歡的部分，或者最不那麼介意的事，就是湯瑪斯·曼的來訪。五月八日，湯瑪斯·曼在維也納醫療心理學會，令人印象深刻的祝壽主題演講（請參閱：本書翻譯〈佛洛伊德與未來〉）。那個月，湯瑪斯·曼在不同場合，進行了五到六次演講。六月十四日，星期日，他把講稿讀給佛洛伊德聽。佛洛伊德表示，這份演講比他之前聽別人的轉述，還要精彩許多。

　　佛洛伊德收到了許多賀禮，還有各界名人一百九十一名連署祝賀，包括：湯瑪斯·曼、羅曼·羅蘭、朱爾·羅曼、HG 威爾斯、維吉妮亞·伍爾夫、史蒂芬·褚威格。佛洛伊德生日當天，由湯馬斯·曼代表獻給他。

　　與此同時，佛洛伊德也獲得來自美國精神醫療學會、美國精神分析學會、法國精神分析學會、紐約神經醫療學會、皇家醫學心理學會等組織的榮譽院士。其中，他最珍愛的就是英國皇家學會的通訊院士（Corresponding Membership of the Royal Society）。

　　阿諾・褚威格提出為佛洛伊德寫傳記，佛洛伊德頗為驚詫，但堅決拒絕。佛洛伊德對於傳記的觀點無疑非常極端，他補充說道：「任何人要寫他人傳記，就勢必會讓自己與撒謊、隱瞞、鄉愿偽善，還有恭維吹捧掛鉤，甚至得隱藏或暴露自己見識疏漏遺缺的短處，因為很多生平素材無從取得，即便可能取得，也可能不得採用。『真相』無有可能進接，人類根本不值得真相，哈姆雷特王子說得多麼正確，『倘若凡人都依其所應得，那誰能逃過鞭打？』」

　　面對納粹進逼奧地利，前景未卜的未來命運，他寫下：「今生不留遺憾，靜待人生帷幕落下。」

　　七月，佛洛伊德經歷了兩次非常痛苦的手術。自一九二三年，發現癌症以來，這是第二次確診有癌症跡象。過去五年，醫生一直藉由移除癌前病變組織，希望能夠避免發展成癌症，但從現在起，敵人已經正式上場了，未來只能正面迎向惡性腫瘤的不斷復發。

　　一九三七年元月，佛洛伊德又經歷了一次生離死別的事件。這次告別他人生的是喬菲（Jofi），過去七年來，朝夕相處，最惹佛洛伊德憐愛的鬆獅犬毛小孩。喬菲由於兩個巨大的

卵巢囊腫，不得不接受手術治療。手術看似成功，但兩天後，突然往生。他常常與同是毛小孩愛好者的瑪麗‧波拿巴，交心談話。僅在一個月以前的一九三六年十二月六日，他給瑪麗‧波拿巴的信中寫道：

「人類爲什麼會對動物，比如妳的托西，還有我的喬菲，愛得如此之深？妳的這本書，爲這個驚人的事實給出了原因：不帶任何矛盾的眞情展露，簡單的生活，遠離難以忍受的文明衝突，自在自足的存在本身之美。儘管在身體器官的發展方面，人與動物相去甚遠，但有一種親密關係，無可否認的相互歸依的感情連結。很多時候，當我撫摸喬菲，我會發現自己不知不覺哼著曲子，儘管我五音不全，但我能辨識得出來，那是出自莫札特歌劇《唐璜》的詠嘆調：

友誼心心相印的紐帶

把我們綁在一起……

當你還是盛年的五十四歲，你無法不去想到死亡。但是，如今我已走過八十又半年的歲月，內心卻還得煩憂自己是否應該活到我父親和哥哥的年歲，或者活到我母親的年歲，你應該也無須感到驚訝。這煩憂之心，一方面是，夾在渴望安息和害怕更長的歲數帶來進一步的痛苦之間的衝突而苦惱；另一方面是，害怕終將面對和我仍然依戀的一切生離死別的那種痛苦。」

　　一九三八年三月十一日，納粹入侵奧地利，佛洛伊德終將面對離開故鄉流亡異國他鄉的抉擇，踏上先人的征程。這一次要前往的是他一向很喜歡的地方：倫敦。六月，維也納愁雲慘霧，機場停滿德國軍機，空中巡飛，威嚇維也納人。街道上，坦克轟鳴而馳，不時傳來「希特勒萬歲」的口號。佛洛伊德住處樓梯，一群兇神惡煞的青少年守著，手持匕首和手槍。佛洛伊德長子，尚馬丁被扣押在角落。「納粹官兵」在屋裡翻箱倒櫃，清點現金。一星期之後，蓋世太保來了，所有房間徹底搜查，聲稱是要搜索反納粹文件。離開時，把安娜押走。

　　美國駐法國大使威廉・布利特（W. C. Bullitt），也是羅斯福總統的私人朋友，立即打電報給羅斯福，懇求他介入。羅斯福總統讓國務卿下達指示給駐維也納代辦威利先生，讓他竭盡所能協調處理此事。布利特大使拜訪德國駐法國大使格拉夫・馮・維杰克（Graf von Welczeck），說服他採取行動，搶在納粹最高當局之前，處理完佛洛伊德移民事件。

　　三月十七日，瑪麗・波拿巴從巴黎來到英國，我覺得尋求英國官方協助取得納粹核准離境許可的勝算更大。當時，英國內政大臣山繆・霍爾（Samuel Hoare）跟我同屬某滑冰俱樂部會員，稍有交情。另外，為免節外生枝，也尋求英國皇家學會的支持。三月二十二日，我抵達倫敦，經過層層人情網絡請託，終於安排好前往拜會英國皇家學會主席、著名物理學家威廉・布拉格（William Bragg），他立刻給我一封信，讓我轉交給內政大臣。很欣慰，霍爾大臣沒有任何猶豫，就交給我一張表格填寫許可申

請，包括佛洛伊德全家人、僕人、家庭醫生、若干學生及其家人的居留許可和工作許可。

最後，剩下的就是等候納粹方面的釋放許可了。接下來，三個月的焦急等待，當然對於維也納的佛洛伊德一行人來說，這份等待更為焦灼。瑪麗·波拿巴和安娜徹底檢視佛洛伊德所有文件和書信，把不值得帶去倫敦的大量文書全都燒毀。在繳交必要的無異議聲明（Unbedenklichkeitserklärung）之前，納粹當局要求他們先繳納一大筆納粹帝國飛行稅（Reichsfluchtsteuer），包括所得稅、逃亡稅等巧立名目的款項，並且威脅如果不繳，就沒收他的圖書和骨董收藏。最後是由瑪麗·波拿巴出面付清。

調查過程非常仔細。納粹發現尚馬丁在中立國瑞士保存著作全集，堅持要他和父親發出指示，將其帶回維也納，以便燒毀。佛洛伊德的銀行帳戶也被查封。尚馬丁還不時就被蓋世太保召去問話。安娜也曾被拘留審問一整天。這無疑是佛洛伊德一生中最黑暗的日子。想到這世上他最珍視、最依賴的小女兒，有可能遭受嚴刑拷打，或是關入集中營，簡直難以忍受。一整天，佛洛伊德坐立難安，來回踱步，雪茄一根接著一根，藉此麻痺焦慮不安的情緒。晚上七點，她才被釋放返家。佛洛伊德心中大石，終於才暫時放了下來。

這些年裡，佛洛伊德和女兒安娜之間，也發展出非常親密的關係。但二人都厭惡多愁善感的表現，感情表達也十分含蓄。更多的是一切盡在不言中的相互理解，還有心靈相契，內蘊而不外張的細微動作，傳遞最深刻的思想和感情。女兒的奉獻，與父親

的愛及感激，無疑同樣真摯深刻。

　　五月，獲得出境許可的機會愈來愈有希望。佛洛伊德寫信給倫敦的小兒子厄尼斯特：

> 這些黑暗的日子裡，有兩個期待的前景讓我得以振作精神：一是和你們團聚，另一是在自由中辭世。有時候，我會拿自己比做老雅各，老邁之年，孩子把他帶到了埃及。只希望結局不要跟他一樣，最後又必須從埃及出走。永世流浪的亞哈隨魯（Ahasuerus），該是時候在某處安息了……

　　第一個獲准離境的家庭成員是小姨子明娜，桃樂絲·蒂芙尼·伯靈漢（Dorothy Trimble Tiffany Burlingham, 1891-1979）[142] 從療養院把她接出來護送至倫敦。佛洛伊德的長子尙馬丁（太太和孩子已經在巴黎），以及長女瑪蒂爾德及丈夫，也都在父母之前出發。

---

[142] 桃樂絲·蒂芙尼·伯靈漢（Dorothy Trimble Tiffany Burlingham, 1891-1979），美國兒童心理分析師和教育家，著名珠寶商蒂芙尼家族。安娜·佛洛伊德的終生朋友和伴侶，離婚之後，帶著四個子女，搬至維也納，與安娜同住，後來再搬至倫敦，兩人在兒童精神分析方面的合作而聞名，合作辦理漢普斯特育幼診所。死後，骨灰葬於倫敦戈爾德斯格林墓園的佛洛伊德家族墓區，緊鄰安娜的墓位。

　　焦灼的等待終於在六月四日結束，備齊了必要文件和出境許可證明，佛洛伊德、太太瑪莎和小女兒安娜，最後一次離開這座度過七十幾個年頭，愛恨矛盾依戀的城市。

　　佛洛伊德在維也納的漫長歲月，到這裡就結束了。

佛洛伊德八十歲壽宴主題演講：佛洛伊德與未來
Freud und die Zukunft

湯瑪斯・曼

維也納醫療心理學會

維也納音樂廳

一九三六年五月八日

湯瑪斯・曼（Thomas Mann），德文原著：1936 年，《佛洛伊德與未來》（*Freud und die Zukunft*）。一九三六年五月八日，佛洛伊德八十歲壽宴代表致詞，主辦單位：維也納醫療心理學會（Wiener Akademischen Verein für medizinische Psychologie），會場地點：維也納音樂廳（Wiener Konzerthaus）。講稿原載於一九三六年，《意象雜誌》（*Imago, Zeitschrift für psychoanalytische Psychologie, ihre Grenzgebiete und Anwendungen*", Bd. XXII）。一九三六年，維也納伯曼菲舍爾出版社編輯出版（Wien: Bermann-Fischer）。

各位女士、先生大家好：

在此祝賀醫學大師八十大壽的盛典，我誠惶誠恐，捫心自問，文人如我，何德何能可以上臺代表致詞？或者，容許我冒昧請教，煩勞貴會主辦人代爲解惑，當初是基於何等考量而決定選我來代表致詞？

照道理來講，像醫學心理學會這樣的專業科學學會，要找給大師祝壽的致詞代表，圈內相當輩分的醫學人物，應該是比較合情合理的人選，是不是呢？但是，文人的適格性似乎就不免讓人有些質疑。畢竟文人探求的是人類的精神，本質上不是立基於認知、分析、辨認、理解，而比較是出於自發的感性統合，率眞自然的創作、製造和生產。所以，文人頂多可以作爲探求知識的客體，其本質並不適合作爲確認知識的主體。不過，或許我們也得考量，文人如果是特別重視靈性的藝術家，那就是祝壽慶宴所需的致詞人選了，因爲文人的本質有著更狂放豐沛的歡慶感性，比起理性求知的科學家更適合今晚的場合。我不想反駁這種觀點。沒錯，文人通常比較懂得人生，甚至把人生看作節慶。在這兒，就當我只是先暖場，輕輕點出主題，接下來，還會有更精彩的合唱，輪番登場。

不過，主辦人對於晚會的策劃，追求的可能不在於歡樂氣氛，而是著眼於深層的主題意涵；換言之，可能是期待激盪出知識客體和認知主體之間，嚴肅與新奇的碰撞火花，就如同古羅馬

農神節（Saturnalia）[144]的角色反轉——透過我們的致敬行動，讓夢的辨識者和詮釋者本尊，易位而成爲接受敬拜與探析如夢般的知識客體。若眞是如此，我倒也樂觀其成，尤其是這可以讓我敲響第一記主題和弦，欣見後續的交響大隊進一步發揮，合力演奏出更精湛豐沛而且明朗可解的主題展現。長久以來，讓我神往心醉的，就是那窈冥恍惚，「客體和主體的結合，主客之間的流動，兩者的融雜和同一，洞燭深藏於世界和自我、命運和個性、發生和創生，箇中結合的奧妙根源，也就是洞燭現實，亦即心靈運作產物的奧祕所在」，或者簡而言之，我心神往的就正是精神分析知識肇始的這些源頭要素。

　　不論眞實考量爲何，決定選用文人來給傑出的研究學者美言祝壽，箇中動機或多或少就包含前述兩者的某些相關元素，甚至可以說是兩者兼而有之。從這兒，可以試著推演，祝壽致敬的人物對象和藝文創意世界之間的特殊關係；再者，也可以探視展現，文藝作者創造世界和科學研究者面對世界掌握各領域知識之間的特殊關係。然而長久以來，這其中的密切關聯，卻始終停留在意識之外，亦即所謂的「潛意識狀態」。此一「潛意識狀態」心靈領域的探索、發現和闡明，就是今晚我們致敬的大師畢生追尋的終極使命所在：捕捉人性深層的本質。對於文學與心理

---

[144] 農神節（Saturnalia），古羅馬時代，每年 12 月中旬，舉辦節慶祭祀象徵「靈魂釋放而得永生不朽」的農神薩圖爾（Saturn），活動包括：獻祭、盛宴、角色反轉、送禮、賭博。

分析之間的密切關係，雙方早就有所知悉。今晚這場盛會的莊嚴
意義，至少就我個人見識和感覺所及，可能是這兩大領域的首度
正式會議，公開承認意識到相互之間的關係，並且展現承諾致力
促進未來持續合作探索和闡明。

　　我前面說過，文學與精神分析這兩個領域之間的連結，緊密
而且影響深遠，儘管長久以來，雙方對於箇中奧祕始終都未能
清楚意識。然而，我們確實知道，今晚大家齊聚一堂祝賀的壽
星，西格蒙德‧佛洛伊德，創立精神分析療法和研究法的靈魂人
物。然而，漫長崎嶇的研究探索路上，這位醫生科研學者，孜孜
不懈戮力深耕，總以為只有自己單打獨鬥，獨自承受踽踽獨行
的險峻煎熬，渾然無識於自家胸臆幽藏文學名家大罂的仙丹妙
藥，一路守護相挺，給予慰藉寬心和激勵打氣。

　　他不知道尼采，俯仰採擷尼采文章之間，不難遇見佛洛伊德
靈光乍現的洞視雛形。

　　他無有知悉的諾瓦利斯（Novalis, 1772-1801）[145]，充滿
生物學浪漫情懷的奇思幻想和靈感，與精神分析概念的神似程
度，每每讓人驚嘆連連，直呼難以置信。

　　還有齊克果，他未曾見識，然而其無以倫比的基督徒勇
氣，超越所有心理極限，深刻入骨的靈魂共感，絕對會給他帶來

---

[145] 諾瓦利斯（Novalis, 1772-1801），本名格奧爾格‧菲利普‧弗里德
里希‧弗雷赫爾‧馮‧哈登伯格（Georg Philipp Friedrich Freiherr
von Hardenberg），十八世紀德國浪漫主義詩人、作家、哲學家。

無以復加的正向啟示。

　　當然，叔本華也是他無所知悉，憂鬱的哲學家，譜寫驅力 /
本能哲學交響曲，不遺餘力追求反轉（Umkehr [reversal]）和救
贖（Erlösung [redemption]）……

　　由此可以想見，必然透過如後境況：無識於前人直覺成
就，無有外來參照支援之下，他孤詣苦心追隨內心創意發想，
嘔心瀝血克服研究路上孤行獨走的重重難關。未得前人種樹之庇
蔭，固然有其不利之處，但也因此可能增強了不受外力影響的自
發創思衝力。孤獨（Einsamkeit [loneliness]），是他嚴肅生命圖
像無可切割的境況，那也正是尼采論述的「孤獨」[146]，在〈禁
慾主義的理想，意味著什麼？〉[147]，他稱呼叔本華「真正的哲
學家」，真正獨立自主的心靈，勇敢面對自我無有畏懼，卓然挺

---

[146] 尼采（Friedrich Nietzsche），1886 年，《超越善與惡：未來哲學
　　　序曲》（*Jenseits von Gut und Böse: Vorspiel einer Philosophie der
　　　Zukunft*），Leipeiz: C. G. Naumann。書名英譯：*Beyond Good &
　　　Evil: Prelude to a Philosophy of the Future*。書中列舉闡述四種自由
　　　人的美德：勇敢（Mut）、洞察（Einsicht）、共感（Mitgefühl）、
　　　孤獨（Einsamkeit）。

[147] 尼采（Friedrich Nietzsche），1887 年，〈禁慾主義的理想，意味著
　　　什麼？〉（Was bedeuten asketische Ideale? [What do ascetic ideals
　　　mean?]），收錄於《道德譜系學》（*Zur Genealogie der Moral: Eine
　　　Streitschrift*）第三章，Leipeiz: C. G. Naumann。書名英譯：*On the
　　　Genealogy of Morality: A Polemic*。

立勇往直前，而不是聽候來自上蒼和前人的旨意。自從這位潛意識心理學大師進入我的視界以來，這樣鋼鐵般意志的「硬漢騎士」，無畏無懼直視死亡和魔鬼的形象，始終屹立不搖。

　　儘管一般而言，文學創作的本能衝動和精神分析科學之間，有著親如血緣的緊密關係，我個人性情尤其如此，但是佛洛伊德卻是在很久之後才進入我的視界，而且遠比想像的，還要更久。箇中關係主要包含兩大面向：第一，文學對真理的熱愛，對真理的感知，對真理之甜美苦澀的敏覺感受，體現在心理感應性和清晰外觀，相當程度，幾乎都和精神分析對於真理概念化的洞視和發現不謀而合；第二，關於疾病的理解，與疾病親密關聯，又透過健康以及疾病經驗的建設性意義適予平衡。

　　首先，就熱愛真理而言，基本上，乃是心理上充滿道德苦情基調的愛，源起於尼采的崇高學派，在求知者和心理學者之間，明顯可見知識真理和心理真理的驚人巧合。他引以為傲的坦誠無欺，清晰無染的智識本色，獻身真理，自覺憂鬱，無所畏懼，自我知識，自釘十字架，所有這一切都有著心理的意向和影響效應。我永遠不會忘記，尼采熾熱激情的心理經歷，對我天生秉性的揚興振氣。

　　在我的中篇小說《托尼奧・克魯格》（*Tonio Kröger*）[148]，

---

[148] 湯瑪斯・曼（Thomas Mann），1903 年，中篇小說《托尼奧・克魯格》（*Tonio Kröger*），Berlin: S. Fischer。自傳體小說，主題「從現實生活自我放逐的藝術家」，探討藝術家面對藝術的熱愛、精神

故事主人翁時常掛在嘴邊的「真知噁心」（Erkenntnisekel [insight-nausea]），這用語散發尼采的獨特本色。年輕藝術家的憂鬱，直指尼采本性當中的哈姆雷特元素，恍若鏡中反影。此等本性，召喚藝術家鬱悒憂思，苦苦尋覓本非天生具足的真知洞視。年少歲月的這些苦悶、躁動，隨著年事漸長，終究會逐漸成熟而轉趨靜好、安穩。

但是，在我內心深處，仍舊保有未曾稍減的慾望，始終沒有忘懷尋求針對知識、真理的心理學詮釋。在心理領域，找出相對等的真理。在尋求真理的普遍意志之外，感知追求真理的心理意志。從心理領域的真理，感受最真實、最大膽意義的真理。我始終保有此等心理傾向，或許可以稱為自然主義的傾向，有賴於文藝自然主義的教養薰陶。這種心理傾向構成開放心胸的關鍵要素，並且是以「精神分析」為名的關於人類精神之自然科學的先決條件。

其次，關於文藝和精神分析科學的連結，就是疾病的意義，或者更精確地講，疾病乃是通往真理的管道。就這方面而言，也可以從尼采找尋源頭。尼采非常明白疾病惠我良多，他所有著作不斷重申，沒有親身經歷疾病，就無從得到深刻的認識；唯有取道疾病之路，才有可能邁向健康的光明坦途。這種疾病觀或許和他的個人經驗有關，但是一般而言，乃是緊密連結於

生命與現實生活矛盾對立，如何將內心感受之迷戀和糾結，透過智性轉化為藝術作品。

追求精神真理者的本質，尤其是文藝創作者的本質。事實上，也就是全人類的人性本質，而文藝創作者只是將此等人性本質推向淋漓盡致的極端。

維克多‧雨果（Victor Hugo, 1802-1885）說得好：「人性透過疾病而達到自我肯定。」[149] 這句話，坦蕩而豪氣，承認了崇高人性和高尚文化的羸弱體質，而其鑑賞能力的根源就在疾病領域。人類之所以稱為「生病的動物」（das kranke Tier [the sick animal]），乃是由於人類的位置落在自然—精神、天使—野獸之間，與生俱來背負的緊張壓力和獨特困蹇。而神奇的是，透過深入病態與之周旋，人類成功洞燭透視了人性的黑暗深淵。精神疾病的研究，儼然證明是認識人類的首級途徑。

對於此等事實，文藝創作者應該不會感到絲毫訝異。不過，藝術家既然有著如此強烈的天生秉性，他們可能會相當驚訝，怎會如此遲緩才意識到，自己的精神存在境況與精神分析研究以及佛洛伊德的生命之作（Lebenswerke [life-works]），其實有著親如血緣的密切關聯。我自己也是直到很晚近的時候，才意識到箇中緊密關係。那時節，佛洛伊德倡議的學說，不再只認為是飽受爭議或深值肯定的醫療方法，而是遠遠超出醫學領域，成為風靡全球的運動，襲捲人文和科學的所有可能領域，包括：文

---

[149] 「人性透過疾病而達到自我肯定」，法語原文：「L'humanité s'affirme par l'infirmité」；英譯：「Humanity asserts itself through infirmity」。

學研究、藝術研究、宗教史、史前史、神話學、民俗學、教育學
等等。

　　在各領域專家學者熱忱投入，持續開拓、應用、推廣之
下，增添了更多實務效益和迷人光環，吸引精神病學──醫學核
心領域之外更廣泛領域的人士紛紛投入。若說我是自己開路發現
精神分析，這可能有些言過其實，比較切實的說法，應該是精神
分析走向我。一開始，是有些年輕的精神分析師和研究學者，對
我的作品感到興趣，《小人物弗利德曼先生》[150]、《魂斷威尼
斯》[151]、《魔山》[152]、《約瑟和他的兄弟們》四部曲[153]，在他

---

[150] 湯瑪斯‧曼（Thomas Mann），1896 年，短篇小說，《小人物弗利
德曼先生》（*Der kleine Herr Friedemann*），原載於文學季刊《新
評論》（*Neue Rundschau*）；1898 年，收錄於《小人物弗利德曼
先生短篇小說選集》，Berlin: S. Fischer。書名英譯：*Little Herr
Friedemann*。

[151] 湯瑪斯‧曼（Thomas Mann），1912 年，中篇小說，《魂斷威尼斯》
（*Der Tod in Venedig*），Berlin: S. Fischer。書名英譯：*Death in
Venice*。

[152] 湯瑪斯‧曼（Thomas Mann），1924 年，長篇小說，《魔山》（*Der
Zauberberg*），Berlin: S. Fischer。書名英譯：*The Magic Mountain*。

[153] 湯瑪斯‧曼（Thomas Mann），1926 至 1943 年，長篇小說，《約
瑟和他的兄弟們》四部曲（*Joseph und seine Brüder*），書名英
譯：*Joseph and His Brothers*。首部曲：1933 年，《雅各的故事》
（*Die Geschichten Jaakobs*）；二部曲，1934 年，《少年約瑟》
（*Der junge Joseph*）；三部曲，1936 年，《約瑟在埃及》（*Joseph*

們友善的穿針引線之下，搭起我和佛洛依德結緣的橋梁。

　　讓我意識到我和精神分析有頗多耐人尋味的連結，進而體認到，我自己的「建構發展」之路，存在著潛隱的「前意識」交感共鳴（"vorbewußten" Sympathien [preconscious sympathies]）。拜此等「前意識」交感共鳴之賜，乍見精神分析學文獻，就讓我心底湧起一見如故之感，我依稀看見，科學思維和術語講求精準的外衣底下，歷歷在目無不是我早年智性發展的切身經驗。

　　各位女士、先生，請稍安勿躁，別誤會了，照理我這應該是向佛洛伊德大師祝壽致敬的演說，怎麼聽來聽去好像我只顧著講我自己。實情是，我還真的沒有膽量來談論我們的大師。關於大師，我能希望向世人談論出什麼新鮮觀點呢？再怎麼說，大師閎言崇議，盡在字字珠璣的大作之中，本無須我輩代勞佚言代為闡論說明。我談到我的經驗，都是本於向大師致敬的用心。

　　不過，我也明確指出，從我年少智性發展時期以來，走過什麼樣獨特、決定性而且影響深遠的心路歷程，方才讓我做好準備，迎接佛洛依德學說的到來。我在回憶錄和自我告解體材的文章，不只一次提到，拜讀叔本華，認識他的哲學，給當年徬徨苦無出路的慘綠少年，帶來陶然癡醉的莫大感動和深遠影響。日後創作的長篇小說《布登勃洛克家族：一個家族的衰落》[154]，就

---

in Ägypten）；四部曲，1943 年，《贍養者約瑟》（*Joseph, der Ernährer*），Berlin: S. Fischer。

[154] 湯瑪斯・曼（Thomas Mann），1901 年，長篇小說，《布登勃洛克

是向這位大師致敬而樹立的紀念碑。

　　精神分析深層心理學，追求真理的道德勇氣，就像初生之犢一樣勇往直前無所畏懼。我最早是在自然科學強烈的形上學悲觀主義，首度見識到這種追求真理的大無畏道德勇氣。自然科學的這種形上學，掀起黯黑革命，推翻千年古老信念，轉而主張驅力／本能凌駕精神和理性之上。根據這種形上學的觀點，人類無異於其他所有造物，意志（Willen [will]）是人性的核心和本質基礎；而理智（Intellekt [intellect]）則是意志的奴隸，是微弱的燭照之光，位居次要，僅屬偶然。這種自然科學悲觀形上學鼓吹的，不是反人類的仇恨，亦即出於當前諸多學說的惡毒動機，以仇視態度看待精神／心靈；反之，其宣揚的是本世紀特有的剛烈的真理之愛（Wahrheitsliebe [love of truth]），是出於對精神／心靈的熱愛，而與唯心主義（Idealismus [idealism]）的反擊鬥爭。

　　這種熱愛真理、捍衛精神／心靈的動機是如此的真誠，以至於在十九世紀，易卜生（Henrik Johan Ibsen, 1828-1906）甚至要肯定謊言，宣稱「生之謊言」（Lebenslüge [lies of life]）乃是人

家族：一個家族的衰落》（*Buddenbrooks: Verfall einer Familie*），Berlin: S. Fischer；書名英譯：*Buddenbrooks: The Decline of a Family*。可說是湯瑪斯‧曼的家族自傳。內容描寫呂貝克（Lübeck）望族布登勃洛克四代，從 1835-1877 年間的家族興衰故事，以及暴發戶哈根施特勒姆家族的發跡，見證資本主義的壟斷，揭露資產階級諸多醜惡面向。1929 年，湯瑪斯‧曼以此書獲得諾貝爾文學獎，評委會讚譽此書：「德國首部格調高雅的現實主義長篇小說」。

生無可或缺的必要之惡。在這兒，你應該可以清楚分辨，苦楚悲觀（schmerzlichem Pessimismus [anguished pessimis]）和辛辣反諷（bitterer Ironie [bitter irony]）之間的天壤之別。只不過，肯定謊言是基於捍衛精神的熱愛，抑或是發諸仇視精神的怨毒，這當中的差別，看在當今世人眼底，已然模糊無分。

如今，佛洛伊德，潛意識的心理學大師，深得叔本華和易卜生真傳的世紀之子。他的革命，不僅內容，而且在道德性格方面，都和叔本華有著近乎嫡傳的緊密連結！他發現，潛意識的本我在人類精神生活（Seelenleben [spiritual life]）扮演重大角色，挑戰意識和精神一體兩面的傳統心理學信念，其悖逆叛道的驚駭程度，直追叔本華意志學說對尊崇理性（Vernunft [reason]）、清明感知（Geistgläubign [good sense]）之傳統哲學的顛覆叛離。

事實上，佛洛伊德早年就是《意志和表象的世界》[155]的忠實信徒，並且引述在《精神分析新論》[156]的〈第三十一講：心

---

[155] 叔本華（Arthur Schopenhauer），1819 年，首版，《意志和表象的世界》（*Welt als Wille und Vorstellung*），Leipzig: F.A. Brockhaus。1844 年，第二版（兩卷）；1948 年，湯馬斯‧曼編輯精簡版；1859 年，第三版。英譯書名：*The World as Will and Idea*，或 *The World as Will and Representation*。

[156] 佛洛伊德（Sigmund Freud），1933 年，《精神分析新論》（*Neue Folge der Vorlesungen zur Einführung in die Psychoanalyse*），Wien: Internationaler Psychoanalytischer Verlag。英譯本：1936 年，*New Introductory Lectures on Psychoanalysis*，譯者 Peter Gay，London &

理人格的剖析〉（Die Zerlegung der psychischen Persönlichkeit [The Dissection of the Psychical Personality]）。文中陳述潛意識的精神世界（亦即本我），其遒勁文風足以媲美叔本華筆下描述的意志世界，用字遣詞感性濃烈炙熱，同時又說理闡論清明冷靜，嚴謹縝密闡析醫學題旨。佛洛伊德寫道：

> 「本我的領域，是人們心理人格無可觸及的隱晦角落，通過造夢過程和神經質疾病症狀形成的研究，終而有管道得以一探究竟，探索這個鮮為人知的人性祕境。」

根據佛洛伊德的描述，本我乃渾沌之域，沸騰刺激的熔爐。他認為，本我可以說就是向身軀開放，將欲望驅力衝動（Triebbedürfnisse [desire-drives]）吸納身軀，讓該等欲望驅力衝動，在身軀之內以未知基質（Substrat [substratum]）的支撐而尋得精神或心理的表達。驅力衝動將心理能量灌注本我，但是本我沒能組織該等能量，也沒有形成集體意志，只能依循快感原則，尋求滿足欲望衝動。在這兒，邏輯法則行不通，矛盾律也毫無用武之地：

New York: Norton。

「矛盾對立的衝動比肩並存，彼此之間不會相互抵
消，甚至也不會從對方抽出能量。充其量，它們只可能
共同達成妥協，在宰制的心理經濟壓力之下，聯合達到
積壓能量釋除的目標。……」

各位女士、先生，在前述的狀況之下，你或許能明瞭，就我
們當代歷史經驗來看，由於集體對潛意識的崇拜，歌頌本我，將
其心理動力視為促進生命的唯一「動力」，全面的讚許、美化本
我的原始、非理性，如此道德傾頹敗壞之下，本我在對抗個別自
我（Ich [ego]），乃至於集體自我時，當然占了明顯上風。因為
潛意識，本我，乃是原始、非理性、純粹心理動力的領域；不知
道價值、善惡和道德；甚至不知道時間，沒有時間先後序列，隨
著時間的推進，心理歷程也不會產生任何時序效應。

佛洛伊德說道：

「慾望衝動，超越本我之外，所留下的印象也潛抑而沉
入本我深淵，幾乎永不磨滅，即便時隔數十寒暑，依舊
如同剛發生一樣。往往被視為陳年往事，毫無價值，塵
封拋諸腦後。陳年累月積壓的能量灌注，只有透過精神
分析，才有可能浮上意識從而紓解。」

他進而補充說，精神分析治療主要在於本我的領域。然
後，我們理解自我必然對深層心理的精神分析極度反感，因為自

我深受潛意識崇拜的毒害，已然深化到地底伏流動力的地步。顯然可知，如此的自我，對於精神分析勢必置若罔聞，當然也絕不想有人在他們面前提起佛洛伊德的名字。

總的來說，自我的處境悲慘堪憂，甚至到了警報狂響的地步。自我是「本我」領域早經啟蒙洗禮，文明先進的蕞爾一隅，深陷愁雲慘霧，惶惶難安。約略來講，就像歐洲是遼闊亞洲璀璨活絡、戒懼怵惕的小省份。自我是「本我當中，*鄰接外部世界、承受影響而修正整飭的部分，整備設施以吸納衝擊，以期保護自身，相當於任何生物包覆全身的外皮（Hindenschicht[integument]）*」，多麼唯妙唯肖的生物學比喻。佛洛伊德筆下，常能寫出活靈活現、躍然紙上的傳神摹寫。他的學養創作足以媲美叔本華，倆人都是思想藝術大師，歐洲一代文宗。

根據佛洛伊德的論述，對於自我而言，與外部世界的關係，具有決定性的重要意義，因為自我的主要任務就是把感知的世界印象，依照維護自我利益的考量，經過調整之後，再呈現給本我！因為如果不正視外部世界難以抗衡的力量，本我根本毫無防禦之力，盲目衝動追逐本能驅力的滿足，下場就只剩無處可逃的毀滅一途。自我觀察外部世界，正念觀照，坦誠面對外部世界的客觀現實，和內在激情伏流的牽合附會，盡力區分開來。

本我把行動的實施任務委付給自我，但是在慾望衝動和付諸行動之間，自我插入了延緩行動的思慮過程。在思慮當中，自我以經驗為師，徵詢指點忠告，如此一來，自我就把原本在潛意識

橫行無阻的快感原則壓在底下，施以現實原則的規範約束，以便做出適切的行動。但即便如此，自我的這一切還是相當蒼白軟弱。躋身在潛意識、外部世界，以及佛洛伊德所謂的「超我」（或良心（Gewissen [conscience]））之間，自我的生存始終籠罩緊張、驚懼的陰影。然而，自我本身只有薄弱動力，有賴於從本我汲取能量，因此大致而言，必須執行本我的意向。自我希望將自身視為騎師，駕馭潛意識的野馬；但是，人生總是有些時候，自我免不了臣服本我之下，為潛意識所騎乘。在這兒，我只想補充一點，那就是，佛洛伊德受限於理性道德羈絆而未能說出口：在某些情況下，離經叛道不盡合乎現實原則規範的舉動，反倒有可能衝撞出更寬廣的進步空間。

但是，佛洛伊德描述的「本我」與「自我」，是否全然等同於叔本華描述的「意志」與「理智」，或者說，佛洛伊德只是把叔本華的形上學，轉譯為心理學的版本？任何人若是有接觸叔本華的形上學，或是曾在尼采的心理學嘗過迷人魂魄的椎心快感，一旦踏進精神分析王國，環顧四週，接受住民心心相印的盛情相迎，心中應該很難不油然升起似曾相識的熟悉感吧？

他們還會發現，環顧檢視精神分析王國之後，新的知識產生強烈而奇特的反溯效應，改寫了原本對於叔本華、尼采學說的印象。佛洛伊德世界沉浸若干時日之後，隨著他的探索借光，重新覽讀反思叔本華的大作，譬如：〈對個人命運外顯意向性之超驗

思辨〉[157]，原先的印象將會大幅改觀。

在這兒，諸位女士、先生，我將扼要談談，潛藏在佛洛伊德科學世界與叔本華哲學世界之間，最深刻玄奧的諸多連結。叔本華這篇深刻精微的曠世奇文，兩位大師跨世神合交會。在這篇文章，叔本華孕育、發展的玄奧思想，簡而言之，就如同在夢境之中，意志就像夢劇場神出鬼沒的地下導演，潛伏在吾人不自覺的潛意識之下，夢中所有劇情發展全都來自意志的主導，一幕一幕演出無可妥協的客觀命運。再者，現實也一樣，在這座大型的夢劇場，唯一的角色——意志本身，與我們所有人共同作夢，而命運——吾人最深層的存有本質產物，欲求成為吾人意志的產物，於是表象上看似自然而然發生在吾人的一切，實乃意志的主宰安排，冥冥之中，恍若存有本質順其本然而搬上現實舞臺。

我的摘述實在簡陋拙劣，有失精準，還請各位女士、先生多多包涵。事實上，意志在現實夢劇場的執行演出，掌握無遠弗屆的長鞭，揮動最強勢宰制的暗示力量。不過，在叔本華的文章，除了運用神似顯著精神分析學特徵的夢心理學，來輔助闡明

---

[157] 叔本華（Arthur Schopenhauer），1851 年，〈對個人命運外顯意向性之超驗思辨〉（Über die anscheinende Absichtlichkeit im Schicksal des Einzelnen），標題英譯：Transcendent Speculation on the Apparent Intentionality（或 Deliberateness）in the Fate of the Individual，收錄於《附錄與補遺》（*Parerga und Paralipomena*）上冊，Berlin: A. W. Hayn。書名英譯：*Parerga and Paralipomena*。

其哲學論點，性慾論述和範式也沒有缺席。總而言之，叔本華繁複深奧的思想體系，預告了深層心理學的概念建構，前呼後應的契合程度，讓人不禁嘖嘖稱奇！

容我再次重申，本次演講一開始提到，我相信，從精神分析學說的深層核心，參透心理發生的表象客觀、偶然事件，直抵精神本質，從而體悟到自我與世界合一，以及存有本質（Sein [Being/essence]）與發生事件（Geschehen [happening/events]）合一的玄妙奧義。

緊接著，我想到的是榮格（C. G. Jung），他是佛洛伊德的高徒，資賦聰穎過人，深得佛洛伊德賞識提攜，但是有點不知尊師重道。榮格在《西藏度亡經》[158] 德文譯本寫的介紹文，指出重要的精神分析學論點，「一切如此直接、明顯，印象強烈，而且令人信服，」他說：「自然而然，就發生湧上我的心頭，全然不費我絲毫心力去做出來。」如此狂放恣肆的口吻，實在很難想

---

[158] 榮格（C. G. Jung），1935年，《西藏度亡經》（*Das tibetanische Totenbuch*）德文譯本的序文〈心理學評注〉；譯者：Walter Y. Evans-Wentz、Lama Kazi Dawa-Samdup，Züric: Rascher。英譯書名：*Tibetan Book of the Dead*。《西藏度亡經》（*Bardo Thödröl*，藏文音譯：巴多脫卓），又稱《中陰救度密法》，作者為八世紀印度高僧蓮花生大士（Padmasambhava，生卒年不詳）。書中依照佛教義理介紹，凡人命終，神識（靈魂）脫離肉體，進入中陰境界，每七日一變化，總共七個階段，四十九天的轉化情形。凡夫之人，報盡命終，將入已入，中陰境界有上妙法，使之聽聞，即得救度。

像，竟是出自現今公認沉穩內斂的心理學派宗師之口。榮格的創見，若是叔本華親眼目睹，想必也會認為是天才橫溢「超乎常軌」的思想大冒進。不過，倘若沒有佛洛伊德走在前面，榮格是否還有可能說他的這些論點是他心裡自然「發生」，而不是他費心盡力去「做出來」？

絕無可能！榮格能有此等非凡成就，佛洛伊德厥功至偉。如果沒有佛洛伊德首開先河奠定的諸多先決條件，包括：日常生活各式各樣的口誤、筆誤、過失、忽略、遺忘；遁入疾病；自我懲罰的本能驅力；意外的心理機制等等；簡言之，若不是受惠於佛洛伊德在前頭確認和闡明的潛意識神奇魔力，榮格根本無從投入理解該等議題，也不可能寫下那些論點。再者，如果沒有叔本華那些天馬行空的大膽思辨，打先鋒拋出諸多尚待琢磨推敲的奇思妙想，榮格幾乎也毫無可能寫出那些凝練精簡的字句，更別說那些銳意創新的心理學預設。

各位女士、先生，現在該是時候，來談談佛洛伊德本身的理論。他對哲學評價不是很高。他的科學家出身，治學講究精準，這讓他無法把哲學視同科學來看待。他對哲學頗多非難，比方說：自信能擬出天衣無縫的融貫世界圖像；過度高估邏輯運思的客觀價值；信任直覺可以作為知識的有效來源；沉溺於正面看待泛靈論[159]傾向，相信思維和文字魔力可以影響實在。

---

[159] 泛靈論（Animism），又稱萬物有靈論，認為天地萬物都有靈魂，擁有思考和經驗能力的主體，並且能夠操縱或影響其他自然現象，

　　但是，哲學在這些方面的信念或傾向，是否真的是自我評價過高？思想與其神奇的工具——語文，是否曾經讓世界有所改變？我相信，實際上，哲學走在自然科學之前，並且位居其上；再者，科學的所有方法和精準，都是用來服務哲學的直覺與思想史上的意志。終究而言，事實就是如此，「**證明完畢**」（拉丁文：***Quod Erat Demonstrandum***，縮寫***QED***），無須多辯。在科學領域，免於所有的預設，乃是或應該只是一種道德上的自由境界。但是，在理智領域，誠如佛洛伊德指出，那可能只是純屬虛妄不實的非非之想。如果容許稍為誇張些，我們甚至可以說，沒有哲學的授權和前導，就不可能有任何的科學發現。

　　在這兒，讓我再回過頭，順著來談談榮格的理念。榮格偏好引用精神分析的成果，藉以在西方思想和東方神祕主義（Esoterik benutzt [Oriental esotericism]）之間，搭起相互理解的橋梁，這種筆法也出現在他為《西藏度亡經》德文譯本所寫的序文〈心理學評注〉。沒人像榮格那樣，把叔本華—佛洛伊德的深知灼見，闡發得如此透澈入裡：

> 「個人主客觀條件和境遇的賦予者就棲居於吾人自
> 　身。此一真理，儘管無分事之至大至微，證據確鑿，卻
> 　從未為人知曉。然而，在絕大多時候，正確認識此等真

乃至人類社會。

理，非但必不可少，甚至是應該極力去追求。」

他認為，在達到正確認識精神本質如何「賦予」（gegeben [given]）世界萬象之前，必須先做出自我犧牲的重大轉化；因為人類的動物本性總是橫生阻撓，讓人看不清世界萬象就是出於自我的造作。

確實而論，在克服人類此等動物本性方面，東方的表現總是強於西方。因此，我們也無須感到驚訝，根據東方智慧，諸神也屬於世界萬象之列，其本源來自於精神，在賦予世界萬象的同時，也展現人類精神的表象和光輝。根據《西藏度亡經》，這種知識會陪伴亡靈者渡過中陰期。另一方面，根據西方邏輯思維，則是認為主體和客體嚴格區分，不可能發生主體、客體偶合連結，或是兩者互為生成。就此而言，前述東方神祕主義觀念與邏輯相牴觸，實屬悖論。不過，歐洲神祕主義（europäische Mystik [European mysticism]）倒是早就熟識此等信念，安格魯斯·席勒修斯（Angelus Silesius, 1624-1677）[160] 就曾寫下如後的詩句：

---

[160] 安格魯斯·席勒修斯（Angelus Silesius, 1624-1677），德國天主教神父、醫師，天主教神祕宗教詩人，著有歐洲神祕主義經典詩集《天使浪游錄》（*Der cherubinischer Wandersmann* [*The Cherubinic Wanderer*]，1674 年）。

Ich weiß, daß ohne mich Gott nicht ein Nu kann leben;

Werd' ich zunicht, er muß vor Not den Geist aufgeben.

我明白，沒有我，上帝一刻也活不了；

我若斷了氣，祂也不得不讓靈魂撒手。

不過，總的來說，心理學關於上帝的概念，所構思的神祇並不是純粹的存有者，也不是絕對的實在，而是與精神（或靈魂）約束連結的神祇。這對西方宗教來看，實在無可忍受，因為那無異於背棄上帝信仰。然而，宗教信仰基本上就蘊含契約關係（Gebundenheit [bonding]），在〈創世紀〉，就談到上帝與人的「契約」（Bunde [bond]），亦即「聖約」（Bund [Covenant]）。我創作的《約瑟和他的兄弟們》四部曲，就是取材自〈創世紀〉神話故事，試圖給這種人神契約關係提出心理學詮釋的基礎。

這兒，請容我撥點時間，回頭來談談我自己的作品，今晚的場合是向大師祝壽致敬，講述創意文學和精神分析之間的精神邂逅（Begegnung [encounter]），應該算是合宜允當之舉。說來奇怪，貫穿《約瑟和他的兄弟們》四部曲的心理學神學，明顯含有東方神祕主義的創世神話元素，對於這一點，可能也不只我一人覺得奇怪。亞伯蘭（Abram）可說是上帝的父親，他的通靈之眼直觀看見上帝，就透過想像把祂生出來（hervorgedacht [thought Him into being]）。祂的全知全能，雖說是出自於亞伯蘭的直覺觀想而賦予，但很可能是源自本身的天生稟賦，並不是亞伯蘭創

生出來的。不過，亞伯蘭還是有其功勞，是他透過直覺看出該等特質，從而想像使其化爲現實存在，就此而言，說上帝是由亞伯蘭生出，如此說法也不算離事實太遠。

上帝的全知全能，也就是上帝本身，事實上，是超乎或外在於亞伯蘭賦予的官能，但是，在此同時，該等超能力又是存在於亞伯蘭，並且來自於亞伯蘭。亞伯蘭自身的精神力量，在某些時刻，幾乎和上帝的超能力無以分別，有意識地相互交織融合爲一。就是在如此環節，我們看到上帝和亞伯蘭敲響精神契合相連的源頭所在，而這也只是對於該等內隱之人神精神契合事實予以外顯證實。聖約的特徵在於統一於人神雙方旨趣之下，共同達到成聖（Heiligung [Sanctification]）的終極目標：人成爲聖潔之人，上帝成爲至聖天主。人與神雙方的需求，如此交錯難分難解，以至於幾乎無從分辨，最初究竟是來自人或神的哪一邊而開啟推動此等雙方合作關係？不過，無論是從哪一邊開啟的，這種「聖約」（Bund [Covenant]）的建立，箇中展現出雙重進程：一方面，上帝成爲至聖天主；另一方面，人成爲聖人，兩方面以最親密的方式，「契合相連」（gebunden [bound]）。在這兒，我們得提出一道問題：終究而言，爲什麼會出現如此的聖約，而不是根本不存在？

各位女士、先生，我非常清楚，在這部小說中，精神／靈魂即是「主客觀既予條件和境遇之賦予者」這種概念的鋪陳，僅止於反諷調性，並沒眞正深入東方神祕主義的智慧，也談不上精神分析的洞視。但是，後來隨著情節開展浮現的非出於自主意願的

契合，就有較多令人驚嘆思索玩味之處。對於這種非自主的人神精神契合，我應該稱爲冥冥之中的暗示或影響嗎？或許比較貼切的講法是交感共鳴（Sympathie [sympathy]），某種精神親和關係（geistige Nähe [spiritual affinity]）。當然，精神分析比我早意識到這點，而且早些年，我就已經拜讀過精神分析關於這方面主題的文獻，受益頗多。最近，我讀到一篇雜誌文章單行本，標題：〈論傳統傳記的心理學〉，原載於《意象雜誌》，作者是佛洛伊德學派的維也納學者[161]。

　　光看標題，或許會覺得有些古板枯燥，沒能適切反映文章內容的豐富出色。作者指出，傳統傳奇人物或特定人物的傳記寫法，通常包含固定的基本模式，典型的特質、歷程，陳年老套的傳記公式，依模畫樣套進主人翁的生平故事，彷彿遵循如此寫法就能保證，所記錄的人物敘事眞實而且正確，之所以能保證敘事眞實而且正確，乃是因爲人物生平「千篇一律」，「合該如是書寫」。因爲再認對人們非常重要，生活需要能從新事物發現舊事物，從個別獨特發掘典型，這是得以讓人感到穩定安心的基礎所在。否則生活若總是全新、獨特、個別不同，毫無重新發現熟悉

---

[161] 恩斯特・克里斯（Ernst Kris, 1900-1957），奧地利精神分析學家和藝術史學家。1935 年，〈論傳統傳記的心理學：視覺藝術家的畫像〉（Zur Psychologie älterer Biographik (dargestellt an der des bildenden Künstlers)），原載於《意象雜誌》（*Imago*），第二十一卷第三期，頁 320-344。

事物的可能性，那只會讓人心慌意亂，無可適從。

　　然後，這篇文章提出的問題就是，千篇一律的傳統傳記公式和個別藝術家的獨特生平之間，可否畫出截然分明的界線？換言之，在典型和個殊之間，可否畫出截然分明的界線？

　　這問題的答案，是否定的。真實人生，混合了公式化元素和個人化元素，在這無可避免的混雜之中，個人載浮載沉於人世間，只能試圖超越一模一樣的公式，打破毫無個人特色的傳統框架。不過，雖說是個人存在，仍有太多不自覺的身分認同、習俗慣例、樣板範式等等，對吾人生平經驗產生決定性的影響，此等約束不只發生在傳記主人翁的藝術家，芸芸眾生也無一例外。「我們許多人，」作者寫道：「時至今日，仍然『活著』傳記型態的生活，特定的社會身分、地位、階級、職業生涯等等，冥冥注定的宿命際遇。諸多力量左右命運安排之下，人生在世的自由，顯然緊密聯繫於所謂的『活的人生』（gelebte Vita [lived vita]）。」

　　緊接著，他開始談到我的創作《約瑟和他的兄弟們》，這讓我內心頗感欣喜，不過也幾乎不覺得有絲毫意外之感。他闡述說，這部小說基本主題正是「活的人生」。依他所見，認命過活的人生就是繼承祖業，追隨前人腳步，約瑟的老師以利以謝（Eliezer），謹守本分，分毫不踰矩，令人發噱的滑稽模樣，就是認命過活的典型例子。對於以利以謝而言，時間儼然歸零，過去種種完全限定了當前的形貌。以利以謝開口說話是第一人稱，但終究是亞伯拉罕的奴隸，不過若說他始終一成不變，那也

未免誇大其辭。

我必須承認，這一連串的論點可信度相當高。作者精準標幟出，心理學如何可能向神話領域取經。文中清楚可見，神話就是人類的典型，我們或許可以說，「活的神話」（gelebter Mythos [lived myth]）就是「活的人生」。但是，活的神話是史詩概念在我小說中的具體呈現，我心中瞭然，身為小說的敘事者，我跨出一大步，從中產階級個人走向神話典型，而我與精神分析領域的隱晦契合連結，可以這麼說，也就搬上了前臺。神話的旨趣內蘊於精神分析的骨子裡；同樣地，精神分析的旨趣對於創意文學也應如是觀。箇中旨趣回溯到個人靈魂的童年時期，在此同時，也回溯到人類文明初期的神話時代。

佛洛伊德告訴我們，他這一輩子學思生涯走過自然科學、醫學、精神治療，繞了一大圈，最終又回到年少時期的最愛：人類歷史、宗教和道德的起源。在他生涯顛峰時期，神話旨趣的學思創意大爆發，創作出驚世巨作《圖騰與禁忌》。深層心理學（Tiefenpsychologie [depth psychology]）的「深層」（Tiefe [depth]）一詞，蘊含有時間層面的意義：人類靈魂的源起基礎乃是來自原始時代，那是神話誕生的原鄉，初民生活的原始規範和原型開始初具雛形。因為神話是人生之本源，超越時間的永恆基模，人神敬畏的公式，經由潛意識再生產神話的要素，人類生活的源泉就是從這些管道源源注入。

無庸置疑，一旦習得把人生視為神話典型的觀看方式，作家生涯就將邁入新紀元，藝術敏銳力更上層樓，爐火純青的耆老

境界。滿載而歸的是洞察真知灼見的眼力，渾然天成的如實再現筆觸，悠然笑看亙古不易的實相底蘊。透視浮世紅塵，看穿凡夫俗子自以為古往今來的獨特人生，其實不過是層見迭出的老戲重演，亦步亦趨循著前人腳印，再走一趟早就毫無新氣象的老路。

小說家創作的角色其實源自神話人物，卻滿心的虛妄自詡，以為那全是個人匠心獨運的純粹原創。但是，在此同時，角色的尊嚴和安全感並不是立基於具有特定時空、獨樹一格的特性，因為角色乃是重演暗處破繭而出，重見光明[的神話人物]。恰恰相反，角色其實是從潛意識深層，汲取某種根深柢固的原型，重新賦予角色形象，依照善惡尊卑的範式，再現演出。

事實上，如果角色僅只存在於個人獨特和當下此時此地，那他根本就無所適從，寸步難行。他會感到困惑無助，徬徨失措，對自己的處境感到尷尬迷惘，不知道手腳該如何行動，也不知道臉上應該擺出什麼表情反應。角色的尊嚴和安全感恰恰是源自於，某種超越時空的原型，從潛意識浮現而出，重見光明，再現演出而成為當下此時此地。那是神話原型的尊嚴，從潛意識湧現而出，讓角色得以披上初民原始時代的尊嚴，若不然，角色徒然只是乏善可陳、一文不值。

以上所述，就是以神話為本源的說書人對於時代幽靈的凝視，你可以看出，那是居高臨下、帶有反諷意味的凝視，因為神話的知識位於凝視者，而不是位於凝視的對象。但是，在這兒，如果說神話的觀點成為主觀化，進入角色的自我意識甦醒過

來，那自我又是如何可能意識到，神話以歡愉或陰鬱之姿「回返」（Wiederkehr [return]）？又是如何可能禮讚神話典型在人間扮演的角色，並且明瞭其自身價值全然在於，握有賦予傳統嶄新生命的知識，以肉身之軀在人世間再現重生神話典型？有人或許會說，這種現象就是「活的神話」，而且人們也不會相信，那是未曾有人活過的全新生活。神話的生活，以及神聖的生活，一再回返重現人間，乃是歷史形式的生活，遠古時代以來，人類就是一直如此生活。

活生生的例子，就是埃及女王克麗奧佩脫拉（Kleopatra [Cleopatra]，西元前69年至30年）[162]，她的形象完全就是宇宙之母伊絲塔（Ischtar）、阿斯塔蒂（Astarte），還有阿芙蘿黛蒂（Aphrodite）等女神形象的肉身再現。巴赫芬（Bachofen, 1815-1887）[163] 在描述酒神崇拜的酒神巴克斯（Bacchus）時，將埃及

---

[162] 克麗奧佩脫拉（Cleopatra VII Philopator，西元前 69 年至 30 年），古埃及托勒密王朝末代女王。

[163] 約翰・雅各布・巴赫芬（Johann Jakob Bachofen, 1815-1887），瑞士人類學家、法學家、語言學家，瑞士巴塞爾大學羅馬法教授。二十世紀母系理論的重要先驅，1861 年出版代表作《母權論》（*Das Mutterrecht*]），研究古代世界母權體系的宗教和司法，闡明母性是人類社會、宗教、道德和禮節的本源。巴赫芬德語原著，1861 年，《母權論：古代世界女權主義的宗教與司法研究》（*Das Mutterrecht: eine Untersuchung über die Gynaikokratie der alten Welt nach ihrer religiösen und rechtlichen Natur*），Stuttgart: Verlag

女王刻劃爲酒神靈感啟發的完美形象。

　　根據普魯塔克（Plutarch，大約西元46-119年）[164]的說法，克麗奧佩脫拉之爲阿芙蘿黛蒂女神的塵世肉身再現，主要繫諸於她具體展現的情慾精神文化，而比較不在於她在血肉之軀的有形魅力。但是，她體現的阿芙蘿黛蒂女神特質的春藥催情魅力，她演出的女神哈瑟爾—愛希絲（Hathor-Isis）[165]角色，並不只是普魯塔克或巴赫芬可以呈現的客觀面向，更關鍵的還在於她主觀存在的內涵，亦即她是活在這個角色裡。關於這一點，我們可以從她死亡的方式略窺一斑：她應該是主動把毒蛇放在胸口，自殺而亡。但是，據神話記載，蛇是伊絲塔（埃及的愛希絲女神）化身的動物，身著毒蛇鱗片的服飾；另外，還有伊絲塔的神像，手握毒蛇放在胸口。

　　所以，如果克麗奧佩脫拉的死法，眞的如同傳說所記載，那

---

　　von Krais und Hoffmann。書名英譯：*Mother Righ: A Study of the Religious and Juridical Aspects of Gynecocracy in the Ancient World*。

[164] 普魯塔克（Plutarch，全名 Lucius Mestrius Plutarchus，大約西元 46-119 年），羅馬時代希臘柏拉圖學派哲學家、傳記作家。普魯塔克生前備受推崇，死後聲名不墜，傳世作品數量，在古代作家中數一數二。代表作包括：《希臘羅馬英豪列傳》（*Bíoi Parállēloi* [*Parallel Lives*]）、《道德小品》（*Moralia*），作品在文藝復興時期大受歡迎，蒙田對他推崇備至，莎士比亞不少劇作取材於他。

[165] 哈瑟爾（Hathor），古埃及女神，主司愛、美、生育。愛希絲（Isis），古埃及女神，母親和妻子、自然和魔法的守護神。

就是她神話自我意識的顯現。此外，她不也戴上了代表愛希絲女神的獵鷹頭冠，還有裝飾象徵哈瑟爾女神的雙牛角拱日盤的頭飾。她和安東尼（Marcus Antonius [Mark Anthony]，西元前83年至30年）[166]生下的雙胞胎兒女，命名爲赫利俄斯（Helios，太陽神）與瑟琳娜（Selene，月神），這當然含有濃濃的暗示意味。毫無疑問，在古代來看，克麗奧佩脫拉確實是個不凡的人物，她非常清楚自己是誰，也明白自己踩著誰的腳步前進！

在古典時代，自我和自我意識，有別於現今的自我概念，排他性比較低，自我與外界的分界線也沒有那麼截然分明。當時的自我，一如過往，總是「背後敞開」，從過去承接許多，重複再現於當下。西班牙文化哲學家奧特嘉（José Ortega y Gasset, 1883-1955）[167]，就曾經提出如後的觀點：古代人在做任何事之前，總會往後退一步，回顧過往，就像鬥牛士先往後跳，再向前衝刺使出致命一擊。回顧過往，尋求角色模範和可以依循的模式，這讓人得以滑進潛水鐘，深入探索當前問題，撐起保護傘的

---

[166] 馬庫斯・安東尼厄斯 [馬克・安東尼]（Marcus Antonius [Mark Anthony]，西元前 83 年至 30 年），古羅馬政治家和軍事家。

[167] 荷西・奧特嘉・伊・加塞特（José Ortega y Gasset, 1883-1955），西班牙哲學家、報業從業人員及評論家。哲學思想主要是生命哲學、理性生機主義（ratiovitalism），主要領域包括：實用主義、現象學、存在主義、歷史哲學和西班牙文化批判。請參閱，1960 年，西班牙原著：《狩獵與公牛文集》（*La caza y los toros*），Madrid: Revista de Occidente。

同時卻也可能扭曲了現實。因此之故，人生可說是重新活化或復活（Beleben [revive]）的人生，古代前人行止態度的重生再現。

但是，也正因爲此世的人生是復活，所以也即是神話起死回生的重現人生。亞歷山大大大帝（Alexander the Great，西元前356年至323年）[168]追隨米太亞德（Miltiades，西元前555年至489年）[169]的腳步。歷代以來，凱撒大帝傳記的作者，不論對錯，一致都相信，凱撒就是想要模仿亞歷山大。不過，這兒的「模仿」（Nachahmen [imitation]），遠遠超出了現今「模仿」這個字詞的涵義。那是古代熟以爲常的神話身分認同（mythische Identifikation [mythical identification]），時至今日，仍然可見其發揮效應。

由此看來，任何時代都有可能發生如此的神話身分認同心理運作。我們時不時就會聽到有人論說，拿破崙的形象就是復刻自古代神話的模子。他頗爲懊惱，當代世人心態無法認同，他如同

---

[168] 亞歷山大大大帝（Alexander the Great，西元前 356 年至 323 年），出身古希臘阿吉德王朝，十三歲，父親找來亞里斯多德任其導師。二十歲，繼承父王成爲馬其頓國王，推翻波斯帝國，揮軍攻入印度，開疆闢土，建立橫跨歐亞大帝國。生前已是傳奇英雄，並成爲神話故事主題。

[169] 米太亞德（Miltiades，西元前 555 年至 489 年），又稱小米太亞德、米太德四世，古代雅典將軍。西元前 516 年，攻下位於色雷斯切索尼斯的希臘殖民地，自封爲王。領導希臘人贏得馬拉松戰役，擊退波斯阿契美尼德帝國君主大流士一世軍隊。後來，被控「叛國罪」囚禁。無法支付贖金而死於獄中。

亞歷山大一樣，都是眾神之王朱庇特—阿蒙（Jupiter-Amons）的轉世傳人。但是，無庸置疑，至少在他東征時期，他確實深信不疑，自己和亞歷山大都是系出同門的神話傳人。後來，他決定退回西方，據說他宣稱：「我是查理大帝（Charlemagne，約742-814）[170]」請注意，不是「我像查理大帝，」也不是「我走上查理大帝的處境，」而是簡單明瞭的，「我就是查理大帝。」這就是神話人生的公式化展現。

總之，人生（至少重大人物的人生）就是，神話復活而重現為血肉之軀。一方面，神話走進被精神召喚的人，產生契合連結。唯有透過個人，透過回顧致敬過往，神話才得以顯現自身，而成為實在並且有重大意義的生活。另一方面，神話是個人生活正當性的認證基石，只有透過神話，活在神話裡，個人才能肯定生活有意義、有價值，奉獻犧牲，合乎公義聖潔。

克麗奧佩脫拉專心致志詮釋阿芙蘿黛蒂神格，臨死不改其志。凡人的生與死，有什麼可能比禮讚榮耀神話更有意義、更崇高而神聖？我們只需想想耶穌與其生平：「[摩西律法、先知

---

[170] 查理曼（Charlemagne，約742-814），或稱查理大帝（Charles the Great），歐洲中世紀早期法蘭克王國（卡洛林帝國）國王，「歐洲之父」（Pater Europae）。800年，查理曼接受羅馬教皇利奧三世加冕為「羅馬人皇帝」，成為西羅馬帝國繼承人和天主教世界保護者。帶動卡洛林文藝復興，是西方教會文學、藝術、宗教典籍、建築、法律哲學的興盛時期。後世的神聖羅馬皇帝、法國君主和德國君主都認為其國是承自查理曼的帝國。

的書和詩篇]所記的，凡指著我的話都必須應驗。」（《路加福音》21章44節）。

關於耶穌應驗的人生，要區分哪些是出自耶穌的自我意識，哪些又是福音使者的成規慣例，實非易事。但是，耶穌被釘在十字架，約在申初（大約第九個小時，下午三點左右），發出臨終之言：「以利！以利！拉馬撒巴各大尼？」（「我的神，我的神，祢為什麼離棄我？」《馬太福音》27章46節）[171]這臨終之言，儘管聽起來像是絕望幻滅的吶喊，但實情絕非如此，恰恰相反，那是明顯表露出耶穌內心崇高的彌賽亞自我意識。[172]因為這段話並不是耶穌的「原創」，不是祂自發的吶喊。

《詩篇》22篇1節，就有如後的彌賽亞說詞：「我的神！我的神！祢為什麼離棄我？為什麼遠離不救我，不聽我呻吟的話呢？」《詩篇》從頭至尾，類似說詞屢見不鮮。耶穌說這話乃是引述，而這種引述背後傳達的隱含意義就是：「是的，這[彌賽亞]就是我！」當克麗奧佩脫拉把蛇放在胸口，自殺身亡，她也是引述同樣的說法：「這[蛇／伊絲塔-愛希絲女神]就是我！」

各位女士、先生，讓我們稍停一下，來考量我在這兒使用

---

[171] 耶穌這句話，是用亞蘭文說出：「Eli, eli, lama-sabachthani」；英譯如後：「My God, my God, why hast thou forsaken me?」亞蘭文（Aramaic），創始於近東閃族亞蘭人的語言，屬於閃米特語族的分支，耶穌基督時代的猶太人日常用語。

[172] 這意思是說，耶穌清楚意識到，自己就是彌賽亞，上帝指派來拯救世人的救世主。

「贊禮」（zelebrieren [celebration]）一詞的意思。這種贊禮可說是感恩致敬的必要行動。上面引述的生活，神話裡的生活，就是一種贊禮，這意思是說，贊禮者按照規定程序執行，對過往禮拜祝禱，完成莊嚴神聖的行動，成為一場慎終追遠的祭典（Begängnis [funeral]）或節慶（Feste [festival]）。

節慶，顧名思義，當然是每年復始更新的視覺再現。每年聖誕節，救世聖嬰就會再次誕生人間，受苦而死，復活升天：在節慶活動當中，時間懸置，遵照萬古不朽的原型，重複演出莊嚴神聖的敘事，所有事件都不是第一次發生，而是如禮行儀，按照傳統模式進行。

在古代，節慶基本上都是戴面具的戲劇演出，重複製作搬演一幕幕的戲碼，由祭司或神職人員充當演員，演出眾神的故事，例如：埃及神話冥王歐西里斯（Osiris）輪迴重生的傳奇一生和苦難故事。贊禮達成再現當下（Gegenwart [presentness]），就如同節慶一樣，在時間之中反覆重現，自有其既定的階段、環節，一環扣著一環，一如最初本源發生的序列依次展開。中世紀的基督教，就有神蹟劇（Mysterienspiel [mystery play]），教堂演出天堂、人間和恐怖地獄的劇情；後來，歌德的《浮士德》，就保留有這些戲劇元素；除此之外，還有嘉年華的狂歡鬧劇、民間盛行的默劇等等。藝術表演者帶著神話的視角，看盡人生百態，就像一場場鬧劇般的遊戲。人間劇場演出預先編寫好的節慶劇本，如同卡斯培爾掌中木偶戲（Kasperliade [Kasperl

puppet show]）[173]一樣，出神入化演活神話角色，活靈活現表演
常見、固定、詼諧逗趣的「戲劇動作」（Handlung [action]），
再次賦予神話角色生命，經典復活重現。在這種神話視角中，
面具替身演出者的主觀意識不見了，現場換上的是遊戲意識
（Spielbewußtsein [play consciousness]）、節慶—神話意識，從而
讓史詩重現當下。

　　這種神話角色再現的情況，就很神奇地出現在《約瑟和他
的兄弟們》首部曲《雅各的故事》，尤其是在〈大騙局〉（Der
große Jokus [The Great Hoax]）。神話人物化身的三位角色，合
力演出悲喜交加的神話主題鬧劇：父親以撒（Isaac）、孿生兒
子以掃（Esau）和雅各（Jacob），各自瞭然自己的神話出身，
也知悉此世重蹈前人足跡。出生時渾身腥紅宛如魔鬼再世的以
掃，被牽著鼻子走，出賣了身為長子的名分，失去繼承父親家業

---

[173] 卡斯培爾（Kasperle、Kasperl，德國、奧地利）或卡斯培（Kasper，
　　　瑞士德語區），著名傳統木偶角色，起源可以追溯到十七世紀，當
　　　時非常流行，以至於卡斯培爾劇團（*Kasperle theater*）成了木偶劇
　　　團的代名詞。主要角色卡斯佩爾說唱逗笑，詼諧睿智，對抗惡魔、
　　　女巫，強盜和鱷魚。卡斯培這個名字可能來自古波斯語，意為「財
　　　寶守護者」。傳說朝拜聖子的東方三賢，其中一人名字就叫卡斯
　　　培。這個角色也出現於中世紀教堂神蹟劇。卡斯培、法國的吉尼奧
　　　爾（Guignol），以及英國的龐奇和茱蒂（Punch and Judy），據說
　　　都起源於義大利的偶戲角色：波奇尼拉（Pulcinella），十七世紀義
　　　大利街頭即興喜劇（commedia dell'arte）的經典角色，後來成為那
　　　不勒斯木偶戲的常見角色。

與上帝祝福，淪爲鄉野茶餘飯後的笑柄。[174]

《約瑟和他的兄弟們》四部曲的所有角色當中，最值得一提的當然就是主角約瑟本人，他虛心領受恩典，虔誠履行宗教精神，命運坎坷，總能化險爲夷，逆境重生，宛若神話宇宙之子塔木茲[175]和冥王歐西里斯永劫斷魂、復活升天，以凡夫俗子之肉身，遊藝詮演神蹟禮讚劇情，一生彷彿冥冥之中自有安排的命運，而這豈不正是來自精神深層的「潛意識」？

形上學和心理學的奧祕：精神／靈魂是個人主客觀既予條件和境遇的賦予者，這奧祕在約瑟身上，展現得淋漓盡致，他順天應命坦然而行，一生安然自適，歡愉自在，沒錯，就像是神乎其技的擊劍客或雜耍演員，粉墨登場，揮灑自如演出遊藝人間的戲曲。赤子之心（infantile Natur [infantile nature]）表露無遺……是的，就是赤子之心，這個字詞也讓我們再次肯定，我們沒有離題太遠，儘管看似繞了一大圈，但這一路講來，始終沒有停止向今晚的壽星大師致敬。

德語講的「Infanlilismus」（英語：infanlilism），逆齡倒退回返嬰兒期的現象，這個精神分析學的元素，在我們每個人的生活，究竟扮演什麼樣的角色？又對我們的人生發揮多大的形塑作用？最重要的，具體而言，包括：神話身分認同、來世

---

[174] 根據聖經創世紀的記載，以掃是以撒和利百加所生的長子，雅各是孿生弟弟。以掃因爲「一碗紅豆湯」，而將長子名分「賣」給了雅各（《創世紀》25 章 29-34 節）。

[175] 塔木茲（Tammuz），宇宙之母伊絲塔或阿斯塔蒂之子。

（Nachlebens [afterlife]），以及重複履行的足跡軌道，和父親的情感連結、模仿父親、角色扮演父親，還有移情轉向替代父親的更崇高精神形象，諸如此類返嬰癖的傾向和行爲，給個人生活帶來莫大的影響、形塑作用，烙印下難以磨滅的生命印記！

我這兒選用「形塑的」（bildend [fomatve／shaping]）這個字眼，因爲所謂的教育或教化（Bildung [education／cultivation]），嚴肅來講，其中最饒富意味，最讓人甘之如飴的規範要素就在於，發諸最深層的交感共鳴，選出的父親形象，像孩童時期那樣天眞認同、崇拜、愛慕，從而對個人產生既深且遠的壓模、鑄造作用。藝術家尤其如此，充滿熱切的赤子好玩之心，在他們身上可以清楚聽聞，此等童稚認同模仿對其生命故事的影響效應，如何吟唱出既神祕莫測，同時又昭然若揭的玄妙之歌。藝術家多采多姿的創作生涯，終究而言，不過就是在個人主客觀既予稟賦和置身時空處境，透過獨樹一格的方式，在此我可以說，也就是赤子之心的方式，從而讓英雄生命再次復活重現。

因此，以歌德爲致敬對象的「模仿」（拉丁語：*imitatio* [*mimesis*]）[176]，不論是《少年維特的煩惱》[177] 和《威廉‧邁斯

---

[176] 「模仿」（拉丁語：*imitatio* [*mimesis*]），柏拉圖、亞里斯多德哲學的概念，藉由仿傚前人或宗教神話人物的某些特徵（包括：品格、言行、著作等），從而表達致敬之意。

[177] 歌德（Johann Wolfgang von Goethe），1774 年創作的成長小說，

特的學徒歲月》[178]時期，或是《浮士德》和《東西詩集》[179]的晚年時期，仍然從藝術家的潛意識深處，對其生活施以形塑影響之力。是的，在藝術家無以知覺的情況下，模仿的致敬對象從潛意識深層凝視，看他像個孩子一樣開心笑著，每一瞬間，所有環節，凝神專注玩出看似有自我意識的獨創玩藝遊戲。

我這部小說的主人翁約瑟，在潛意識把玩模仿上帝敘事的遊藝，就此而言，可以說也是藝術家：自我（Ich [ego]）對於「未來的想法」（Zukunftsahnung [idea about the future]）毫無頭緒，任由「未來的驚喜」（Zukunftsfreude [joy of the future]）襲擾而來，牢牢抓住自己，忘我沉浸於潛意識的遊戲，提供了製作展演生命禮讚的沃土。隨之而來，開展出心理學和神話的敘事邂逅，在此同時，也啟動文藝創作與精神分析的節慶禮讚邂逅。

　　《少年維特的煩惱》（*Die Leiden des jungen Werthers*），Leipzig: Weidmannsche Buchhandlung。英譯書名：*The Sorrows of Young Werther*。

178 歌德（Johann Wolfgang von Goethe），1796 年，《威廉‧邁斯特的學徒歲月》（*Wilhelm Meisters Lehrjahre*），Berlin: Johann Friedrich Unger。講述主人翁威廉‧邁斯特為了追求戲劇事業，離開家庭追求個人成長的故事。英譯書名：*Wilhelm Meister's Apprenticeship*。

179 歌德（Johann Wolfgang von Goethe），1819 年，《西東詩集》（*West-östlicher Divan*），Stuttgart: Cotta。英譯書名：*West-Eastern Diwan*。歌德於晚年創作的抒情詩集，靈感來自波斯詩人哈菲茲（Hafez Shiraz，約 1315-1390）。

　　「未來」（Zukunft [future]）這個字詞，我把它放進本次演講題目之中，純粹只是因爲它是我最鍾愛的概念，不由自主就會和佛洛依德的名字聯想在一塊。不過，即便在我演講進行的同時，我心裡還是不時自問，這標題是否有些莫名其妙，而讓我必須承擔可能誤導聽眾的罪名？我這一路講到現在，標題若是改換成「佛洛伊德與神話」（Freud und der Mythus [Freud and the Myth]），豈不比較貼切合題？想歸想，我終究還是決心維持原本擬定的標題，把「未來」和佛洛依德的名字連結起來。接下來，我就要試著說明，希望有助於釐清，何以如此連結的標題確然符合我截至目前所講述的內容。

　　是的，基於長久的探索反思，我於此提出大膽假設：我這小說就像佛洛伊德世界親如手足之密友，揮灑心理學的光芒之弦，在神話素材之上摸索演繹，深掘埋藏其中的人性胚芽和根源要素，迎向未來的人性新洞察。

　　再者，我也確信不疑，總有一天，世人將會領悟並肯定，佛洛伊德的生命之作（Lebenswerke [life-works]），對於啟發當前發展中的嶄新人類學有著莫大貢獻，其中提供了許多最重要的建材，奠定未來的基礎，從而建造更清朗無蔽、自由自在的人類新家園。我相信，這位醫學心理大師，未來人文主義的先鋒導師，榮獲此等崇高殊榮，絕對實至名歸。他先知先覺，深入透視過往人文主義，洞燭前人所未見的幽冥世界（Unterwelt [underworld]），亦即潛意識。從而開啟新人文主義，連結汲取潛意識的衝力能量，而「本我」則以更大膽、自由的逍遙態

度，與潛意識歡喜契合，盡情享受藝術遊戲的開花結果。而不是
只能糾纏於現今痴妄鬱躁的人文主義，無可奈何墜落恐懼、仇恨
的無底深淵。

佛洛伊德確實相信，未來在評斷精神分析時，應該會傾向認
為，精神分析作為潛意識科學的重要性，遠超過精神分析作為診
療方法的價值。不過，即便作為潛意識科學，精神分析也還是一
種診療方法，更精確地講，是一種巨觀規模、超乎個體的診療方
法。如果你願意，稱它為「詩意創化的烏托邦」（Dichterutopie
[poietic Utopia]），也無可厚非，更何況這想法其實還頗有幾分
道理可言。有朝一日，精神分析這個致力探索潛意識的科學，終
將充分實現集體療癒的力量，透過反諷、藝術創化，與潛意識建
立不必然違逆悖離的關係，從而指引世人超克、化解瀰漫人間的
龐大恐懼和仇恨。

精神分析的洞察灼見，揭顯潛意識幽冥之域，撥開陰鬱帶來
翻轉世界改變，迎向光明、歡快的清醒警覺。醒世直覺揭開精神
／靈魂飄忽不定的面紗，直搗藏身匿跡之祕域，曝光詭點多詐的
機關算計。意識一旦清醒警覺，此後再也不會昏沉墜夢。清明警
醒的精神，涓涓細流潛入透視生命，琢磨滌濯未經洗禮的童稚素
樸，解除無知無識而衍生的迷亂情緒，讓情感中和恰如其分。

消除病態情感的途徑，就是透過教化培養「低調」的品
味，誠如英國人所言，低調潛沉（understatement），而不高調
浮誇（overstatement），致力尋求中道文化，摒絕誇張浮濫之習
氣，發揮調節之道（Mäßigen [moderation]），也就是「溫良謙

和」的審情度理力量。溫良謙和（Bescheidenheit [modesty]），我們且別忘了，這個德語的字根「Bescheid-」，本源第一義是「知悉注意」（Bescheid-wissen [inform of / notice]），至於第二義「moderatio」（調節中和），則是由拉丁語的「modestia」（謙和）汲取而來。綜而言之，就是透過知悉注意，終而達到知情達意，溫良謙和的情意境界。我們是否得以抱持希望，潛意識的科學能夠承擔時代使命的召喚，催生這種經由知情達意而來的溫良謙和，在清醒中和的情感基礎之下，實現不再寄情於虛妄幻想的和平世界？

潛意識的科學，結合了理論開路先鋒和醫師濟世救人精神，前述希望應屬允當合理而非閉門妄想。佛洛伊德曾經說，他的夢的學說是「從民俗傳說和神祕主義贏來的科學新疆域。」「贏來」（abgewonnen [won]）這樣的字眼，流露出把民俗傳說和神祕主義，視爲科學研究場域的拓荒、探險精神。佛洛依德有一句廣爲流傳的名言：「**本我**之所在，**自我**必應入內」[180] 他自己曾把精神分析工作稱爲文化工作，相當於須德海（Zuidersee）

---

[180] 「**本我**之所在，**自我**必應入內」（Wo *Es* war, soll *Ich* warden [Where *Id* was, there shall *Ego* be]），德語原文出自，佛洛伊德（Sigmund Freud），1933 年，《精神分析新論》（*Neue Folge der Vorlesungen zur Einführung in die Psychoanalyse*），頁 80。Wien: Internationaler Psychoanalytischer Verlag。

的排海工程。[181] 我們在此祝壽致敬的這位尊長，立教垂範遙追白髮蒼蒼的浮士德，心心念念，無時或忘：

das herrische Meer vom Ufer auszuschließen,

der feuchten Breite Grenze zu verengen.

專橫大海，阻絕於岸外，

蠻荒泥灘，限縮於化外。

（《浮士德》第二部第四幕第一場：高山）

Eröffn' ich Räume vielen Millionen,

Nicht sicher zwar, doch tätig-frei zu wohnen……

吾[自我]開疆拓土，熙攘眾民棲身安頓，

雖非安然無虞，卻得自立自由。……

Solch ein Gewimmel möcht' ich sehn,

Auf freiem Grund mit freiem Volke stehn.

徜徉自由之地，暢活自由人間，

若能見得此情此境，吾[自我]心足矣！

（《浮士德》第二部第五幕第五場：宮中大院）

這是未來的民族，自立自由，免於恐懼和仇恨，成熟迎向世界和平。

---

181 須德海工程（Zuiderzeewerken），荷蘭在須德海（Zuidersee）進行的大規模開發工程，修建攔海大壩隔開北海，防止高潮侵入須德海，以便內地進行圍墾。

作者年表

西格蒙德·佛洛伊德（Sigmund Freud, 1856-1939）

年代 / 年紀	生　平　記　事
1856年	5月6日出生於奧匈帝國摩拉維亞省小鎮弗萊堡鎖匠巷117號，父親猶太裔羊毛商人雅各‧佛洛伊德（Jakob Freud, 1815-1896），母親亞瑪莉亞‧納坦森（Amalia Nathansohn, 1835-1930）。出生希伯來姓名：西吉斯蒙‧史洛摩‧佛洛伊德。
1857年 1歲	10月，弟弟尤利烏斯出生。
1858年 2歲	4月，弟弟尤利烏斯逝世。12月，大妹安娜出生。
1859年 3歲	全家遷居萊比錫。幼時由信奉天主教的捷克裔奶媽照顧，接觸教會宗教觀念和禮拜儀式，種下厭惡形式化宗教禮儀和教條的種子，聖經故事神話人物留下深遠影響。
1860年 4歲	3月，二妹蕾吉娜黛博拉（蘿莎）出生。搬到維也納。
1861年 5歲	3月，三妹瑪麗（米茲）出生。
1862年 6歲	7月，四妹埃絲特‧愛朵芬（朵爾芬）出生。
1864年 8歲	5月，五妹寶琳‧蕾琴（寶莉）出生。
1865年 9歲	入學維也納市立里奧波德中學。中學期間，對人類事務特別感興趣，接觸達爾文理論。
1866年 10歲	4月，小弟亞歷山大出生。

年代 / 年紀	生 平 記 事
1873年 17歲	卓越成績畢業於里奧波德中學。畢業考前，參加科普講座，聆聽布魯爾教授朗誦歌德《自然》詩篇，決心投考醫學院。秋天，考進維也納大學醫學院。大學期間，猶太裔身分遭受歧視打壓，養成獨立思考和獨排眾議的反抗者態度。
1875年 19歲	改名，從出生希伯來姓名：西吉斯蒙·史洛摩·佛洛伊德，改為德文姓名：西格蒙德·佛洛伊德。赴英國旅行，拜會同父異母大哥以馬內利。
1876年 20歲	在克勞斯教授的比較解剖學實驗室，研究鰻魚生殖腺結構問題。進入[57歲]布呂克生理實驗室工作（從1876至1882年），自認找到學識之路的歸宿，也結識了敬慕的多位師友楷模。
1877年 21歲	發表鰻魚生殖腺形態與構造研究論文。
1878年 22歲	研究發現八目鰻幼魚苗的脊髓神經節細胞。
1879至 1880年 23至24 歲	服兵役義務役醫官。1870年代晚期，布呂克生理實驗室工作期間，結識猶太裔的維也納開業名醫、生理學家[39歲]布勞耶，成為志同道合的忘年之交，和布勞耶夫人瑪蒂爾德成為家庭好友。
1880年 24歲	服役期間，接受維也納大學歷史系教授岡珀斯的翻譯委託案，把英國哲學家、經濟學家約翰·彌爾的著作譯成德文。12月，布勞耶開始治療[21歲]安娜O小姐（本名伯莎·帕芃海姆芃），歇斯底里症的經典案例，宣洩法由此誕生（治療終止於1882年6月）。

年代 / 年紀	生　平　記　事
1881年 25歲	比一般修業年限晚三年，接受醫學院畢業考，取得醫學士學位。
1882年 26歲	4月，與妹妹的朋友[21歲]瑪莎‧伯尼斯（Martha Bernays, 1861-1951）邂逅，6月中旬訂婚。7月，進維也納總醫院，歷練外科、內科臨床助理（諾特納格爾主管）。初聞布勞耶談起安娜O病例，興起歇斯底里症狀和催眠、宣洩法治療研究興趣。
1883年 27歲	5月精神科（梅涅特主管），升至初階住院醫生。10月，轉皮膚科（專治梅毒及其他傳染性皮膚疾病）。見習耳鼻喉科專業課程。
1884年 28歲	1月，進神經科。開始研究古柯鹼的潛在醫療應用。7月，發表有關古柯鹼麻醉效應研究論文。
1885年 29歲	春天，研究論文審核通過，獲得任命為神經病理學無給職講師。6月20日，布呂克等教授堅持力挺，驚險通過正式講師升等案。8月，德離開維也納總醫院。9月，任命維也納大學有給職正式講師。10月，布呂克推薦，獲得遊學進修獎學金，前往巴黎神經病醫學重鎮薩佩堤醫院，師從法國神經病理學名師[60歲]夏柯。
1886年 30歲	2月，巴黎學成返國。3月，前往巴金斯基兒童診所，見習兒科疾病相關醫療知識。4月，維也納開業行醫，病人多半來自昔日師長轉介，生計壓力沉重，布勞耶長期經援幫助最多。5月，生理學俱樂部和精神病學會，催眠主題演講。9月，與[25歲]瑪莎結婚。10月，維也納醫師協會，男性歇斯底里報告。翻譯出版夏柯的法文著作德文譯本《新編神經系統疾病講義，尤其是歇斯底里》。

年代／ 年紀	生 平 記 事
1887年 31歲	10月，長女瑪蒂爾德誕生。11月，結識猶太裔柏林耳鼻喉專科醫生[29歲]威廉・弗里斯，成為「最親愛的朋友」，兩人關係過從甚密。「兩人大會」和頻繁的通信和附錄圖書草稿，成為了解精神分析發展的重要文獻。1900年9月之後，兩人大會因為關係生變而告終止，從此以後，彼此再也未曾謀面。
1888年 32歲	翻譯出版伯恩罕的法文著作德文譯本《催眠與暗示》。
1889年 33歲	夏天，前往法國南錫，見習和觀察南錫學派精神科醫生伯恩罕、李伯特，進一步了解催眠療法，以及濟世救人的博愛精神。杜拉少女分析治療，進行夢的解析。12月，長子尚馬丁（名字是向恩師尚馬丁・夏柯醫生致敬）誕生。
1890年 34歲	8月，前往薩爾茨堡度假，與弗里斯第一次「兩人大會」。
1891年 35歲	出版《關於失語症理論：批判研究》。2月，次子奧利佛誕生。8月，搬家到維也納伯格巷十九號（直到1938年，逃避納粹迫害，舉家遷移至倫敦）。
1892年 36歲	4月，小兒子厄尼斯特誕生。治療「伊莉莎白・馮R女士」（本名伊洛娜・魏斯），第一次完整分析的歇斯底里病例。翻譯出版伯恩罕的法文著作德文譯本《催眠、暗示與心理治療》。
1893年 37歲	1月，與布勞耶發表合作研究論文〈論歇斯底里現象的心理機轉：初探聲明〉。4月，次女蘇菲誕生。8月，[68歲]夏柯（Jean-Martin Charcot, 1825-1893）過世悼念文，感念世界神經醫學界失去最偉大的精神導師。

年代 / 年紀	生　平　記　事
1894年 38歲	幼童性慾觀點分歧，與布勞耶合作關係終止，亦師亦友亦父的近二十年情誼漸行漸遠。發表論文〈防禦性的精神官能症與精神疾病〉。強迫症與恐懼症的研究。8月，第一次踏上心中應許之地義大利。
1895年 39歲	出版與布勞耶合著的《歇斯底里研究》，部分內容成為日後精神分析的發展基礎。7月24日，首次完整分析自己的夢境。逐漸放棄催眠療法，轉向自由聯想法。10月，提出《科學心理學研究計畫》。12月，小女安娜誕生。開始參加猶太社團「聖約之子會」。
1896年 40歲	第一次使用「精神分析」一詞。4月，出版《歇斯底里的病因》，提出歇斯底里的病因可能源自幼童受成人性誘惑。發表論文〈精神官能症遺傳與病因〉。與布勞耶對性誘惑病因見解分歧日深，兩人師生情緣走到盡頭。明娜小姨子未婚夫過世，搬入姊夫佛洛伊德家。10月13日，[81歲]父親雅各．佛洛伊德（Jakob Freud, 1815-1896）去世。
1897年 41歲	開始對自己進行精神分析[自我分析]。
1898年 42歲	發表有關幼兒性慾學說。出版《精神官能症病因的性慾因素》。
1899年 43歲	發表論文〈屏障記憶〉。
1900年 44歲	出版《夢的解析》。與弗里斯因為觀點分歧，再加上雙性戀理論的首創權歸屬爭議，產生嫌隙，兩人關係出現裂痕。
1901年 45歲	出版《夢的解析》精簡版〈論夢〉。前往嚮往以久的羅馬旅遊。

年代／ 年紀	生 平 記 事
1902年 46歲	與弗里斯決裂，不再通信也沒有再相見。秋天，函邀維也納當地的猶太裔醫生[36歲]卡漢、[37歲]雷特勒、[34歲]史德凱和[32歲]阿德勒，開始「週三心理學會」。
1903年 47歲	礙於反猶太勢力打壓，副教授升等案延宕多年，後經多方人情關說、送禮多管齊下，終於取得奧皇簽署，完成升等。
1904年 48歲	出版《日常生活的精神病理學》。
1905年 49歲	出版《玩笑與潛意識的關係》、《朵拉：歇斯底里案例分析的片斷》和《性學三論》。發表論文〈論精神治療〉。撰寫未發表的論文〈舞臺上的精神病態角色〉。
1906年 50歲	與[31歲]榮格開始通信。發表〈我對於精神官能症性慾病因的看法〉、〈精神分析與訴訟程序事實之確立〉。
1907年 51歲	2月，發表〈強迫行為與宗教活動〉。6、7月，發表〈威廉·顏森中篇小說《行走的女人》的幻覺與夢〉。與榮格首度會面，一見如故。與[30歲]亞伯拉罕（最正直、不玩派系政治的門生）開始交往。
1908年 52歲	4月15日，「週三心理學會」正式改名為「維也納精神分析學會」。4月27日，第一屆國際精神分析大會，地點奧地利薩爾茨堡，參與者包括布魯勒、榮格等歐洲各國精神分析學家。與瓊斯（陪伴至死的門徒，曾和佛洛依德小女兒安娜短暫交往）、費倫齊（最投緣的門徒，曾希望大女兒嫁給他）開始交往。決議發行會刊《精神分析與精神病理學研究年鑑》（直到一次大戰而停刊）。發表〈兒童的性啟蒙〉、〈肛門情慾與性格〉、〈論兒童對於性的理論想法〉、〈文明化的性道德與現代精神官能症〉、〈文藝創作者與白日夢〉、〈歇斯底里幻想與雙性戀之關係〉。

年代／年紀	生 平 記 事
1909年 53歲	9月，應美國克拉克大學校長[63歲]霍爾博士邀請，與榮格、費倫齊赴美參加該校二十周年校慶，共五場的德語講座，主題：「精神分析的起源和發展」。結識哈佛大學普特南教授。推動精神分析學在美國學界和民間的普及化。與蘇黎世路德會牧師[36歲]費斯特博士開始交往。發表〈精神官能症的家族故事〉、〈歇斯底里發作的一般論述〉、〈鼠人：強迫症病歷之摘錄〉。〈小漢斯：恐懼症病歷分析〉，臨床實證支持幼童性慾學說。
1910年 54歲	3月，紐倫堡第二屆國際精神分析大會，正式成立「國際精神分析學會」，佛洛伊德安排榮格當選首任會長。發行學會通訊《精神分析中心學刊》，阿德勒和史德凱擔任編輯。在學會發表演講「精神分析治療的未來與展望」。夏天，為作曲家馬勒施行精神分析。克拉克大學講座講稿集結成冊出版《精神分析五講》。發表〈達文西的童年回憶〉、〈原初字詞的正反兩義〉、〈『野蠻』精神分析學〉、〈心因性視覺障礙的精神分析觀點〉、〈男性客體選擇的特殊類型〉等。
1911年 55歲	威瑪第三屆國際精神分析大會。榮格上司布魯勒（瑞士蘇黎世著名博戈赫茨利精神病院院長）退出國際精神分析學會。秋天，奧地利維也納猶太裔—瑞士蘇黎世非猶太裔鬩牆紛爭，阿德勒和一群支持者退出「學會」，隔年另組個人心理學會，是為精神分析運動第一次大分裂。巴爾的摩，美國精神分析學會第一屆大會。發表〈夢的解析在精神分析的施作〉、〈心理機能兩種原則的構思〉（闡述快感—不快感原則）、〈史瑞伯：妄想症案例自傳素材的精神分析〉。
1912年 56歲	史德凱退出「學會」。發行《意象雜誌》，非醫科出身的精神分析學家薩克斯和蘭克擔任共同主編，發刊宗旨探討、推廣精神分析的人文學科應用。發表〈論普世對愛慾生活的貶

年代 / 年紀	生 平 記 事
	抑傾向〉、〈給精神分析實務工作者的建議〉、〈精神官能症初發類型〉、〈論移情的動力〉、〈自慰論述新觀點〉、〈評述精神分析當中的潛意識〉。
1913年 57歲	德國慕尼黑，第四屆國際精神分析大會。與榮格決裂。佛洛伊德親信，亞伯拉罕、費倫齊、瓊斯、蘭克、薩克斯等發起組織「委員會」（艾汀貢、布利爾、費斯特後來加入），專門負責佛洛伊德和精神分析運動相關工作。 出版《圖騰與禁忌》。發表〈精神分析的科學旨趣〉、〈精神分析實務指南〉、〈強迫症的潛在體質〉、〈三匣子的主題〉（從精神分析觀點，追溯莎士比亞《威尼斯商人》三個匣子選擇的主題，在神話、文化與文藝創作的主題重現）。
1914年 58歲	世界大戰爆發。德國德勒斯登，國際精神分析大會停辦。榮格和一群追隨者退出「學會」，是為精神分析運動第二次大分裂。發表〈回憶、重複與修通：精神分析實務進一步指南〉、〈自戀導論〉、〈米開朗基羅的摩西像〉、〈論精神分析運動的歷史〉。
1915至 1917年 59至61 歲	維也納大學開講《精神分析引論》，總共二十八講。
1915年 59歲	德國詩人[40歲]里爾克來訪。應柏林歌德學會邀約撰寫〈論剎那〉。發表〈對移情與愛的觀察：精神分析實務進一步指南〉、〈戰爭與死亡的時代反思〉；後設心理學系列文章：〈驅力與其變動〉、〈論潛抑作用〉、〈論潛意識〉、〈悖離精神分析理論的偏執狂病例〉、〈精神分析主題創作的角色類型〉。

年代 / 年紀	生　平　記　事
1916年 60歲	發表〈視覺強迫症的神話類比〉。
1917年 61歲	出版《精神分析引論》。發表〈精神分析的坎坷之路〉（論述精神分析理論發展過程遭遇的抗拒）、〈在肛門情慾典型呈顯的驅力轉化〉、〈夢理論的後設心理學補注〉。
1918年 62歲	9月，匈牙利布達佩斯，第五屆國際精神分析大會，宣讀〈精神分析與戰爭精神官能症引論〉，費倫齊擔任會長。發表〈哀悼與憂鬱症〉、〈狼人：孩童精神官能症病歷研究〉、〈童貞禁忌〉、〈論大學的精神分析教學〉。一次大戰結束。哈佛大學普特南教授過世[72歲]悼念文。
1919年 63歲	艾汀貢加入「委員會」，維也納開辦「國際精神分析出版社」，大戰之後，經濟蕭條，幣值大貶，艾汀貢自己捐錢又籌錢，佛洛伊德長子尚馬丁負責維持運作。發表〈挨打的小孩〉（論述精神分析精神官能症病患常提的孩童受虐與施虐情節）、〈詭異噁心之事物〉。
1920年 64歲	荷蘭海牙，一次大戰後恢復第六屆國際精神分析大會。次女蘇菲[27歲]過世。出版《超越快感原則》（論述生之驅力與死之驅力）。發表〈女同性戀的心理發生學探源〉、〈精神分析技術的前歷史考據註解〉、〈夢理論補注〉。
1921年 65歲	發表〈精神分析與心電感應〉。出版《群體心理學與自我分析》。
1922年 66歲	德國柏林，第七屆國際精神分析大會，小女兒安娜受推薦成為會員。發表〈夢與心電感應〉、〈忌妒、妄想症與同性戀的若干精神官能症機轉〉。撰寫生前未發表短文〈梅杜莎的首級〉。倫敦大學猶太裔思想大師講座，佛洛伊德名列其中，另外四位大師為：邁蒙尼德、斐洛、斯賓諾莎、愛因斯坦。

年代 / 年紀	生 平 記 事
1923年 67歲	4月，上顎發現腫瘤，首次動手術（至其逝世，總共接受三十三次手術）。與法國文學家[57歲]羅曼‧羅蘭開始通信。出版《自我與本我》。發表〈克里斯托夫‧海茲曼：十七世紀惡魔附身精神官能症案例研究〉、〈幼童性慾器官組織：性慾理論補遺〉。
1924年 68歲	奧地利薩爾茨堡，第八屆國際精神分析大會，亞伯拉罕擔任會長。羅曼‧羅蘭與奧地利猶太裔作家[42歲]褚威格來訪。「委員會」挺過一次大戰風雨，最後不敵蘭克、費倫齊相繼脫離而終告解散。國際精神分析出版社，開始編輯出版《佛洛伊德全集》。發表〈精神官能症與精神病〉、〈精神官能症與精神病現實感的喪失〉、〈受虐癖的經濟問題〉、〈伊底帕斯情結的消解〉。維也納市議會頒給榮譽市民獎章。
1925年 69歲	德國洪堡，第八屆國際精神分析大會，安娜代為宣讀〈兩性解剖學差異產生的若干心理影響〉。6月，[83歲]布勞耶教授過世悼念文。12月，[48歲]「最好的門徒」亞伯拉罕過世悼念文。多次口腔手術。撰寫《學思生涯自述》（1935年，補寫〈後記〉）。發表〈對精神分析的抗拒〉、〈神奇寫字板上的筆記〉、〈論否定作用〉。
1926年 70歲	七十歲壽誕，奧地利官方首次廣播介紹佛洛伊德生平。愛因斯坦、羅曼‧羅蘭、布蘭德斯、維也納市長等國際名人賀電，褚威格登報祝壽賀詞。艾汀貢擔任國際精神分析學會會長。與蘭克關係疏遠。出版《抑制、症狀和焦慮》、《非醫科精神分析的問題》（主張非醫科出身也有資格成為開業精神分析師，回應雷克在匈牙利因非醫師身分從事精神分析業務而遭當局起訴）。

年代／ 年紀	生　平　記　事
1927年 71歲	奧地利因斯布魯克，第十屆國際精神分析大會。出版《虛幻的未來》（論述宗教的起源、發展與未來。精神分析揭露宗教乃虛幻信念系統）。發表〈論拜物癖〉、〈論幽默〉。
1928年 72歲	發表〈杜斯妥耶夫斯基與弒父〉。
1929年 73歲	英國牛津，第十一屆國際精神分析大會。德國文學家湯瑪斯・曼發表〈佛洛伊德在現代思想史上的地位〉，推崇佛洛伊德是現代思想史上最重要的偉人之一。
1930年 74歲	獲頒歌德文學獎，由女兒安娜前往領獎，發表〈歌德獎得獎致詞：歌德法蘭克福故居講稿〉。9月，[95歲]母親亞瑪莉亞・納坦森・佛洛伊德夫人（1835-1930）過世。出版《文明及其不滿者》。
1931年 75歲	紀念佛洛伊德七十五歲壽誕，捷克摩拉維亞省普日博爾鎮，將佛洛伊德故居鎖匠街，改為佛洛伊德街。發表〈利比多的類型〉、〈女性的性慾〉。
1932年 76歲	德國威斯巴登，第十二屆國際精神分析大會，瓊斯擔任會長。出版《精神分析引論新編》。發表〈獲取火的控制〉。
1933年 77歲	巴黎國際知識分子合作研究院出版，與愛因斯坦等人合著《戰爭所為何來？》 希特勒納粹政權迫害，精神分析書刊遭查禁，學會圖書收藏遭沒收銷毀。[60歲]費倫齊過世追悼文。
1934年 78歲	瑞士琉森，第十三屆國際精神分析大會。佛洛伊德因病情日趨嚴重不克參與。
1935年 79歲	當選英國皇家醫學會榮譽院士。

年代／年紀	生 平 記 事
1936年 80歲	捷克馬倫巴，第十四屆國際精神分析大會。5月8日，八十歲壽誕，湯瑪斯·曼宣讀〈佛洛伊德八十歲壽宴主題演講：佛洛伊德與未來〉。各界名人一百九十一名連署祝賀，包括：伍爾芙、赫爾·赫塞、達利、詹姆斯·喬伊斯、畢卡索、羅曼·羅蘭、史蒂芬·褚威格、赫胥黎、威爾斯等人。6月，湯瑪斯·曼六十歲生日祝賀文。致羅曼·羅蘭書信〈關於希臘衛城的記憶迷亂〉。
1937年 81歲	1月，相伴七年的愛犬喬菲卵巢囊腫開刀，兩天後病逝。2月，女作家、精神分析學家[76歲]莎樂美過世追悼文。發表〈有終點與無終點的精神分析〉、〈精神分析的建構〉、《精神分析概要》。
1938年 82歲	未完成手稿〈精神分析的若干基本課題〉、〈防禦過程的自我分裂〉、〈反閃族歧視之我見〉。3月，納粹併吞奧地利，查封國際精神分析出版社財產，佛洛伊德維也納住家遭搜查，凍結銀行帳戶，兒子尚馬丁和女兒安娜遭蓋世太保審訊。6月，美國駐法國大使威廉·布列特、瑪麗·波拿巴公主、瓊斯等人奔走協助，全家連同家庭醫師麥斯·舒爾，逃離維也納，取道巴黎拜訪波拿巴公主，再轉往倫敦定居，「這兒，我可以安心平靜地為此生工作畫上終點。」留在維也納沒逃出的四位妹妹，1942、1943年，先後遭納粹送進焚化爐。9月，接受最後一次手術治療。12月，佛洛伊德的鬆獅犬倫，解除六個月的檢疫隔離返家。
1939年 83歲	3月，出版《摩西其人與一神論宗教》。9月23日，倫敦漢普斯特德的馬爾斯菲爾德花園20號住家，臥病在床的佛洛伊德，握著摯友家庭醫師舒爾的手，再次交代先前約定[安樂死]：「不要讓我受沒必要的折磨。」在女兒安娜同意下，舒爾醫師加重嗎啡劑量，佛洛伊德陷入昏迷，再也沒醒來。

國家圖書館出版品預行編目資料

佛洛伊德自傳 / 佛洛伊德 (Sigmund Freud) 著；李政賢譯 . -- 初
版 . -- 臺北市：五南圖書出版股份有限公司 , 2022.01
　　面；公分

ISBN 978-626-317-451-1（平裝）

1. 佛洛伊德 (Freud, Sigmund, 1856-1939)
2. 傳記 3. 學術思想 4. 精神分析學

784.38　　　　　　　　　　　　　　　　110020648

大家身影 012

佛洛伊德自傳
An Autobiographical Study（Selbstdarstellung）

作　　　者 —— 佛洛伊德（Sigmund Freud）

譯　　　者 —— 李政賢

發 行 人 —— 楊榮川

總 經 理 —— 楊士清

總 編 輯 —— 楊秀麗

副 總 編 輯 —— 陳念祖

責 任 編 輯 —— 李敏華

封 面 設 計 —— 王麗娟

出 版 者 —— 五南圖書出版股份有限公司

　　　　　　地　　址：台北市大安區 106 和平東路二段 339 號 4 樓

　　　　　　電　　話：02-27055066（代表號）

　　　　　　傳　　真：02-27066100

　　　　　　劃撥帳號：01068953

　　　　　　戶　　名：五南圖書出版股份有限公司

　　　　　　網　　址：https://www.wunan.com.tw

　　　　　　電子郵件：wunan@wunan.com.tw

法 律 顧 問 —— 林勝安律師事務所　林勝安律師

出 版 日 期 —— 2022 年 1 月初版一刷

定　　　價 —— 400 元